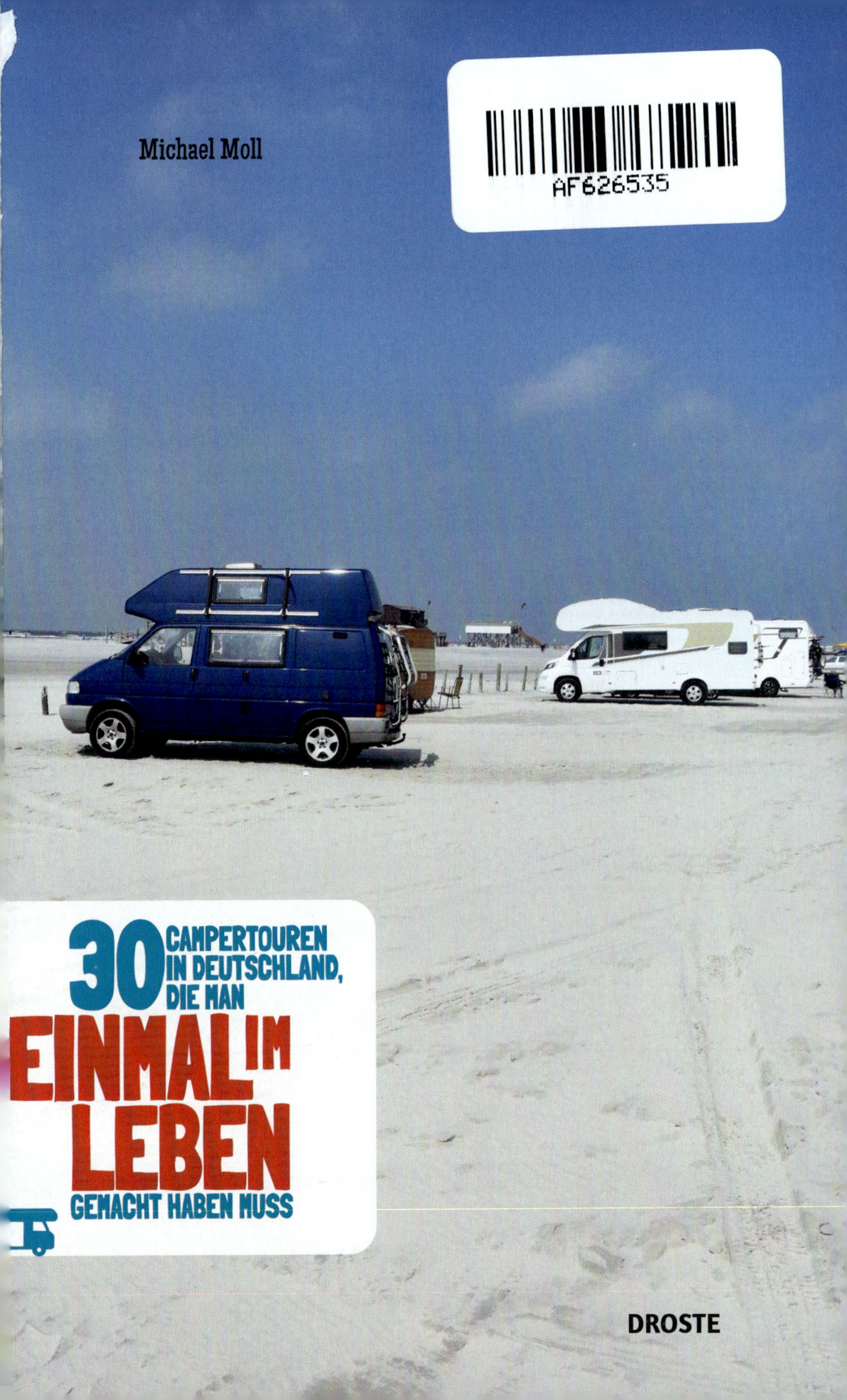

Michael Moll

30 Campertouren in Deutschland, die man einmal im Leben gemacht haben muss

DROSTE

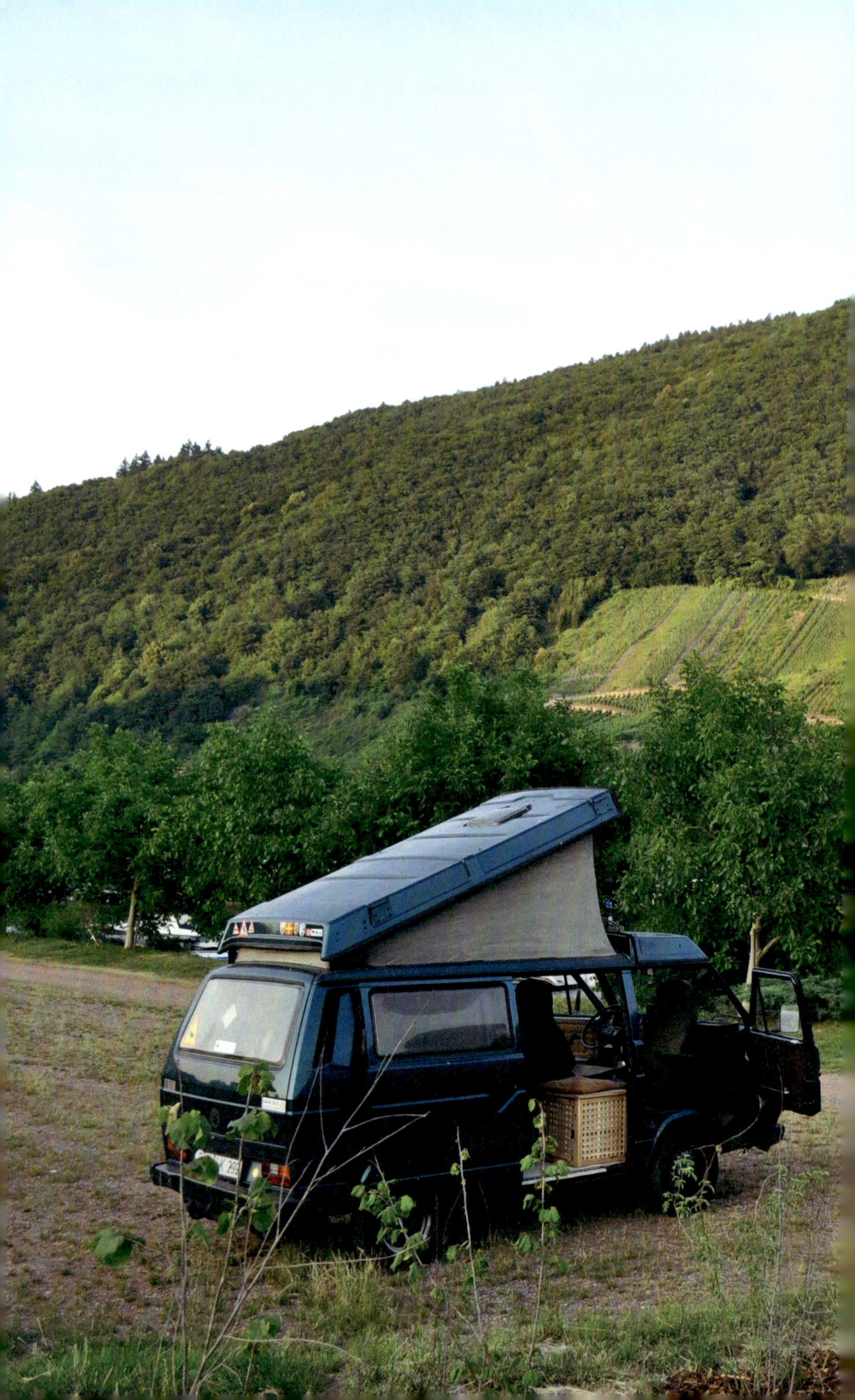

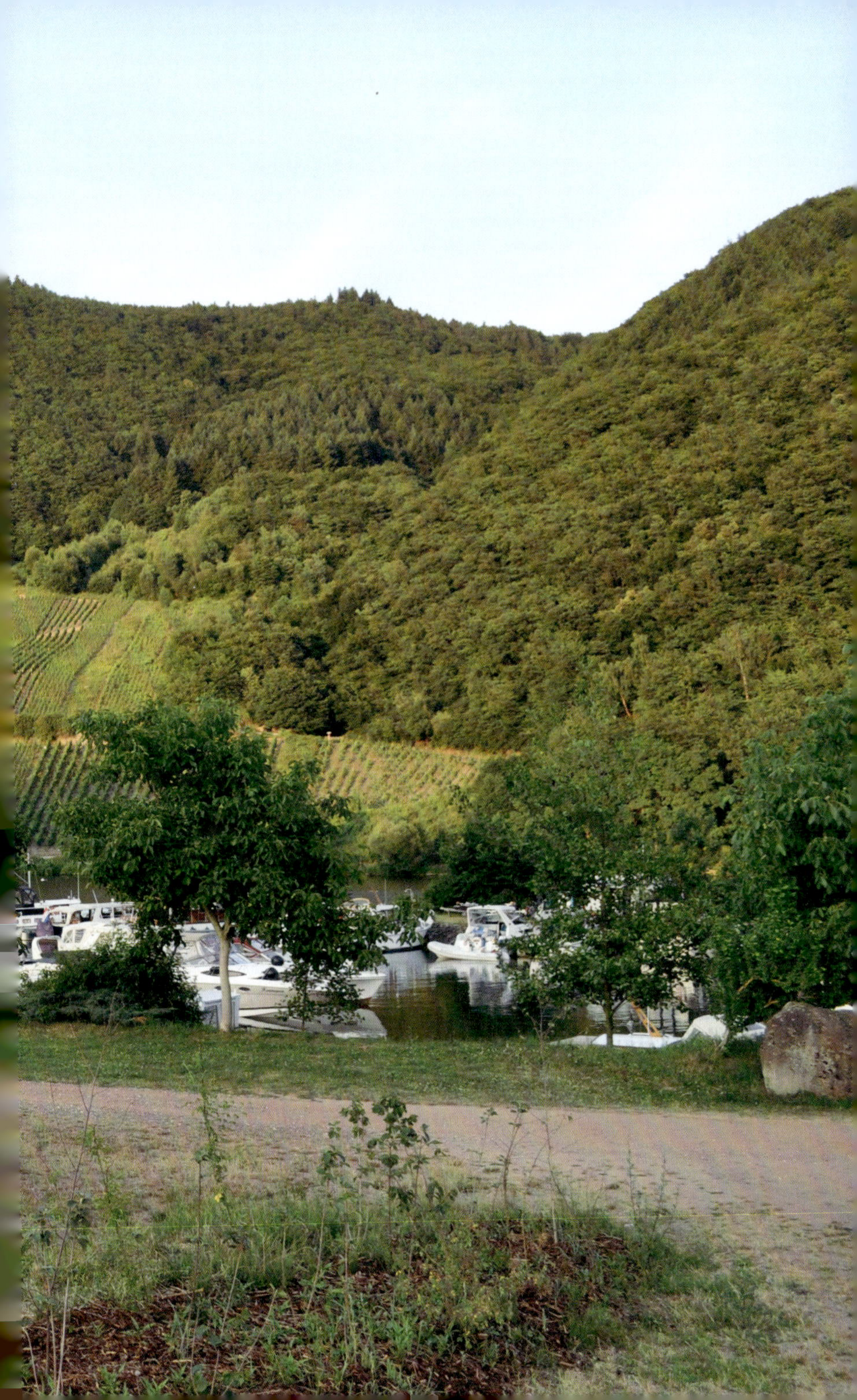

ÜBERSICHTLICH

AKTIV ... ERLEBNISREICH ... UNVERGESSLICH

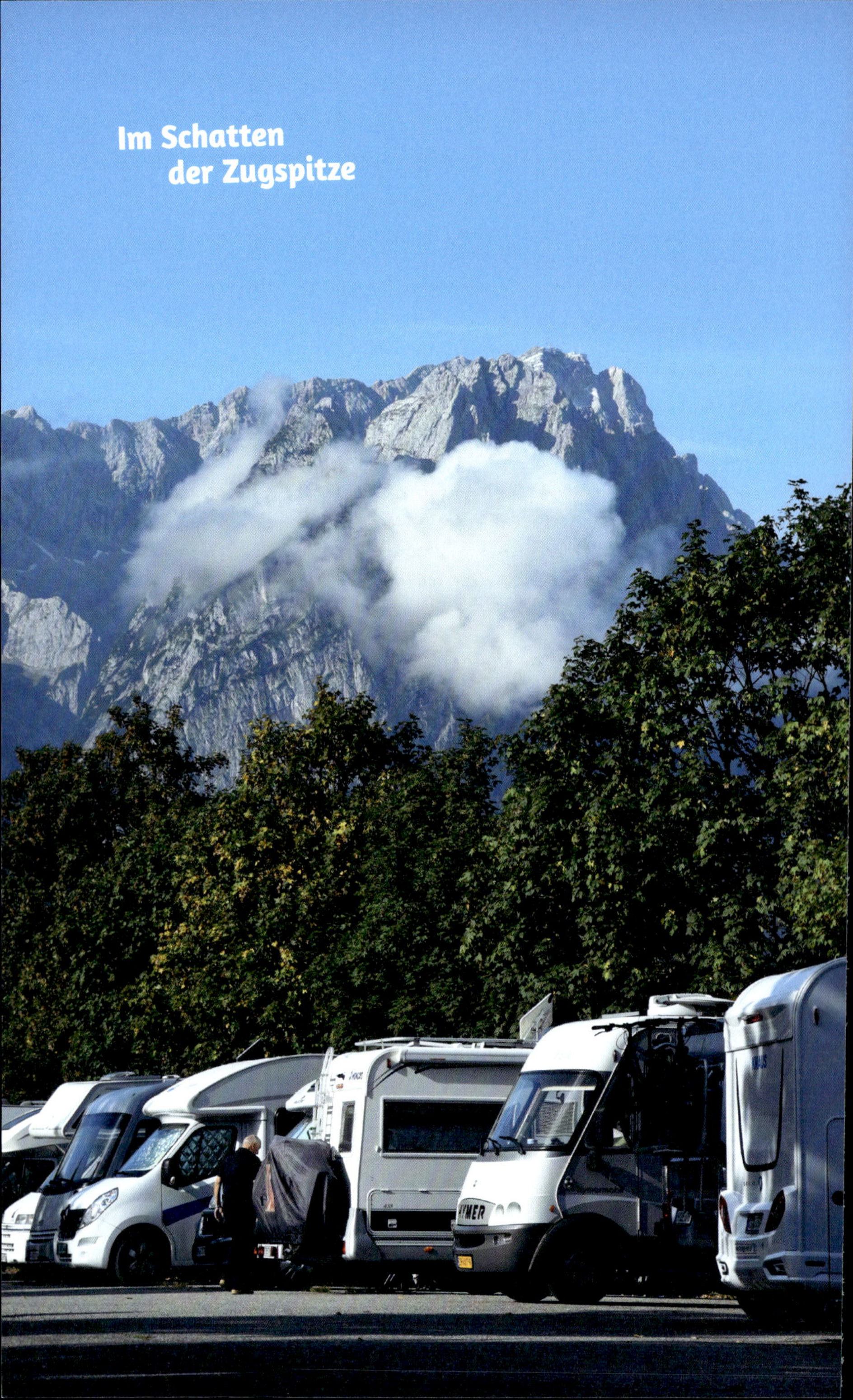
Im Schatten
der Zugspitze

Liebe Camperfreunde,

herzlich willkommen zu einer Reise mit dem Wohnmobil durch Deutschland. Füllen Sie den Frischwassertank, überprüfen Sie den Füllstand Ihrer Gasflasche und schnallen Sie die Fahrräder auf den Heckträger oder im Stauraum fest.

Denn „auch Deutschland hat schöne Seiten" höre ich immer wieder, wenn ich mich mit meinen Gästen auf unserem Wohnmobilstellplatz in Nordkirchen über wunderbare Reiseziele unterhalte. Dass dem so ist, soll dieser Reiseführer beweisen, der in keinem Wohnmobilhandschuhfach fehlen sollte. 30 Campingtouren, die man mit dem Wohnmobil, Kastenwagen oder mit Einschränkungen auch mit dem Wohnwagengespann machen kann, führen durch die deutschen Bundesländer zwischen der Küste und den Alpengipfeln. Erleben Sie die Klassiker, die ein jeder Wohnmobilist sicher schon gemacht hat, nämlich Touren an der Nordsee, Ostsee oder an der Mosel. Aber genießen Sie auch die unbekannteren Landschaften Deutschlands, die man nicht immer sofort auf der Rechnung hat. Dazu zählen zum Beispiel die Lausitz, die Elbtalauen zwischen Magdeburg und Hamburg oder auch das Ruhrgebiet.

Etwas eigennützig empfehle ich natürlich auch das Münsterland mit seinen zahlreichen Schlössern. Aber gleich, für welche Region Sie sich entscheiden – ich hoffe, dass dieses Buch Sie ein wenig auf den Geschmack bringen wird. Jede dieser Landschaften hat ihre ganz besonderen Eigenschaften und überall finden sich Campingplätze sowie Wohnmobilstellplätze. In der Regel sind es so viele, dass die genannten Übernachtungsplätze lediglich ein kleiner Ausschnitt dessen sein können, was in der jeweiligen Region geboten wird.

Genießen Sie die Ruhe und die vielfältigen Angebote, die auf den meisten Plätzen gemacht werden, erkunden Sie zu Fuß oder mit dem Rad die Landschaften in der Umgebung und – fahren Sie stets vorsichtig. Und wenn Sie Lust haben, dann kommen Sie uns doch einfach einmal auf dem Stellplatz besuchen.

Herzlichst
Michael Moll

Strandurlaub im Grünen

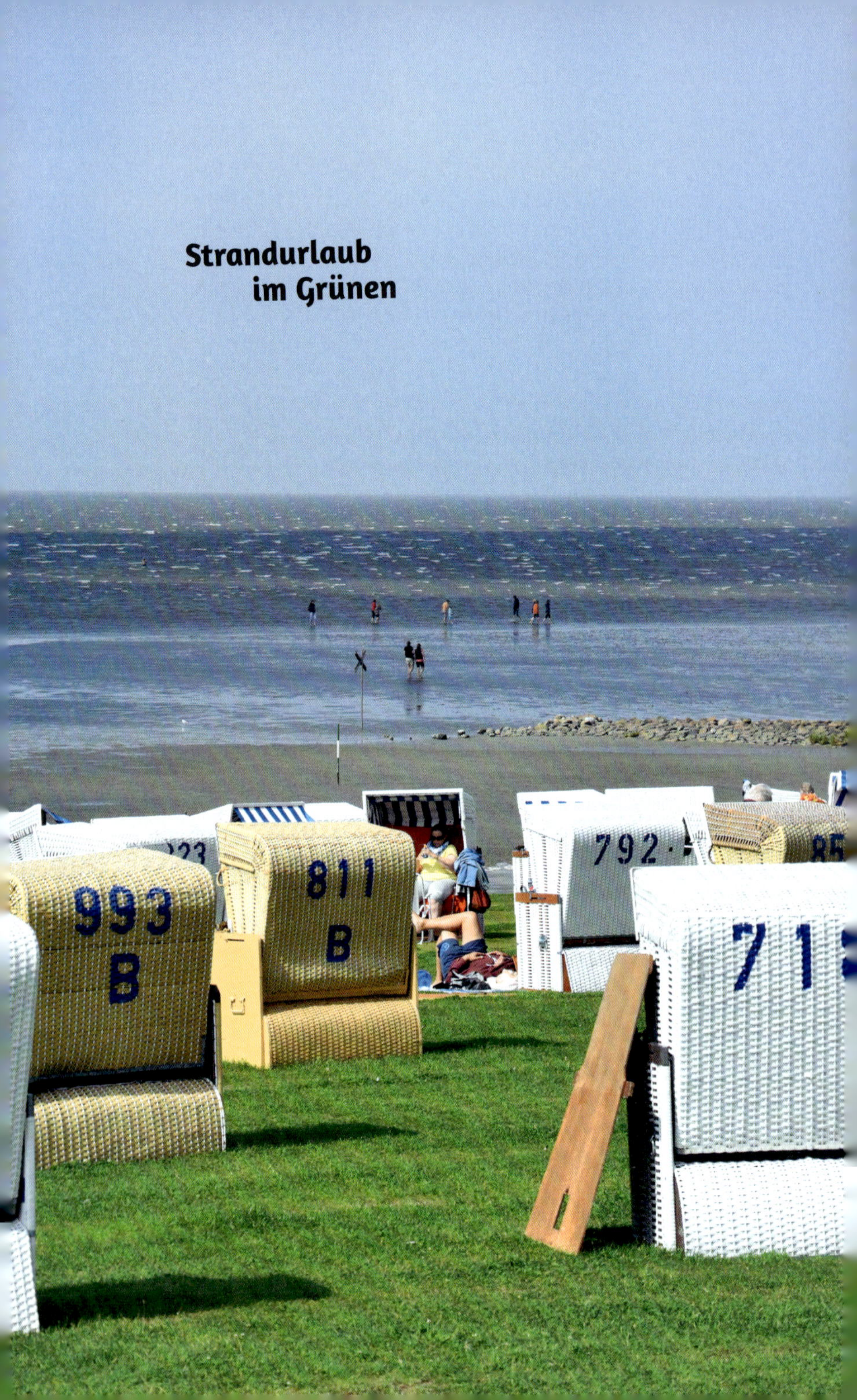

Nordfriesland besticht mit einer weiten und sehr flachen Marschlandschaft, durch die man ganz bequem sein Wohnmobil steuern kann. Bezaubernde Städtchen verlocken genauso zu einem längeren Aufenthalt wie die weiten Küstenabschnitte und Strände. Besonders für die nordfriesischen Inseln sollte man natürlich genügend Zeit mitbringen.

Auf der Autobahn 23 erreicht man wunderbar einfach die Marschlandschaft in Nordfriesland. Wie wäre es zunächst mit einer Fahrt an die Küste, zum Beispiel nach Büsum? Der dortige Wohnmobilstellplatz befindet sich zwar nicht direkt am Meer, bietet aber jede

Nordfriesland

Zwischen Halligen, Inseln und Marschlandschaft

Menge Platz und ist fußläufig vom Museumshafen und dem Zentrum der Stadt entfernt. Verfehlen kann man die alte Hafenanlage nicht, der rot-weiße **Leuchtturm** aus dem Jahr 1913 weist einem den Weg. Gleich nebenan geht es in die Fußgängerzone mit ihrer reichhaltigen Auswahl an Fischrestaurants, wahlweise aber auch an den Strand. Dieser ist ein wenig anders als an anderen Orten, denn er erstreckt sich als großer grüner **Rasenstrand.** Das tut dem Ausblick aus einem der vielen Strandkörbe hinaus auf das Meer keinen Abbruch. Nicht zu übersehen ist auch das Hochhaus, das sich direkt an der Küste erhebt und ein wenig fehlplatziert wirkt. Aber es ist als weit sichtbare Landmarke zum Wahrzeichen Büsums geworden. Gleich dahinter erstreckt sich die Familienlagune Perlebucht, die vor allen Dingen den kleinen Mitreisenden großes Badevergnügen bereitet.

Steuert man sein Wohnmobil nordwärts über die Ortschaft Wesselburen, so gelangt man zum **Eidersperrwerk.** Das beeindruckende Bauwerk wurde nach der verheerenden Sturmflut von 1962 errichtet und reguliert das Wasser an der Mündung der Eider in die Nordsee. Die Naturgewalten von Fluss und Meer sind hier deutlich zu spüren.

Apropos Natur. Die erlebt man mit dem Wohnmobil besonders in **St. Peter-Ording.** Der Küstenort bietet die in Deutschland einmalige Möglichkeit, den langen Sandstrand mit dem Fahrzeug zu befahren. Das geht nur tagsüber und kostet Gebühr. Aber dieses seltene Erlebnis lässt man sich nicht entgehen. Einmal die Treppe am Wohnmobil ausgefahren, und schon ist man mit den nackten Füßen bereit zu einem weitläufigen Strandspaziergang. Und es geht sehr weit. Zwischen Surfern und den klassischen Pfahlbauten von St. Peter-Ording kann man mal eben mehrere Kilometer an der **Meeresbrandung** spazieren – pro Richtung. Die Übernachtung ist in St. Peter-Ording übrigens kein Problem. Zahlreiche Campingplätze und ein Wohnmobilstellplatz lassen nichts vermissen.

INFO

Zwischen November und März heißt es auf den Halligen bis zu 20-mal: Land unter. Dann trotzen nur noch die Warften dem Hochwasser.

Weiter landeinwärts lockt der Wohnmobilstellplatz Am Halbmond zu einem Spaziergang in **Friedrichstadt.** Großzügig geschotterte Flächen mit einem Rasenareal, um die Markise auszufahren und die Campingstühle aufzustellen, sind schon mal sehr einladend. Doch besonders gastfreundlich ist die Ver- und Entsorgungsstation, die sogar überdacht ist. Mit Sanitäreinrichtungen und sogar Waschmaschine wirkt der Platz beinahe schon wie ein Campingplatz.

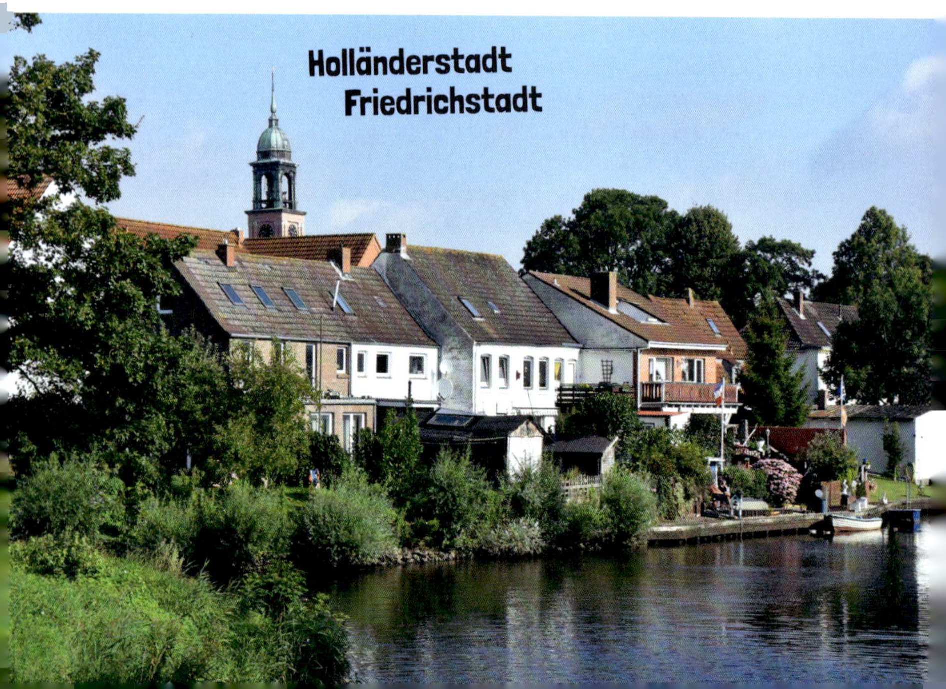

Vom Wohnmobilstellplatz sind es nur wenige Gehminuten bis in die Altstadt von Friedrichstadt. Sie trägt die Bezeichnung **Holländerstadt,** weil sie, nachdem man sie auf dem Reißbrett entwarf, mit Niederländern besiedelt wurde. Diese haben ihre Spuren in den rechtwinklig angelegten Straßenzügen hinterlassen. Mehrere Wassergräben ziehen sich durch die Altstadt und erinnern an die Grachten in Amsterdam.

Sehenswert ist vor allem der Marktplatz, der von Giebelhäusern flankiert wird. Diese wurden im typischen Stil der Backsteinrenaissance errichtet. Viele der historischen Häuser haben meist in der Nähe der Eingangstür eine kleine Hausmarke. Mit ihren einzigartigen Symbolen zeigen sie die Berufe der früheren Hausbewohner an.

Das macht die Tour einzigartig!

- Fahren auf Sandstrand
- Hallig-Hopping
- Deutschlands Luxus-Insel

Über die Bundesstraße 5 gelangt man nordwärts nach **Husum.** Der dortige Wohnmobilstellplatz versprüht wenig Urlaubsfreude. Die graue Stadt am Meer, wie Theodor Storm sie bezeichnet, jedoch umso mehr. Der Schriftsteller erblickte 1817 in Husum das Licht der Welt und schuf bedeutende Werke wie den berühmten „Schimmelreiter". Ein großer Vorteil des Wohnmobilstellplatzes in Husum: Er liegt nah an der Altstadt und am Hafen, sodass man sich gleich zu Fuß auf die Spuren des Schriftstellers begeben kann. Ganz nebenbei kann man natürlich auch das Schloss vor Husum besichtigen. Keine Sorge: Mittlerweile ist es von der Stadt umschlossen und erhebt sich am Rande der Altstadt. Besonders schön ist der Anblick im Frühjahr, wenn fünf Millionen Krokusse im Schlosspark blühen.

Ab Husum sollte man mal das Festland verlassen. Am einfachsten ist die Fahrt auf die ehemalige Insel **Nordstrand.** Sie ist über einen Damm mit dem Festland verbunden und verlandet zusehends, sodass es sich eigentlich nur noch um eine Halbinsel handelt. Mit dem Elisabeth-Sophien-Koog bietet sie jedoch eine wunderbare Möglichkeit, die raue Nordsee zu genießen und die vielfältige Vogelwelt zu erleben. Außerdem befindet sich ganz im Westen der Fährhafen zur nächsten Insel Pellworm, während

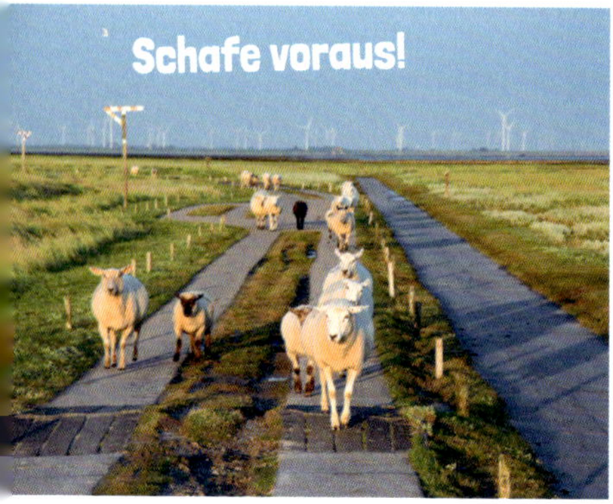

gleich nach Erreichen von Nordstrand der absolut ruhig gelegene Wohnmobilstellplatz WomoLand zu einer entspannenden Übernachtung einlädt.

Zurück auf dem Festland Nordfrieslands fährt man nur wenige Minuten entlang der Küste bis **Reußenköge.** Dieser Weiler befindet sich gleich am Deich und bietet einen ebenfalls sehr ruhigen, aber einfachen Wohnmobilstellplatz. Hier übernachtet man gleich neben dem Amsinck-Haus, in dem man Interessantes über die Naturlandschaft erfährt, aber in dem auch eine Toilette und eine Waschmaschine untergebracht sind. Das Besondere an Reußenköge ist jedoch, dass man von hier aus trockenen Fußes zu einer der vielen Halligen in Nordfriesland spazieren kann. Die **Hamburger Hallig** liegt rund drei Kilometer entfernt und ist über einen befestigten Weg mit dem Festland verbunden. Dabei spaziert man zwischen Salzwiesen an Schafen und einem NABU-Informationshaus vorbei bis zur einzigen Warft auf der Hallig. Warften sind die befestigten Hügel auf den Halligen, die bei Sturmfluten noch als Einziges aus dem Wasser ragen.

Die Hamburger Hallig lässt sich auch mit dem Fahrrad erreichen und wer keines im Wohnmobil hat, leiht sich einfach eines für einen sehr geringen Betrag am Amsinck-Haus aus, sogar im Self-Service-Verfahren. Gegen Gebühr ist die Hamburger Hallig auch mit dem Wohnmobil erreichbar, doch das nimmt dem Naturerlebnis ein wenig seine Stimmung. So sollte man mit dem Womo lieber die Inseln Amrum, Föhr oder Sylt erkunden. Amrum und Föhr sind ab Dagebüll mit der Fähre erreichbar. Während man auf **Amrum** inmitten der weiten Dünenlandschaft auf dem Campingplatz übernachtet, befindet sich auf **Föhr** ein gastfreundlicher und privat betriebener Wohnmobilstellplatz in dem kleinen Dorf Utersum gleich neben dem Deich. Die nördlichste Insel Deutschlands, **Sylt,** ist mittlerweile etwas schwieriger zu erreichen. Die Zufahrt erfolgt über den Hindenburgdamm per Bahn; größere Wohnmobile müssen den Umweg über die dänische Insel Rømø nehmen und mit der Fähre nach List übersetzen.

FAZIT

Nordfriesland bietet vielfältige Möglichkeiten und eine riesige Auswahl an Wohnmobilstellplätzen und Campingplätzen. In der Hochsaison kann es trotzdem zuweilen etwas voller werden.

GUT ZU WISSEN

VON: Büsum
BIS: Sylt
LÄNGE: 120 Kilometer

GUTE NACHT

SP BÜSUM Dr.-Martin-Bahr-Straße 5, 25761 Büsum, Tel. (0 48 34) 91 92, www.wohnmobiluebernachtungsplatz.de (V+E, Strom)
SP FRIEDRICHSTADT Halbmond 5, 25840 Friedrichstadt, Tel. (0 48 81) 93 70 48, www.wohnmobilstellplatz-friedrichstadt.de (V+E, Strom)
SP NORDSTRAND Norderquerweg 2, 25845 Nordstrand, Tel. (0 48 42) 4 73, www.womoland-nordstrand.com (V+E, Strom)
SP REUSSENKÖGE 25821 Reußenköge (Strom)
SP FÖHR Strunwai 14, 25938 Utersum, Tel. (0 46 83) 2 14 (V+E, Strom)

ABENTEUER
NATUR
FREIHEIT

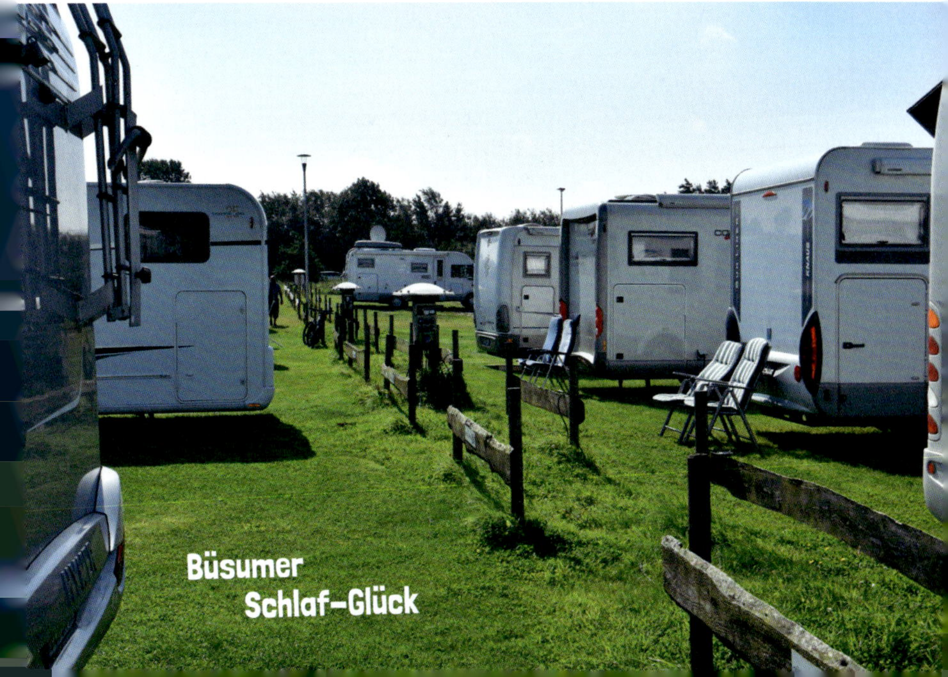

Büsumer Schlaf-Glück

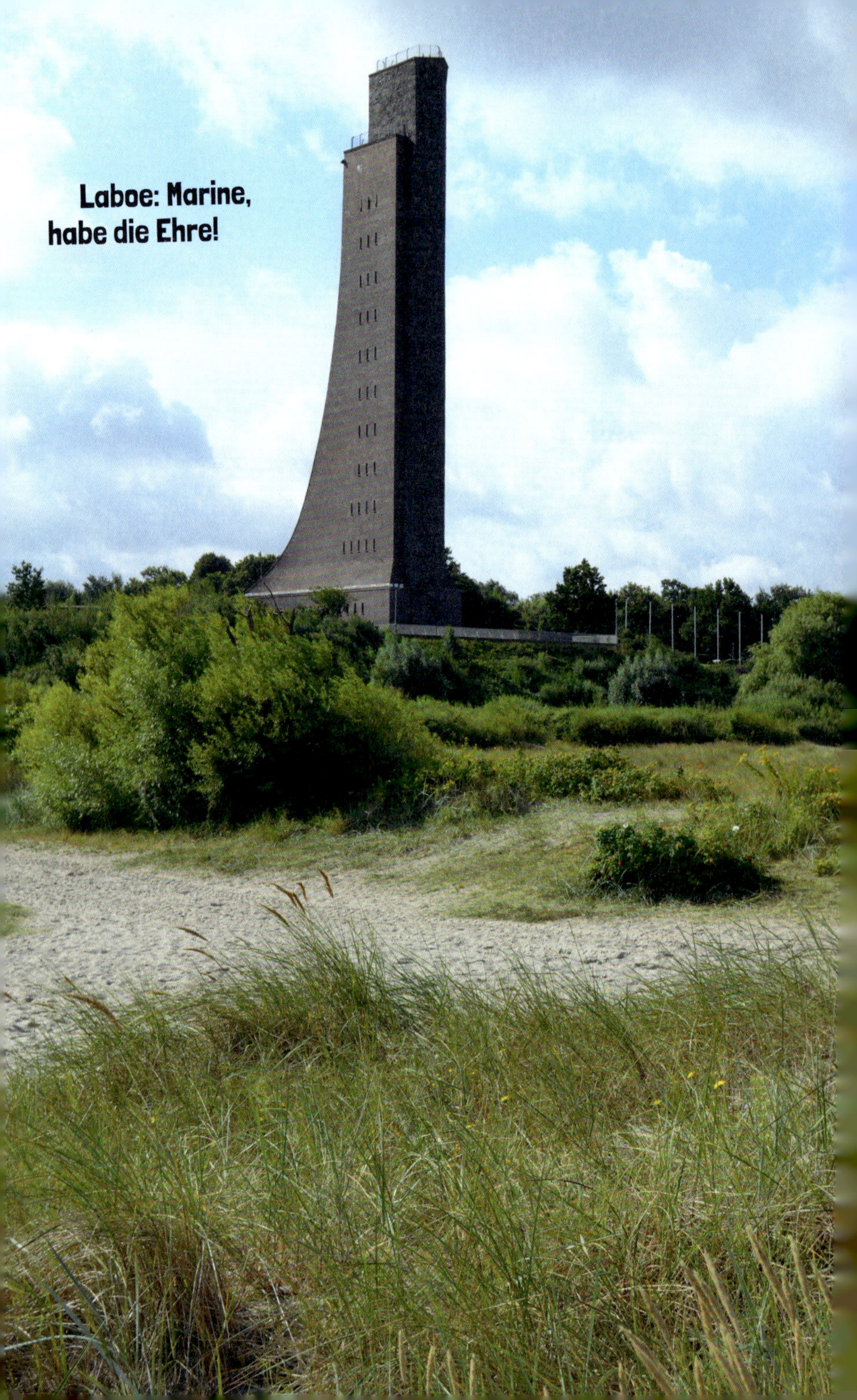

Laboe: Marine, habe die Ehre!

Eines sollte man an der schleswig-holsteinischen Ostseeküste wissen – die Auswahl an Übernachtungsplätzen ist so groß, dass ein kompletter Urlaub nicht reichen würde, selbst wenn man auf jedem Platz nur eine Nacht verbringen würde. Zwischen kleinen und großen Städten hat man hier an der Küste Womogenuss pur.

Die Hansestadt **Lübeck** lässt sich wunderbar einfach auf der Autobahn 1 oder der Autobahn 20 erreichen. Gleich angrenzend an die sehenswerte UNESCO-Altstadt befindet sich ein Wohnmobilstellplatz in den sogenannten Media Docks. Er ist sehr prak-

Ostsee Schleswig-Holstein

Mit Marzipan zu den Seebädern

tisch zwischen dem Stadtgraben und der Trave gelegen, die man lediglich überqueren muss, um direkt im Altstadtgeschehen zu landen. So viel Nähe bringt aber auch ein wenig Unruhe mit sich und Urlaubsgefühl will auf dem kopfsteingepflasterten Platz neben einer alten Industriehalle auch nicht aufkommen. Deutlich ansprechender ist der Wohnmobilstellplatz etwa zweieinhalb Kilometer weiter entfernt im Norden Lübecks, wenngleich man hier ein wenig mehr spazieren muss, um die Altstadt zu erreichen.

Rund um das Historische Rathaus mit seiner schmucken Fassade lässt es sich wunderbar flanieren. Die Marienkirche aus dem 13. Jahrhundert ist genauso sehenswert wie die St.-Petri-Kirche und nicht zu vergessen: das Buddenbrookhaus, in dem Thomas Mann lebte und später seine Kaufmannsfamilie Buddenbrook ansiedelte. Heute sind in dem Haus zwei Ausstellungen untergebracht. Beim Spaziergang zum berühmten Holstentor passiert man einige Süßwarengeschäfte. Hier kommt man nicht umhin, den noch verfügbaren Stauraum im Wohnmobil mit einer Auswahl an Marzipanprodukten zu füllen.

Wer von Lübeck weiter nach Travemünde fährt, hat zwei Möglichkeiten. Entweder mautfrei, aber dafür mit einem kleinen Um-

INFO

Mit ihrer Stahlkonstruktion gehört die Rendsburger Hochbrücke zu den historischen Wahrzeichen der Ingenieursbaukunst. 1911 begann ihr Bau, 99 Jahre lang war sie die längste Eisenbahnbrücke Deutschlands.

weg über die Autobahn 1 oder kürzer, jedoch mit einer geringen Gebühr durch den Herrentunnel an der Bundesstraße 75. In **Travemünde** steht man auf einem großzügig angelegten Stellplatz in der Nähe des Frachthafens. Meeresblick oder direkter Strandzugang fallen leider aus. Dafür ist man zu Fuß innerhalb weniger Minuten im Ortszentrum mit seinem Kreuzfahrtterminal und auf der Travepromenade, wo man es sich in einem der zahlreichen Restaurants gut gehen lassen kann. Folgt man der Trave noch ein Stück weiter, gelangt man schließlich auch zur Mündung, neben der sich der weitläufige Strand erstreckt.

Von nun an ist es kaum mehr ein Problem, mit dem Wohnmobil einen Übernachtungsplatz zu finden, wenn man in Küstennähe nordwärts reist. Zahlreiche Campingplätze überbieten sich gegenseitig mit einem umfangreichen Angebot und wer sich lieber für einen Wohnmobilstellplatz entscheidet, wird auch nicht lange suchen müssen. Mit einem Zwischenstopp im Freizeitpark Hansapark geht die Reise ab Neustadt auf der Bundesstraße 501 über Grömitz weiter zur **Insel Fehmarn.** Mit dem Aufenthalt auf der drittgrößten Insel Deutschlands macht man alles richtig. Der Hauptort Burg auf Fehmarn mit seinem kleinen Hafen be-

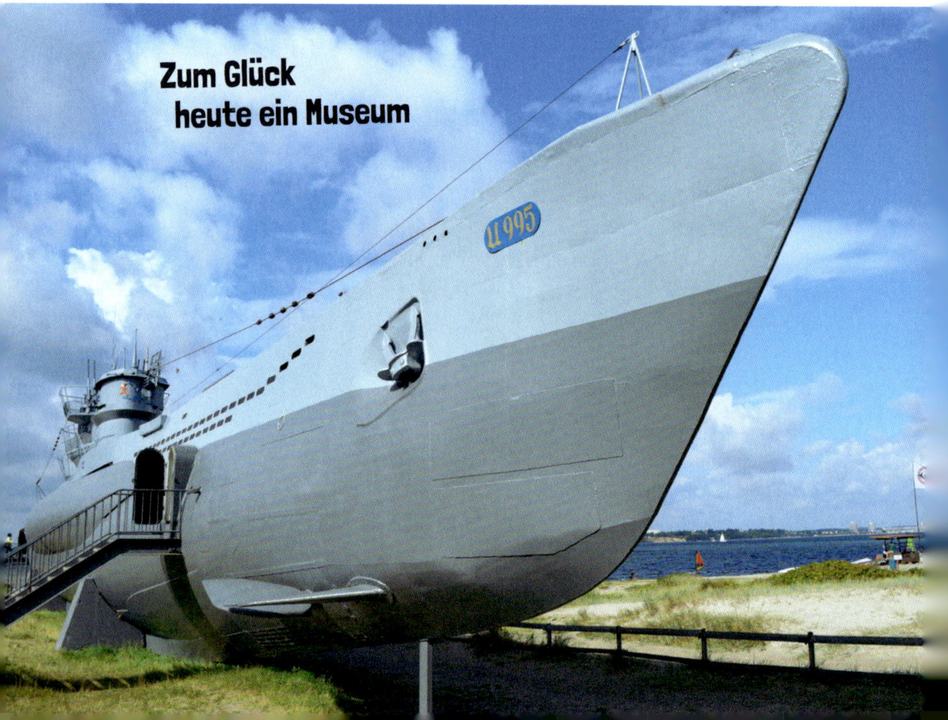

Zum Glück heute ein Museum

sticht genauso wie die vielen Campingangebote, die sich in der Regel in ruhiger Alleinlage und direkt am Meer befinden. Hier lässt man das Wohnmobil am besten auf der Parzelle stehen und schnallt die Fahrräder vom Heckträger ab. Die kleinen Ortschaften, Leuchttürme und Strände von Fehmarn lassen sich auf den Radwegen gut erreichen.

Doch die Womotour entlang der Küste geht weiter. Ungefähr auf der Hälfte der Strecke zwischen Lübeck und der Grenze zu Dänemark befindet sich am Ende der langgestreckten **Kieler Bucht** die gleichnamige Landeshauptstadt. In **Laboe** findet man nicht nur Campingplätze und einen Wohnmobilstellplatz, sondern auch das Marine-Ehrenmal und das Technische Museum U 995. Das aus dem Zweiten Weltkrieg stammende U-Boot liegt an Land und zeigt eindrucksvoll, wie eng es in solch einem Unterseeboot zugeht. Aber Wohnmobilisten wissen ja, wie man mit knappem Stauraum umgeht.

Das macht die Tour einzigartig!

- Große Pötte gucken
- Die Sonneninsel Fehmarn
- Ein deutscher Fjord

Kiel ist außerdem Ausgangs- bzw. Endpunkt für den **Nord-Ostsee-Kanal**, der bis Brunsbüttel an der Mündung der Elbe in die Nordsee reicht. Hier sollten wir über die Autobahn 210 nach **Rendsburg** fahren. Kaum eine deutsche Ortschaft hat eine größere Stellplatzdichte als die Stadt am Nord-Ostsee-Kanal. Da wäre der innenstadtnahe Wohnmobilstellplatz mit dem treffenden Namen Eiderblick, aber auch der Stellplatz im Vorort Schacht-Audorf, von wo aus man in zwei Reihen direkt auf die großen Fracht- und Kreuzfahrtschiffe blickt, die vor der Motorhaube vorbeifahren. Etwas zentraler liegt ein Stellplatz mit drei Terrassen und einem dadurch ebenfalls freien Blick auf den Kanal. Er befindet sich nur wenige Schritte vom Fußgängertunnel entfernt, durch den man den Kanal unterquert und in das Zentrum von Rendsburg gelangt. Das Highlight der Stadt ist die **Hochbrücke**, die den Kanal überspannt und unter der eine Schwebefähre die beiden Ufer miteinander verbindet. Wie passend, dass sich der Wohnmobilstellplatz am Kreishafen unmittelbar nebenan befindet. Gleich

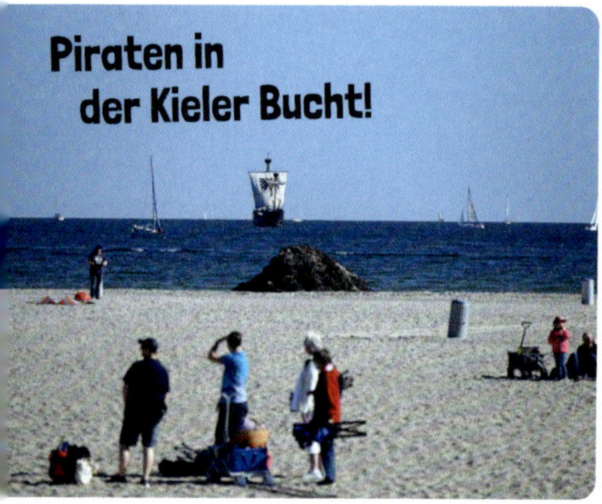

daneben informiert die Schiffsbegrüßungsanlage über alle Schiffe, die gerade den Stellplatz passieren.

Über die Bundesstraße 203 gelangt man zurück zur Ostsee und steuert dann den Wohnmobilstellplatz in **Eckernförde** an. Mit seiner topmodernen Ausstattung, einem Chipkartensystem und einem gepflegten Sanitärgebäude setzt der Wohnmobilstellplatz am Noor Maßstäbe. Zugleich ist er ein guter Ausgangspunkt, um den Strand, den Hafen und die kleine, bezaubernde Innenstadt von Eckernförde erkunden zu können. Nördlich erstreckt sich die **Schlei** als Ostseebucht weit in das Landesinnere hinein. Manche bezeichnen die Schlei sogar als einen Fjord. Mit norwegischen Fjorden ist das Gewässer zwar nicht zu vergleichen, dennoch geht es sehr nordisch zu. In der Stadt **Schleswig** lässt sich beispielsweise das Wikingermuseum Haithabu und das Danewerkmuseum besichtigen. Beide entführen den Besucher in eine längst vergangene Zeit und sind außerdem auf der Liste des UNESCO-Weltkulturerbes verzeichnet. Wie praktisch, dass sich gleich am Yachthafen von Schleswig ein Wohnmobilstellplatz mit tollem Ausblick auf die Schlei befindet.

Über die Bundesstraße 201 fährt man nördlich der Schlei in Richtung **Kappeln.** Der dortige Wohnmobilstellplatz liegt ebenfalls zwischen Yachthafen und Innenstadt. Doch auf dem Weg dorthin sollte man noch einen kurzen Abstecher nach **Arnis** machen. Diese malerische Ortschaft ist die kleinste Stadt Deutschlands. Allerdings besteht Arnis nur aus einer einzigen Straße, die aber auf jeden Fall zu einem gemütlichen Spaziergang zum Schlei-Ufer hin einlädt. Die kleinste Stadt Deutschlands ist so klein, dass der Platz leider nicht für einen Wohnmobilstellplatz reicht. Selbst so mancher Campingplatz im Land ist größer als Arnis. Daher bleibt nur der Stellplatz in Kappeln oder der Campingplatz im nahegelegenen Karschau.

Auf dem Weg nach **Flensburg** locken noch zahlreiche Wohnmobilstellplätze, wie Maasholm auf einer Halbinsel in der Schleimündung oder Wackerballig an der Geltinger Bucht.

FAZIT

Die Küste zwischen Lübeck und Flensburg zeigt, wie vielfältig die Ostsee ist und welche eindrucksvolle Kulturlandschaft sie bietet. Wie schön, dass jede Menge Campingplätze und Wohnmobilstellplätze hier das Reisen erleichtern.

GUT ZU WISSEN

VON: Lübeck
BIS: Flensburg
LÄNGE: 330 Kilometer

GUTE NACHT

SP LÜBECK An der Hülshorst 9, 23568 Lübeck (V+E, Strom)
SP TRAVEMÜNDE Travemünder Landstraße 304, 23570 Lübeck
CP FEHMARN Strukkamp 83, 23769 Fehmarn, Tel. (0 43 71) 21 94, www.strukkamphuk.de
SP RENDSBURG Am Kamp-Kanal 1, 24783 Osterrönfeld, Tel. (0 43 31) 70 88 50, www.wohnmobilhafen-nok.de (V+E, Strom)
SP KAPPELN Am Hafen 23B, 24376 Kappeln, www.ancker-yachting.de (V+E, Strom)

ABENTEUER 3/5
NATUR 4/5
FREIHEIT 4/5

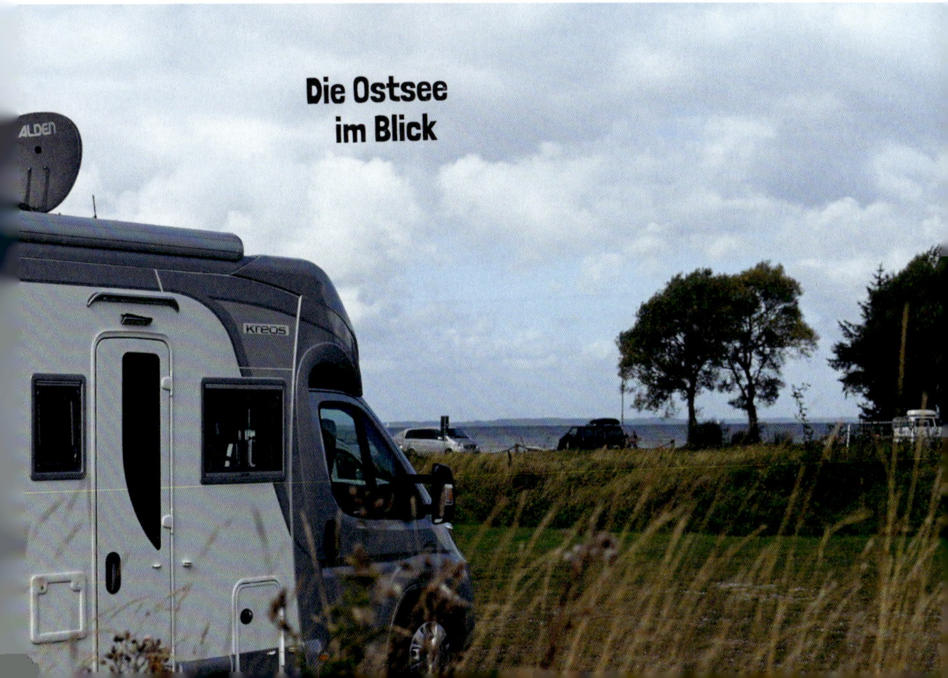

Die Ostsee im Blick

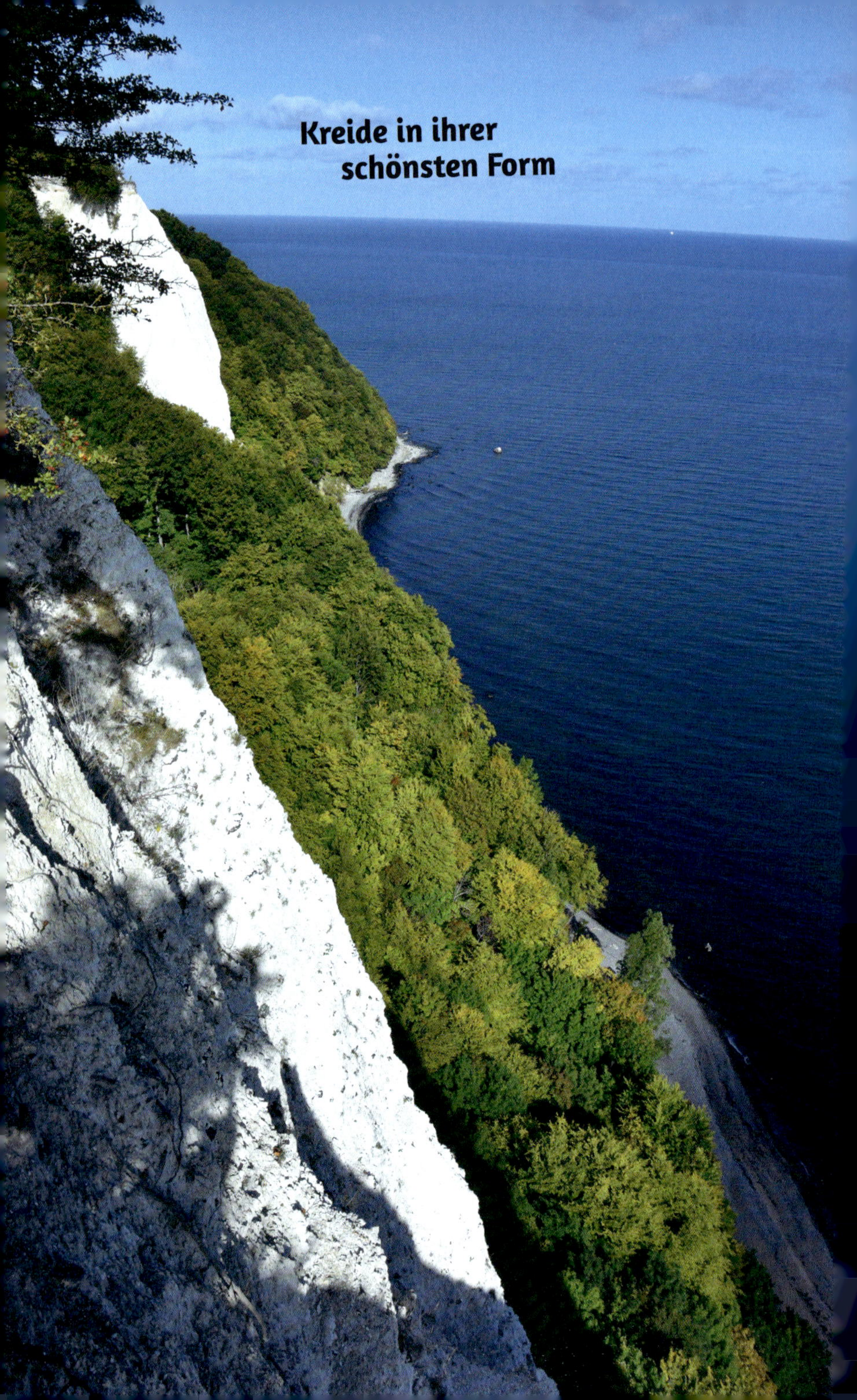
Kreide in ihrer schönsten Form

Alles, was in Deutschland geschieht, passiert in Mecklenburg-Vorpommern zuletzt – so heißt es über die nordöstliche Region des Landes. Gut, dass das nicht für den Reisemobiltourismus gilt. Denn Camping ist an der Ostseeküste schon aus historischen Gründen weit verbreitet. Man kann also nichts falsch machen.

Die Bundesstraße 105 oder noch ein Stück weiter landeinwärts die Autobahn 20 sind die wichtigsten Verbindungen, wenn man mit dem Wohnmobil durch Mecklenburg-Vorpommern reist und dabei die Orte entlang der Ostseeküste besuchen möchte. Die Auswahl an Ortschaften und Sehenswürdigkeiten ist ebenso groß wie das Angebot an Camping- und Wohnmobilstellplätzen. Zwischen dem Priwall im Westen und Swinemünde an der Grenze zum östlichen Nachbarland Polen wechselt man bei seinen Besichtigungen zwischen Weltkulturerbestätten und Nationalparks. Ja, beides im Plural. Und nicht zu vergessen wären da die vorgelagerten Inseln, von denen Rügen gleich auch noch die größte Deutschlands ist und für sich alleine schon ein Reiseziel für mehrere Tage sein kann.

Ostsee Mecklenburg-Vorpommern

Urlaub zwischen Welterbe und Inselglück

Den Anfang der Ortschaften macht im Westen das Ostseebad **Boltenhagen,** das gleich mal mit einem feinen Sandstrand und einer klassischen Seebrücke Eindruck schindet. Beides ist vom Regenbogencamp mit seinem angegliederten Wohnmobilstellplatz gut zu Fuß zu erreichen, der Platz liegt jedoch nicht direkt am Wasser. Die nächstgrößere Ortschaft kommt mit einer Altstadt daher, die auf der Liste der Weltkulturerbestätten steht. Im Zentrum **Wismars** präsentiert sich der Marktplatz mit wunderschönen Häuserfassaden. Mit wenigen Schritten ist man außerdem am Turm der ehemaligen Marienkirche und wenig später an der St.-Georgen-Kirche, die mit ihrer Aussichtsplattform einen Blick bis zum Ostseehafen ermöglicht. Sehr gut übernachtet werden kann auf dem relativ neuen Wohnmobilstellplatz außerhalb der Stadt. Über 150 Stellflächen bieten auf dem modern ausgestatteten Platz sogar in der Hochsaison eine Chance auf einen küstennahen Stellplatz.

Mit dem Fahrrad ist es von dort nicht weit in die Wismarer Altstadt, aber in die andere Richtung, zur **Insel Poel** gelangt man auf dem Drahtesel auch bequem. Alternativ kann man aber auch sein Wohnmobil mitnehmen und es auf dem ebenfalls großen, jedoch einfachen Wohnmobilstellplatz in **Timmendorf** aufstellen. Zum Strand sind es dann nur wenige Schritte. Auch Kühlungsborn gehört zu den bekannteren Badeorten in Mecklenburg-Vorpommern. Der lange Sandstrand und die Promenade laden hier zum Verweilen ein, was auf dem großzügigen Campingplatz wunderbar funktioniert. Er ist nur durch ein kleines Wäldchen vom Ostseestrand abgetrennt. Hier bietet es sich auch an, das Wohnmobil länger stehen zu lassen und die nächstgelegenen Orte mit der Bäderbahn Molli zu bereisen. Mit der Schmalspurbahn ist man innerhalb von 40 Minuten in **Bad Doberan**, unterwegs passiert man noch den Küstenort Heiligendamm, der im Jahr 2007 als Veranstaltungsort für den G8-Gipfel bekannt wurde.

INFO

Kilometerlang feinster Sand und urwüchsiger Kiefernwald machen den Darßer Weststrand zu einem der schönsten Strände der Welt.

Nur wenige Fahrminuten sind es, bis wieder eine größere Stadt die Ostseeküste berührt. **Rostock** und insbesondere der Ortsteil **Warnemünde** sind auch ein beliebtes Reiseziel. Mit dem Reisemobil

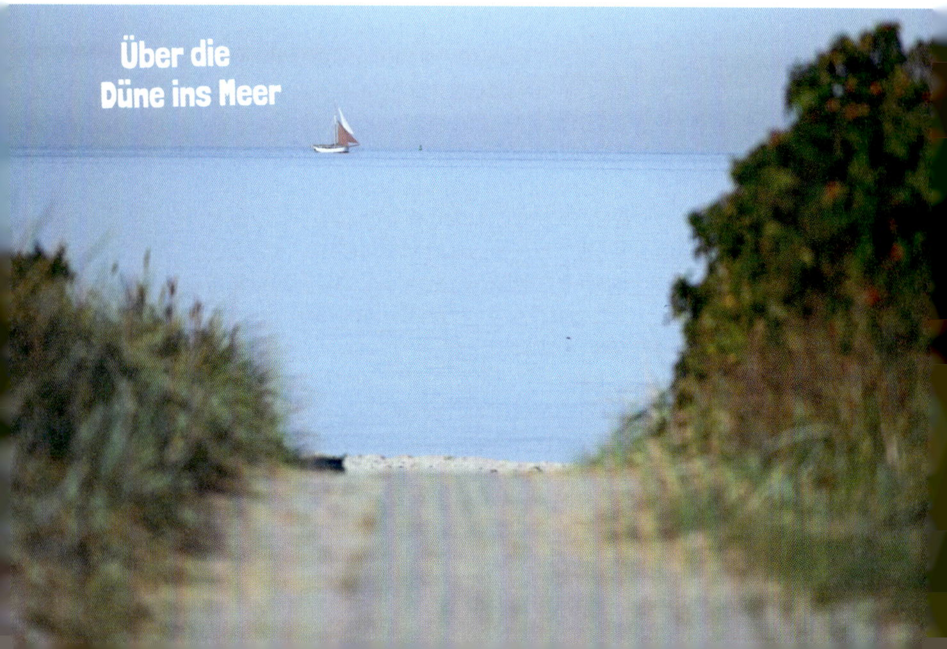
Über die Düne ins Meer

nächtigt man in ungewöhnlicher Lage auf dem Stellplatz in einem Industriegebiet. Dafür ist man aber sowohl in Warnemünde als auch in der Rostocker Innenstadt gleich schnell mit dem Fahrrad. Zu Fuß gelangt man wiederum zum Gelände der ehemaligen Internationalen Gartenbauausstellung.

Zu Fuß – das ist ein schönes Stichwort, um sich gleich mit dem nächsten Reiseziel zu beschäftigen. Der **Nationalpark Vorpommersche Boddenlandschaft** erstreckt sich zwischen den Boddenseen und der Ostsee und liegt auf einer Halbinsel, die in eben dieses Baltische Meer hineinragt. Lange Strand- und Waldspaziergänge zu Aussichtstürmen und Vogelbeobachtungsstationen gehören beim Aufenthalt auf dem Campingplatz in **Prerow** nachgerade zum Urlaub. Auch Zingst und das kleine Zentrum von Barth sind einen kurzen Besuch oder langen Urlaub wert. Jetzt geht es aber weiter nach **Stralsund.**

Das macht die Tour einzigartig!

- **Zwei UNESCO-Altstädte**
- **Deutschlands größte Insel**
- **Zu Fuß nach Polen**

Zum einen gibt es hier mehr als nur einen Wohnmobilstellplatz – der an der Rügenbrücke ist der wohl bekannteste in der Wohnmobilszene –, zum anderen ist die Altstadt von Stralsund zusammen mit der von Wismar von der UNESCO geschützt.

Andererseits ist Stralsund Ausgangspunkt für die Fahrt über besagte Rügenbrücke auf die Insel **Rügen.** Mit diesem größten Eiland Deutschlands erlebt man die mecklenburgisch-vorpommersche Ostseeküste in Miniatur. Schon wer sich alleine nur mit Rügen befassen möchte, sollte mehrere Tage Aufenthalt einplanen. Campingplätze und Wohnmobilstellplätze gibt es en masse, angefangen vom abgelegenen Küstenort Thiessow in der südöstlichsten Ecke der Insel bis hin zur Übernachtungsmöglichkeit auf dem Schotterparkplatz am Nationalpark Jasmund. Dieser ist idealer Ausgangspunkt, um den **Kreidefelsen** noch am späten Abend oder bereits am sehr frühen Morgen besuchen zu können, ohne das Wohnmobil zu bewegen. Direkt vom Parkplatz aus geht es durch den Wald bis zur Viktoriasicht, die einen wunderbaren Ausblick auf Deutschlands berühmtesten Kreidefelsen ermöglicht.

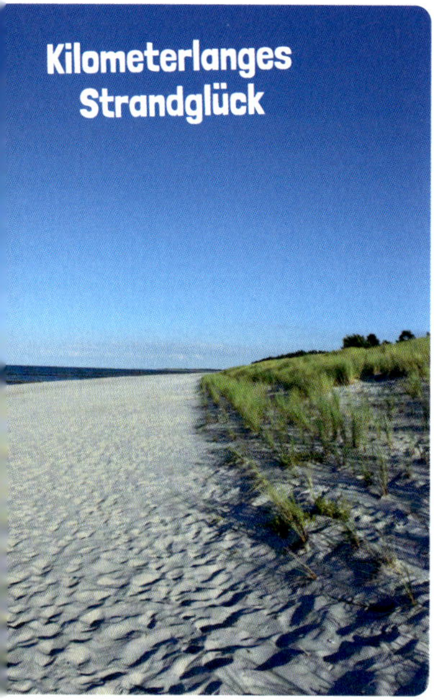

Berühmt, zumindest bei erfahrenen Wohnmobilisten, ist aber auch die Wohnmobiloase, die sich mitten im Wald bei **Prora** befindet. Von ihr sind es nur wenige Gehminuten, bis man entweder zum Strand gelangt oder zur Dokumentationsstätte Prora. Der kilometerlange Betonkomplex wurde während der NS-Diktatur errichtet und sollte als Ostseebad für 20.000 Erholungssuchende dienen.

Wer es eine Spur überschaubarer mag, der sollte in den Süden Rügens fahren und sein Wohnmobil in **Putbus** abstellen. In Ortsrandlage steht man hier zwar ohne Blick auf das Meer, doch der Platz ist gepflegt und bietet ein modernes Sanitärgebäude. Rügen kann man entweder wieder über Stralsund verlassen oder man nutzt die Fähre nach Stahlbrode. So oder so geht die Reise weiter auf der Bundesstraße 105 gen Osten und man erreicht die Stadt **Greifswald** mit ihrer sehenswerten Altstadt. Der zentrumsnahe Stellplatz ist mit seinen sehr engen Parzellen extrem gewöhnungsbedürftig. Hat man in den einbrechenden Abendstunden doch lieber etwas mehr Platz um sein Wohnmobil herum, steuert man besser den Campingplatz an, der sich am östlichen Ortsrand befindet.

Greifswald ist die letzte größere Stadt entlang der deutschen Ostseeküste. Bis zur Grenze nach Polen genießt man Landschaft, Strände sowie kleinere Ortschaften, und zwar wieder auf einer Insel. Auf der Bundesstraße 111 überquert man die kleine Brücke bei Wolgast, um **Usedom** zu erreichen. Auch diese zweitgrößte Insel Deutschlands lässt einen in die Geschichte eintauchen. Ganz im Nordwesten befindet sich Peenemünde mit dem Historisch-Technischen Museum, das über die Entwicklung der Raketen im Zweiten Weltkrieg informiert. Sonnenanbeter genießen ihren Urlaubsgenuss wiederum an den weiten Stränden von Zinnowitz und Ahlbeck. Vom Seebad Ahlbeck aus kann man dann gleich noch einen Spaziergang in den polnischen Teil der Insel machen und Swinemünde besuchen.

FAZIT

Die Ostseeküste Mecklenburg-Vorpommerns zählt eindeutig zu den Regionen in Deutschland, in denen man sich auf Reisemobiltourismus eingestellt hat. Dort, wo man bereits zu DDR-Zeiten Camping betrieb, sind heute jede Menge Übernachtungsangebote vorhanden.

GUT ZU WISSEN

VON: Boltenhagen
BIS: Usedom
LÄNGE: 310 Kilometer

GUTE NACHT

SP WISMAR Lütt-Moor 1, 23970 Wismar, Tel. (01 52) 07 36 70 96, www.ferienpark-wismar.de (V+E, Strom)

CP KÜHLUNGSBORN Waldstraße 1b, 18225 Kühlungsborn, Tel. (03 82 93) 71 95, www.topcamping.de

CP PREROW Bernsteinweg 4–8, 18375 Prerow, Tel. (04 31) 2 37 23 70, www.regenbogen.ag

SP BINZ Proraer Chaussee 60, 18609 Binz, Tel. (03 83 93) 69 97 77, www.wohnmobiloase-ruegen.de

SP PUTBUS Chausseestraße 14B, 18581 Putbus/OT Lauterbach, Tel. (03 83 01) 88 83 29, www.wohnmobilstellplatz-insel-ruegen.de

ABENTEUER
NATUR
FREIHEIT

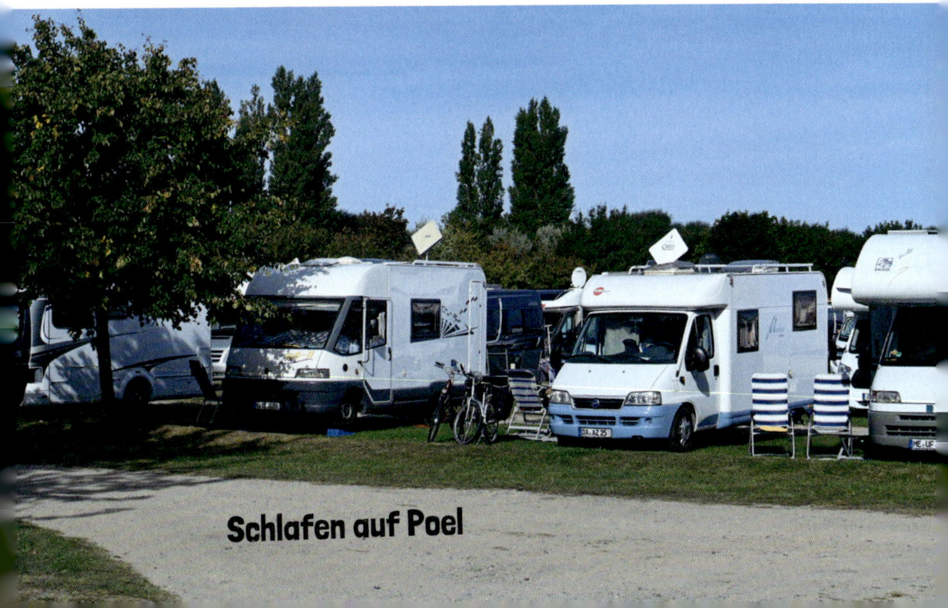

Schlafen auf Poel

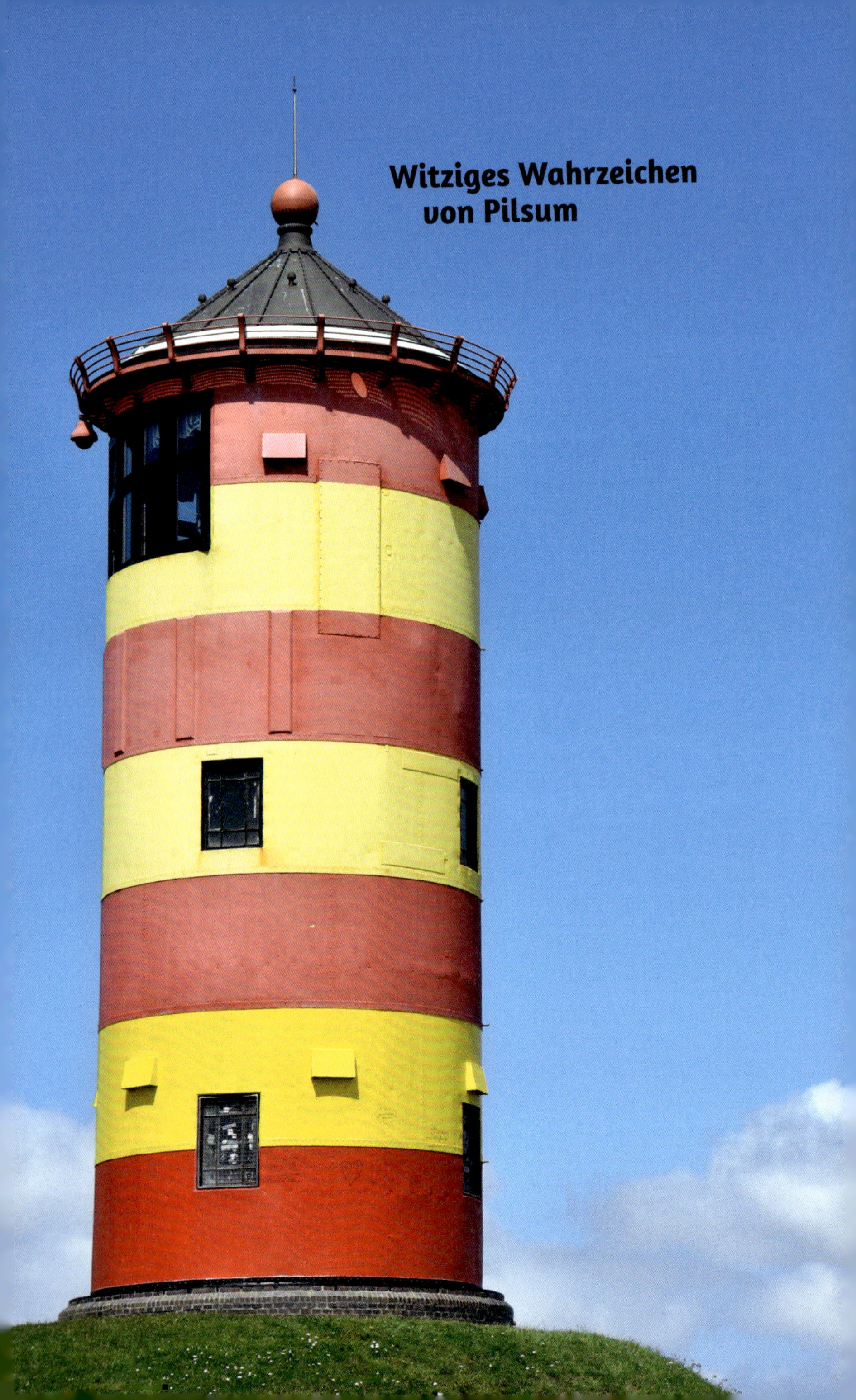

Witziges Wahrzeichen von Pilsum

Es gibt keinen Grund, sich über die Ostfriesen lustig zu machen. Sie leben in einer so wunderbaren Landschaft, die zwar flach, aber gemütlich ist. Möwen kreischen, Schafe grasen auf dem Deich und man selber genießt den Ostfriesen-Tee auf dem Campingstuhl vor dem Wohnmobil. Und das Meer? Das ist manchmal da und manchmal nicht. Herrlich.

Aurich liegt so ziemlich im Mittelpunkt Ostfrieslands, doch die meisten, die in den Nordwesten der Republik reisen, zieht es direkt bis an die Küste. Auf der Autobahn 31 erreicht man durch das Emsland die Stadt Emden. Sie liegt am Dollart, in einer Bucht, in

Ostfriesland

Windmühlen und Krabben

der die Ems in die Nordsee mündet. Doch vorher passiert man **Leer** mit seiner urig-gemütlichen Altstadt. Direkt am Hafen lädt eine echte Ostfriesische Teestube ein. Der Wohnmobilstellplatz ist gerade einmal 300 Meter entfernt. Allerdings hat man es mit dem Stellplatz in Leer schon fast zu gut gemeint: Er ist so zentral gelegen, dass man gewissermaßen mitten in der Stadt übernachtet. Das muss man schon ein bisschen mögen.

Weit laufen muss man vom Wohnmobilstellplatz in **Emden** aber auch nicht, um das Stadtzentrum zu erreichen. Dafür hat man sogar noch einen schönen Blick auf den Hafen der Stadt. Und mit seiner umfangreichen Ausstattung inklusive Waschmaschine, Trockner und einem Sanitärgebäude lässt der Platz nichts vermissen. Über die Faldernstraße ist man zu Fuß schnell am Ratsdelft, wo mehrere Museumsschiffe am Kai besichtigt werden können. Direkt nebenan gibt das Ostfriesische Landesmuseum einen guten Einblick in die Geschichte Ostfrieslands, das früher von Häuptlingen beherrscht wurde.

Zum Häuptling wurde er wohl nicht ernannt, aber er dürfte zweifellos der berühmteste Ostfriese sein – Otto Waalkes. Schon die Fußgängerampel am Ratsdelft zeigt die Farbe Grün im Otto-

INFO

Die Zwillingsmühlen wurden 1706 bzw. 1856 erbaut. Durch einen Orkan erlitt die grüne Mühle 2013 starke Schäden, ihr Wiederaufbau wurde allein durch Spenden finanziert.

typischen Bühnengang. Kein Wunder, denn gleich auf der anderen Straßenseite befindet sich das von ihm gegründete Otto Huus. Das Museum zeigt sein Leben und Wirken und bietet natürlich jede Menge Otto-Andenken zum Kauf an.

Auf dem weiteren Weg durch Ostfriesland sollte man auf der Bundesstraße 210 nur ein kurzes Stück nach Norden fahren. Denn in **Suurhusen** findet man eine Kirche, deren Turm sich definitiv nicht hinter dem Schiefen Turm von Pisa zu verstecken braucht. Würde auch schwierig werden, denn der Kirchturm von Suurhusen hat eine Neigung von über 5 Grad und ist damit schiefer als der viel berühmtere Turm in Italien.

Doch weiter zur Küste! **Greetsiel** ist über die kleinen Landstraßen ab Emden bzw. Suurhusen gut zu erreichen. Dort trifft man gleich an der Kreuzung am Ortseingang auf den großzügig dimensionierten Wohnmobilstellplatz. Der liegt zwar direkt an der Landstraße, doch dafür ist er ein guter Ausgangspunkt für einen Spaziergang in den malerischen Ort. Und siehe da, schon beim Verlassen des Stellplatzes erblickt man die Wahrzeichen von Greetsiel. Die beiden Zwillingsmühlen sind gerade einmal 100 Meter auseinander und geben am Ufer des Alten Greetsieler Sieltiefs ein malerisches Bild ab. Der Besuch einer kleinen Aus-

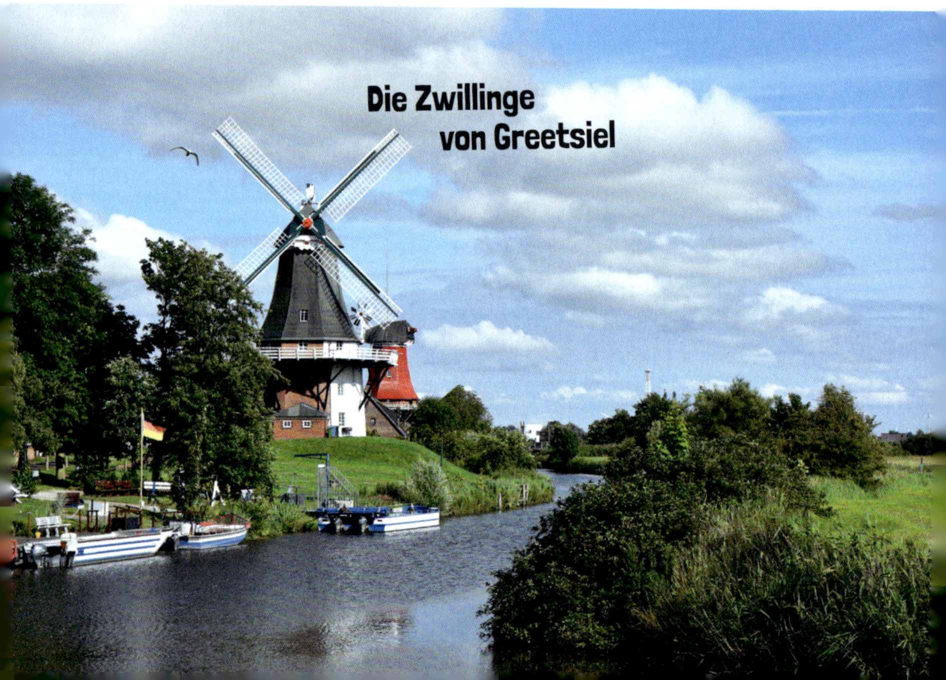

stellung und eines Cafés in den Mühlen ist ein absolutes Muss!

Aber es geht noch weiter in den Ortskern hinein, wo sich zahlreiche Restaurants am Sielhafen befinden. Doch trotz maritimer Atmosphäre und Hafen ist man hier immer noch nicht so richtig am Meer. Um das nun endlich zu erleben, begibt man sich entweder auf eine Wanderung oder man schwingt sich aufs Fahrrad. Am Deich und am **Naturschutzgebiet Leyhörn** geht es dann in Richtung Wasser und es dauert gar nicht so lange, bis in der Ferne schon eines der Wahrzeichen Ostfrieslands zu sehen ist: In knallig gelben und roten Streifen zeigt sich der **Pilsumer Leuchtturm,** der durch Otto Waalkes in einem seiner Filme bundesweite Aufmerksamkeit erlangte. Als Leuchtturm dient er zwar nicht mehr, als schöne Landmarke an der Küste aber schon.

Das macht die Tour einzigartig!

- **Der schiefe Turm von Suurhusen**
- **Ein Humor-Museum**
- **Die Ostfriesischen Inseln**

Gerade einmal eine halbe Stunde fährt man über die Landstraßen Ostfrieslands, bis in Norddeich die nächsten Wohnmobilstellplätze auftauchen. Einer befindet sich außerhalb der Stadt direkt am Deich und gegenüber vom dortigen Campingplatz. Der andere liegt zentral am Erlebnisbad Ocean Wave, wo sich gleich um die Ecke auch noch die Seehundstation mit ihren kleinen Heulern über Besucher freut. Die jungen Seehunde wurden elternlos im Wattenmeer aufgegriffen und werden hier großgezogen, bis sie wieder in die Nordsee ausgewildert werden können. **Norddeich** ist darüber hinaus auch Ausgangspunkt für eine Fährfahrt auf die **Insel Norderney.** Sie ist die Einzige der Ostfriesischen Inseln, die mit einem Pkw und sogar mit einem Wohnmobil befahren werden kann. Praktischerweise gibt es auf Norderney auch mehrere Campingplätze. Die anderen Inseln sind allesamt autofrei und werden von Womofahrern daher eher für einen lohnenswerten Tagesausflug genutzt.

Auf **Langeoog** trifft man zum Beispiel auf Lale Andersen, zumindest auf ihr Denkmal vor dem Wasserturm. Die Grabstätte der Sängerin befindet sich auf dem Friedhof, der fast komplett von Dünen umgeben ist. Eine weite Dünenlandschaft fasziniert

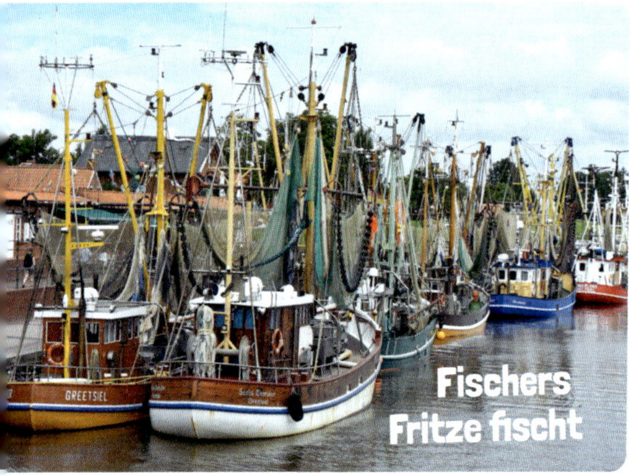

auch die Besucher der Insel **Spiekeroog.** Auf weiten Wegen gelangt man durch die sandigen Hügel völlig entspannt bis zum Strand. Wer mag, kann sich auf dem Festland übrigens auch einem der Wattführer anschließen und zu einer Insel wandern. Möglich ist das beispielsweise ab Harlesiel, von wo aus man rund acht Kilometer durch das matschige Wattenmeer bis Spiekeroog spaziert und unterwegs noch die spannende Lebenswelt des UNESCO-Weltnaturerbes erklärt bekommt.

Sehr praktisch, dass in **Harlesiel** gleich zwei große Wohnmobilstellplätze und ein Campingplatz am Strand und am Hafen zum gemütlichen Ostfrieslandurlaub einladen. Beim Stellplatz am Hafen muss man jedoch ein wenig aufpassen, was die lokale Verwaltung in Bezug auf die Naturgewalten vorhersagt. Denn bei Sturmflut wird der Platz oder zumindest ein Teil davon frühzeitig gesperrt. So mancher, der die Warnungen in den Wind schlug, hatte den Unterboden des Wohnmobils ungewollt mit dem Salzwasser der Nordsee gereinigt – so nah steht man hier an der Nordsee. Im Winter hat zumindest dieser Platz daher auch geschlossen. Doch im Normalfall genießt man hier einfach bei einer leichten Brise den Ausblick auf das Meer und auf den Hafen sowie auf die Passagierschiffe, die die Insel Wangerooge ansteuern.

Übrigens: In Harlesiel kann man mit dem Schiff auch landeinwärts fahren. Auf dem Fluss Harle pendelt den ganzen Tag lang der kleine **Schaufelraddampfer Concordia II** und befördert die Fahrgäste bis in den weiter landeinwärts gelegenen Sielhafen von Carolinensiel. Alternativ kann man die zwei Kilometer aber auch zu Fuß am Flussufer entlangspazieren und sich unterwegs mit einem appetitlichen Fischbrötchen verköstigen. Gegen den Hunger am Abend hilft der Wattkieker mit einem Buffet oder wahlweise einem Imbiss. Sehr zu empfehlen sind die als Kibbelinge bezeichneten mundgerechten Fischfiletstücke.

FAZIT

Ostfriesland ist genau richtig für alle Wohnmobilisten, die es gemütlich mögen. Ohne Hektik reist man von Ort zu Ort und lässt die Abende mit Blick auf das Meer und einer Tasse Ostfriesen-Tee entspannt ausklingen.

GUT ZU WISSEN

VON: Leer
BIS: Harlesiel
LÄNGE: 140 Kilometer

GUTE NACHT

SP LEER Große Bleiche 2, 26789 Leer, Tel. (04 91) 9 78 23 93 (Strom)
SP EMDEN Am Eisenbahndock 1, 26723 Emden, Tel. (01 60) 90 74 18 70 (V+E, Strom)
SP GREETSIEL Mühlenstraße, 26736 Krummhörn (V+E, Strom)
SP NORDDEICH Deichstraße 24a, 26506 Norden, Tel. (0 49 31) 9 18 64 78 (V+E, Strom)
SP HARLESIEL Am Harlesiel 20, 26409 Wittmund, Tel. (0 44 64) 94 93 98, www.campingplatz-harlesiel.de

ABENTEUER 4/5
NATUR 4/5
FREIHEIT 4/5

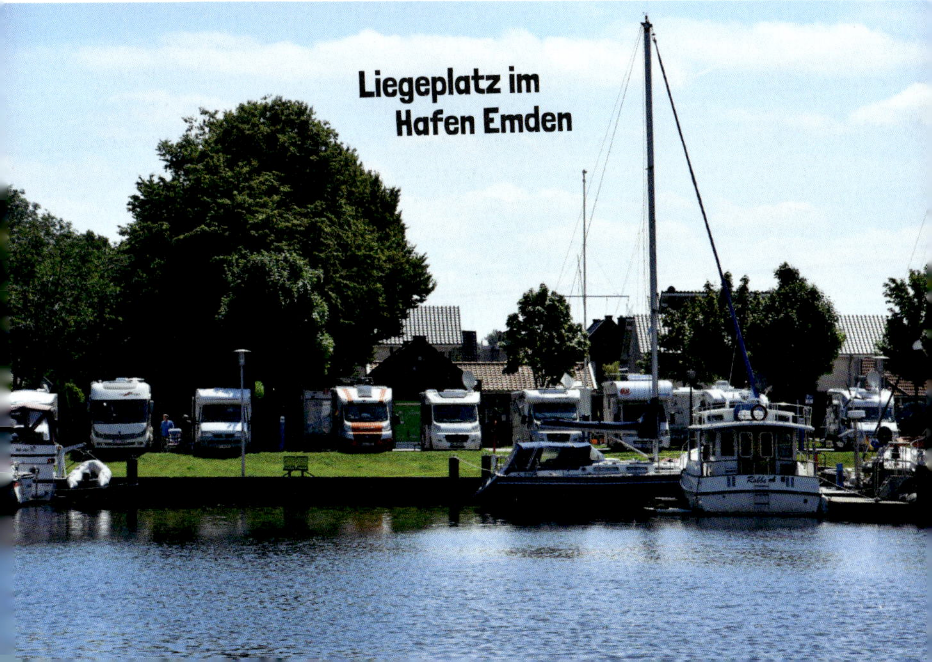

Liegeplatz im Hafen Emden

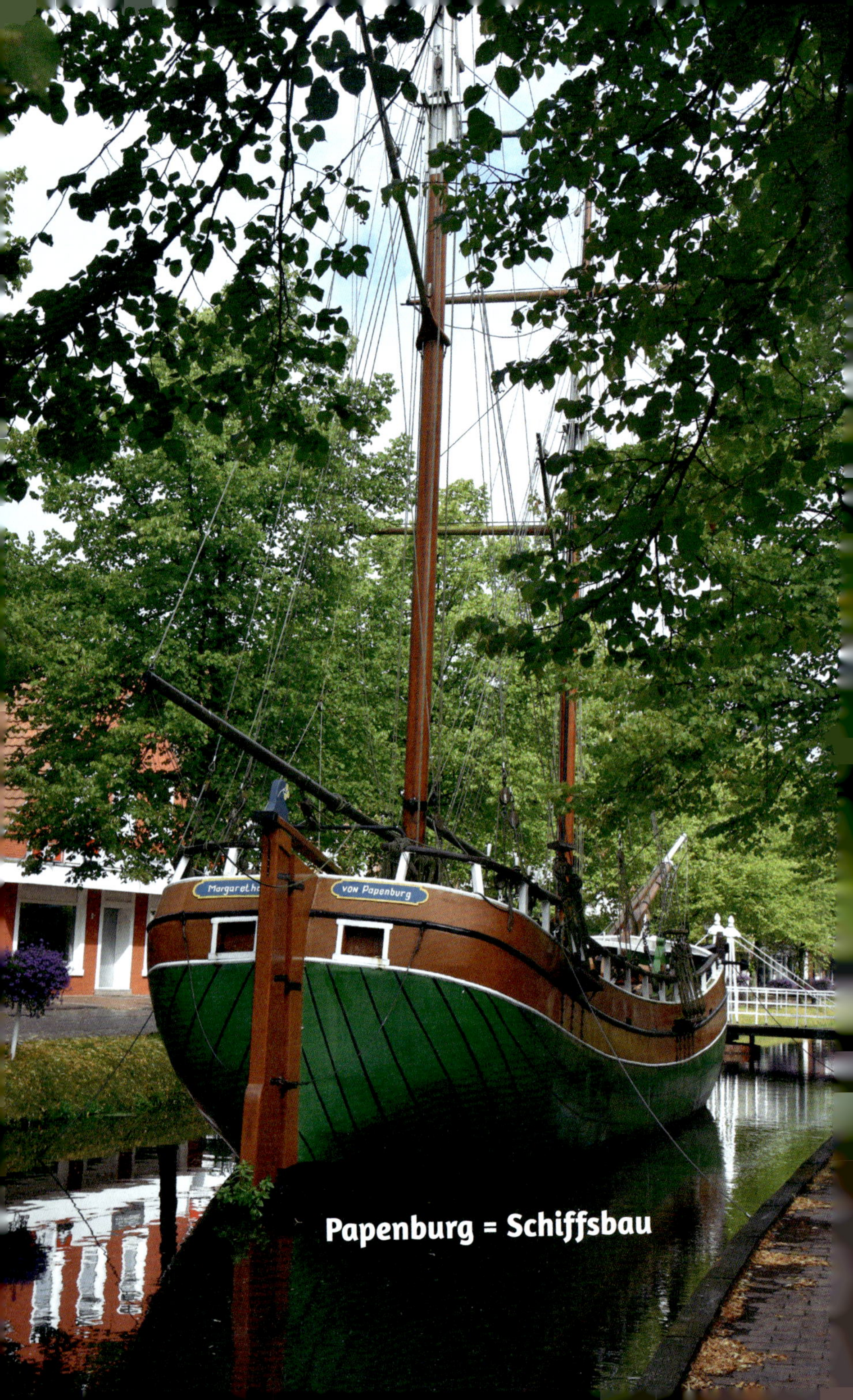

Papenburg = Schiffsbau

Als eine raue Landschaft mit viel Moor, aber auch Seen, Flüssen und Kanälen zeigt sich das Emsland. Gleichzeitig gibt es jede Menge zu sehen und zu erleben. Ganz klassisch ist natürlich der Besuch in der Meyer-Werft in Papenburg, aber auch die kleinen Ortschaften sind nicht nur interessant, sondern bieten auch überraschend schöne Übernachtungsmöglichkeiten.

Das Emsland erstreckt sich als relativ flache Region zwischen dem Münsterland und Ostfriesland. Durchzogen wird die Region außerdem von der namensgebenden Ems und vom Dortmund-

Emsland

Unterwegs in der Moorlandschaft

Ems-Kanal, der den Fluss mit dem Dortmunder Hafen verbindet. Die Ems ist es auch, die in unregelmäßigen Abständen dann doch dafür sorgt, dass Wohnmobile anreisen und versuchen, sich einen Platz in bester Lage zu ergattern. Denn in **Papenburg** befindet sich die Meyer-Werft, die dafür bekannt ist, moderne Kreuzfahrtschiffe zu bauen und sie auf der Ems in Richtung Nordsee zu überführen. Dieses besondere Spektakel wird in der Regel von der Werft frühzeitig angekündigt und ist immer wieder ein Hingucker, wenn die riesigen Schiffe metergenau die schmale Passage durchfahren.

Aber auch in der restlichen Zeit ist die seit 1795 bestehende **Meyer-Werft** ein beliebtes Reiseziel. Im Rahmen von Führungen kann man die Anlagen besuchen und erleben, wie die Kreuzfahrtschiffe gebaut werden. Der Wohnmobilstellplatz sowie der Campingplatz befinden sich zwar nicht direkt in der Nähe der Werft, sondern am anderen Ende der Stadt, doch so durchquert man auf dem Weg vom eigenen Dickschiff auf dem Platz zum Kreuzfahrtschiff in spe die sehenswerte Innenstadt Papenburgs.

Geprägt wird das Ortsbild, aber auch die Umgebung der Stadt von mehreren Kanälen. Der sogenannte **Hauptkanal** verläuft ein-

INFO

Papenburg ist Deutschlands älteste Fehnkolonie. 1630 begann man, das Moor durch Kanäle zu entwässern und damit bewohnbar zu machen.

mal quer durch die Innenstadt und bietet sich an, um an seinen Ufern gemütlich durch Papenburg zu schlendern. Ausgangspunkt ist das neobarocke Rathaus aus dem Jahr 1913. Gleich davor hat die Brigg „Friederike von Papenburg“ angelegt, in der sich normalerweise eine Filiale der örtlichen Tourismusinformation befindet. Doch im Januar 2021 kam es zu einem verheerenden Brand, der zu schweren Schäden im Inneren der Brigg führte. Diese sind von außen kaum zu sehen, doch wie es mit dem Inneren des Schiffes weitergehen wird, bleibt abzuwarten. Sie ist eines von sechs Schiffen, die in den Kanälen des gesamten Stadtgebietes anzutreffen sind und damit ein Schifffahrtsfreilichtmuseum bilden. Folgt man dem Hauptkanal in Richtung Westen, also am Schiffsbug vorbei, dann gelangt man schon in wenigen Gehminuten zum Küstensegler „Margaretha von Papenburg“. Wenig später folgt ein Schiff des Typs Tjalk, der überwiegend zum Befahren seichter Gewässer gedacht ist. Mit der „Thekla von Papenburg“ passiert man das Zentrum der Stadt und gelangt nach kurzer Zeit zum Kulturforum Alte Werft. Dort liegt die „Gesine von Papenburg“, die als Einziges der Museumsschiffe noch fahrbereit ist und gelegentlich auch eingesetzt wird.

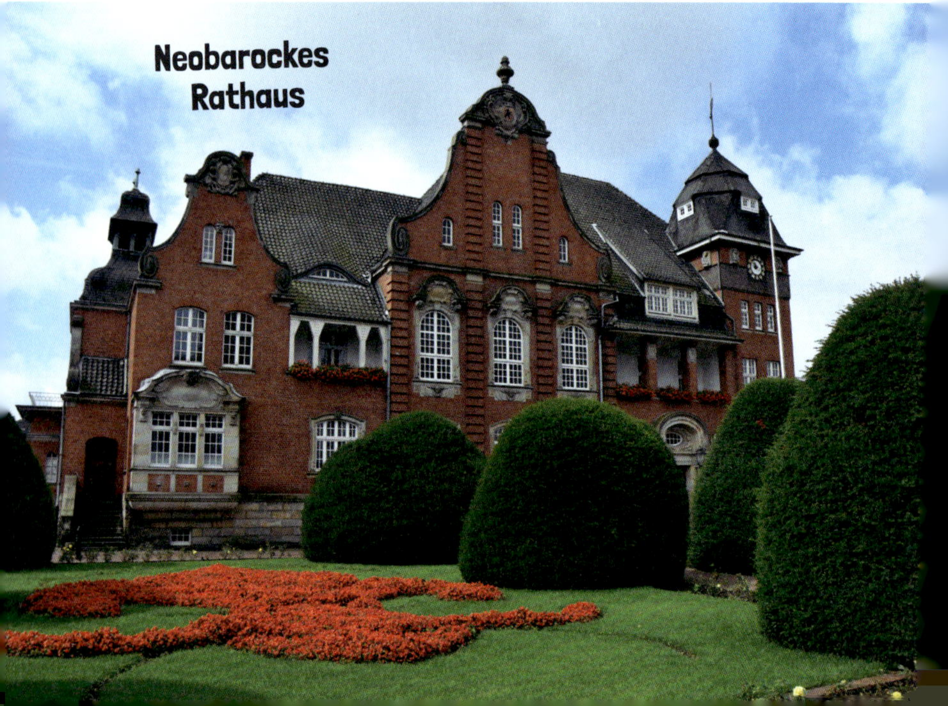

Neobarockes Rathaus

Geht man am Rathaus am Kanal in die andere Richtung, erreicht man den Torf-Transporter „Anna von Papenburg“. Zum Abschluss folgt man noch dem Kanal durch einen Rechtsbogen bis zum Schoner „Katharina von Papenburg“, der immerhin 130 Tonnen Fracht laden kann. Wer jetzt noch ein paar weitere Schritte geht, der gelangt zu einer Bockwindmühle. Zwar nicht mehr in Betrieb, ist sie die Letzte ihrer Art im Emsland. Eine weitere Mühle, die Meyers Mühle, findet man zwischen dem Hauptkanal und dem Stadtpark im Stadtzentrum. Errichtet im Jahr 1888, ist sie heute immer noch wegen des hauseigenen Mühlenbrotes beliebt.

Das macht die Tour einzigartig!

- **Ozeanriesen ganz nah**
- **Weite Landschaft**
- **Die Niederlande in Sichtweite**

Über die Bundesstraße 401 erreicht man die kleinere Ortschaft **Esterwegen.** Sehr nett, abseits und ruhig übernachtet man dort nur wenige Meter vom Erikasee entfernt. Ein kleines Café am Ufer tut ein Übriges, um sich hier wohlzufühlen. Dennoch sollte man sich auch auf das Fahrrad schwingen und zur Gedenkstätte Esterwegen fahren. Von der Ortschaft durch einen Wald abgetrennt, liegt sie nördlich von Esterwegen in einer vom **Moor** geprägten Landschaft. Sie erinnert an die 15 Konzentrationslager, die als Emslandlager bezeichnet wurden und deren Häftlinge die Moorlandschaft urbar machen sollten. Das bekannte Moorsoldatenlied erinnert an ihr Schicksal.

Auf dem weiteren Weg nach Süden sollte man, auch wenn es dort leider kein Übernachtungsangebot für Camper gibt, den Bogen über **Sögel** schlagen. Am Ortsrand beeindruckt das Schloss Clemenswerth, das vom Barockarchitekten Johann Conrad Schlaun entworfen wurde. Anders als zum Beispiel bei dem von ihm erschaffenen Schloss Nordkirchen im südlichen Münsterland handelt es sich jedoch nicht um ein großes Einzelgebäude. Vielmehr überrascht Schloss Clemenswerth mit einem eher kleinen Jagdschloss, das sternförmig von kleinen Gebäuden umgeben ist. Das gesamte Ensemble befindet sich inmitten des baumbestandenen Clemenswerther Parks und ist in seiner Art eher ungewöhn-

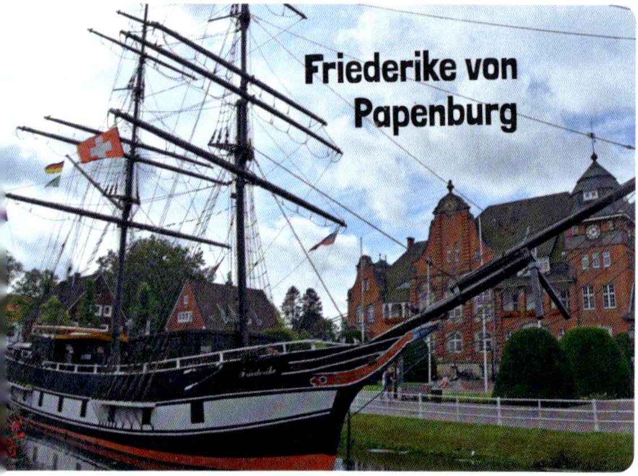

lich, aber auf jeden Fall einen Zwischenstopp wert.

Wer ein eher klassisches Schloss sehen möchte, der fährt nach **Haren.** Aber das dortige Schloss Dankern ist mittlerweile nicht mehr der Hauptanziehungspunkt, sondern Namensgeber für das Ferienzentrum mit über 200 Spiel-, Freizeit- und Sportmöglichkeiten. Besonders die kleinen Mitreisenden kommen hier beim Adventuregolf, im Hochseilgarten, im Freibad oder beim Wasserski auf dem Dankernsee voll auf ihre Kosten. Sogar ein übergroßer Sandhaufen, der sich wie eine große Düne am Seeufer erhebt, kann hier begeistern. Wohnmobilisten finden in nur fünf Kilometern außerdem einen außergewöhnlichen Reisemobilstellplatz. Das Emsland-Camp kennt vier Kategorien. So gibt es den klassischen Stellplatz vor der Schranke sowie den Stellplatz mit Sonnenterrasse mit einem privaten Bad in rund 50 Metern Entfernung. Darüber hinaus kann man auch einen Stellplatz belegen, an dem das private Bad und ein Abstellraum gleich neben der Parzelle stehen. Und zu guter Letzt gibt es noch den Stellplatz mit dazugehörigem Ferienhäuschen, falls man sich vor Ort mit Freunden treffen möchte.

Auch im Zentrum von Haren bietet sich die Möglichkeit, mit dem Wohnmobil zu übernachten. Fußläufig von der kleinen Altstadt entfernt, genießt man hier den direkten Blick auf die Ems. Übrigens, wer im ohnehin schon idyllisch-ruhigen Emsland weiter abseits stehen möchte, der sollte in das kleine Dorf **Laar an der Vechte** fahren. Es gehört zur Ortschaft Emlichheim, das auf drei Seiten vom Staatsgebiet der Niederlande umgeben ist. Der dortige einfache Stellplatz liegt direkt am Ufer der Vechte und bietet besten Blick auf die historische Mühle. Die Region ist so malerisch, dass man als Fußgänger oder Radfahrer in nur zwei Kilometern Entfernung mit eigener Muskelkraft per Kurbelfähre den kleinen Fluss Vechte überqueren kann.

FAZIT

Das Emsland ist mehr als nur eine Zwischenstation auf dem Weg zum Meer. Es gibt nicht nur viel zu sehen und zu erleben, sondern auch jede Menge Wohnmobilstellplätze, die zum Teil sogar mit sehr viel Luxus daherkommen.

GUT ZU WISSEN

VON: Papenburg
BIS: Laar
LÄNGE: 90 Kilometer

GUTE NACHT

CP PAPENBURG Zum Poggenpoel 101, 26871 Papenburg, Tel. (0 49 61) 97 40 26, www.papenburger-campingplatz.de
SP ERIKASEE 26897 Esterwegen (V+E, Strom)
SP EMSLAND-CAMP Harener Straße 34, 49733 Haren (Ems), Tel. (0 59 35) 80 44, www.emsland-camping.de (V+E, Strom)
SP HAREN Schleusenstraße, 49733 Haren (Ems), Tel. (0 59 32) 80
SP EMLICHHEIM-LAAR Zur Mühle 10, 49824 Laar (V+E, Strom)

ABENTEUER
NATUR
FREIHEIT

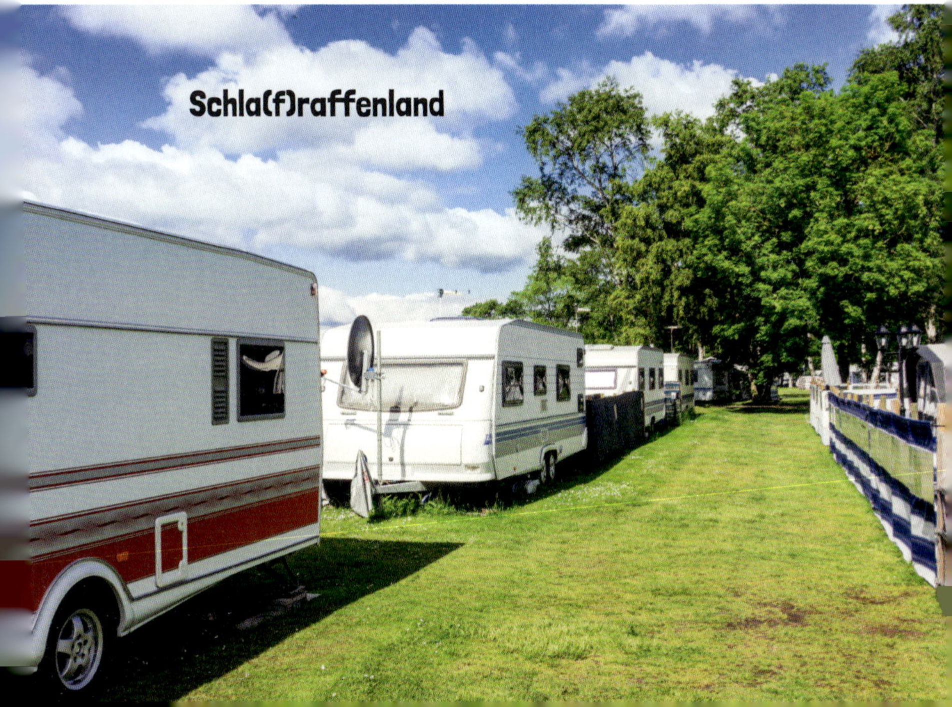

Schla(f)raffenland

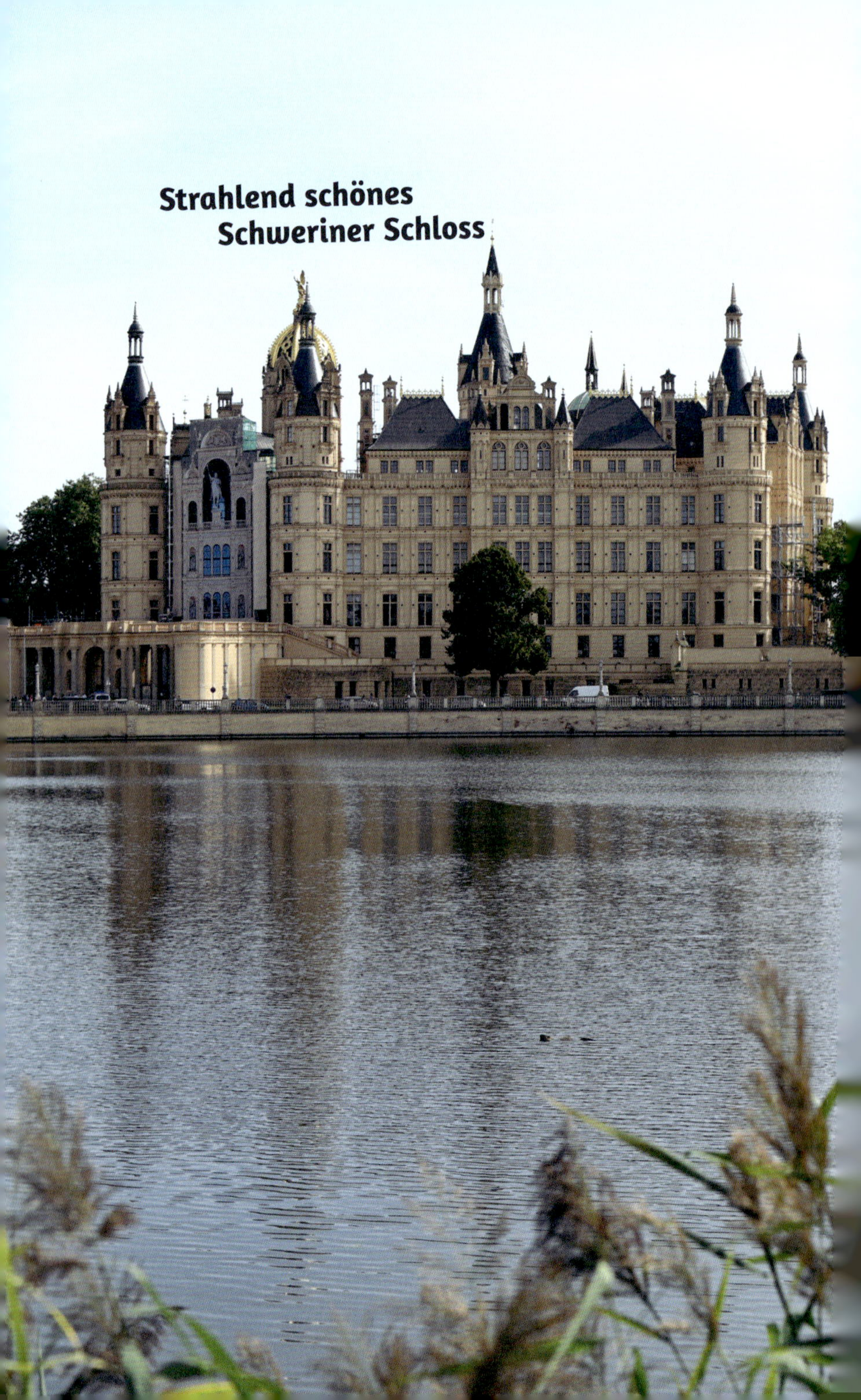

Strahlend schönes Schweriner Schloss

Die Mecklenburgische Seenplatte mit dem Wohnmobil zu bereisen ist schwer. Allerdings ist das im positiven Sinne gemeint. Denn wenn man einmal irgendwo an einem der vielen Seen steht und die Natur genießt, dann will man eigentlich gar nicht mehr weiter. In der Wald- und Seenlandschaft im südlichen Teil des Bundeslandes ist Naturgenuss pur angesagt.

Für eine Wohnmobilreise in den Süden von Mecklenburg-Vorpommern bietet sich die Landeshauptstadt als guter Ausgangspunkt an. Denn auch **Schwerin** bietet jede Menge Gewässer um

Mecklenburgische Seenplatte

Das ganze Jahr Weihnachten

sich herum und außerdem eine Vielzahl an Camping- und Stellplätzen. Manche der Plätze stellen sich vor Ort aber als besserer Parkplatz heraus, andere sind wiederum sehr eng parzelliert und wiederum andere lassen sich das Übernachten direkt am Wasser teuer bezahlen. In sehr ruhiger Lage übernachtet man etwas außerhalb auf dem Ferienpark Seehof direkt am Westufer des Schweriner Sees. Von dort ist es eine halbe Radelstunde, bis man vor dem Wahrzeichen der Stadt, dem Schloss Schwerin steht. Über den Damm, der die Schlossinsel mit dem Festland verbindet, ist man auch gleich mit dem Altstadtrundgang beschäftigt und kann es sich in den zahlreichen Einkehrmöglichkeiten in der Schweriner Innenstadt gut gehen lassen.

Auf den Bundesstraßen 321 und 392 erreicht man nach einer guten Stunde Fahrt ab Schwerin die Mecklenburgische Seenplatte, die sich gleich mit dem Naturschutzgebiet **Plauer See** bemerkbar macht. Hier genießt man jedoch nicht nur die Naturlandschaft, sondern auch die malerische Ortschaft am westlichen Seeufer. **Plau** besitzt eine kleine Altstadt, zum Teil mit Fachwerkbauten, und eine Burg, in der die Tourist-Information untergebracht ist. Wundern darf man sich jedoch nicht, wenn man die Stadt am zweiten Juliwochenende besucht. Dann herrscht Ausnahmezustand und im Rahmen der sogenannten Badewannenrallye überbieten sich die Teilnehmer mit selbst gebauten Wasserfahrzeugen auf der Elde. An der Seestraße, etwas außerhalb und südlich von Plau, wird man auf einem Privatgrundstück von einem netten Ehepaar begrüßt. Es bietet sein baumbestandenes Grundstück, das bis zum Wasser des Plauer Sees reicht, als ruhigen und idyllischen Übernachtungsplatz an. Gemütlichkeit wird hier großgeschrieben und man möchte eigentlich gar nicht weiterfahren.

INFO

Müritz heißt so viel wie „kleines Meer" – und das ist sie auch. Sie ist der größte See, der ausschließlich auf deutschem Gebiet liegt.

Doch es wäre keine Seenplatte, wenn es nur ein Gewässer geben würde. Weiter östlich kommen der **Fleesensee** und der **Kölpinsee,** die über einen kleinen Kanal miteinander verbunden sind, hinzu. Südlich der beiden Seen erstreckt sich die große Freizeitanlage Fleesensee mit Schlosshotel, Hallenbad, Hofladen, Golfplatz und einem Campingplatz. Die Bundesstraße 192 ist von dort die direkte und kurze Verbindung bis zum Hauptort der Mecklenburgischen Seenplatte. **Waren an der Müritz** lässt es touristisch an nichts mangeln. Das spürt man insbesondere in der Hauptsaison, wenn die kleine Altstadt gut besucht ist. Am Rande des Zentrums erstreckt sich aber nicht nur der Müritzsee, sondern befindet sich auch das Müritzeum. Mit einer inter-

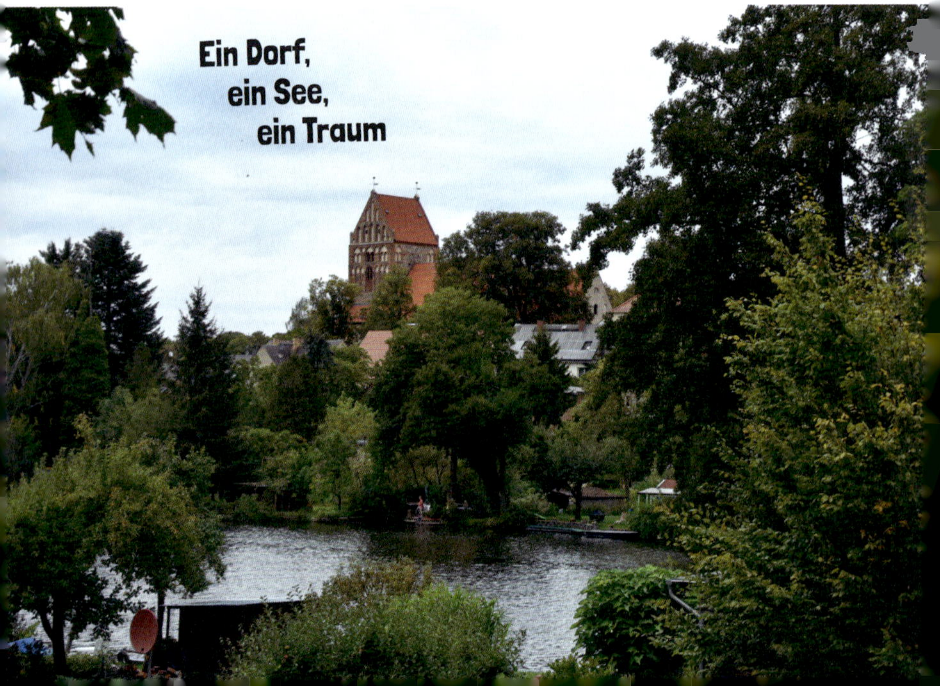

aktiven Ausstellung und einem Aquarium handelt es sich nicht nur um ein Museum, sondern um ein Naturerlebniszentrum, das überdies in einem architektonisch sehenswerten Gebäude untergebracht ist. Nur 150 Meter entfernt könnte man sogar auf dem kommunalen Wohnmobilstellplatz nächtigen. Doch innerstädtisch an einem Kreisverkehr gelegen, ist der enge Platz eher was für den Notfall, wenn man für die Nacht gar nichts anderes mehr findet. Viel ruhiger und entspannter schläft es sich im Reisemobil auf dem Camping- und Wohnmobilstellplatz Kamerun, der direkt am Müritzsee liegt und sich nur zwei Kilometer von der Altstadt entfernt befindet.

Das macht die Tour einzigartig!

- **Wahre Wasser-Wonnen**
- **Erholung pur**
- **Briefe an den Weihnachtsmann**

Eine ganz besondere Art der Wohnmobilreise innerhalb der Mecklenburgischen Seenplatte bietet übrigens Seecamper. Dabei fährt man das Wohnmobil auf ein Boot und macht dieses damit zum eigenen Hausboot. Bis zu neun Meter lange Wohnmobile finden auf den Booten Platz, wobei die Tragfähigkeit bei viereinhalb Tonnen liegt. Mit einem Tiefgang von nur 35 Zentimetern lässt sich das Wohnmobil-Hausboot bis in die flachsten Bereiche der Seenplatte steuern. Befahren werden können sowohl der Plauer See als auch der Fleesensee, Kölpinsee und Müritzsee, die allesamt miteinander verbunden sind. Wer sich für solch eine **mehrtägige Seentour** entscheidet, kann am Vortag des gebuchten Urlaubs anreisen und kostenlos auf dem Campingplatz Kamerun übernachten. Am nächsten Tag wird das Boot mit dem Wohnmobil beladen und man erhält eine technische Einweisung mit Probefahrt, sofern man bereits einen Sportbootführerschein Binnen besitzt. Fehlt dieser, ist eine dreistündige Einweisung in Theorie und Praxis erforderlich, womit man sich einen Charterschein verdient.

Im Osten des Müritzsees schließt sich der **Nationalpark Müritz** an, der sich am besten mit dem Fahrrad erkunden lässt. Eines der Highlights im Nationalpark ist der **Käflingsbergturm**, der mit seiner Aussichtsplattform in über 30 Metern Höhe ein wunderbares Panorama ermöglicht. Man benötigt allerdings ein wenig Wage-

Fließender Übergang

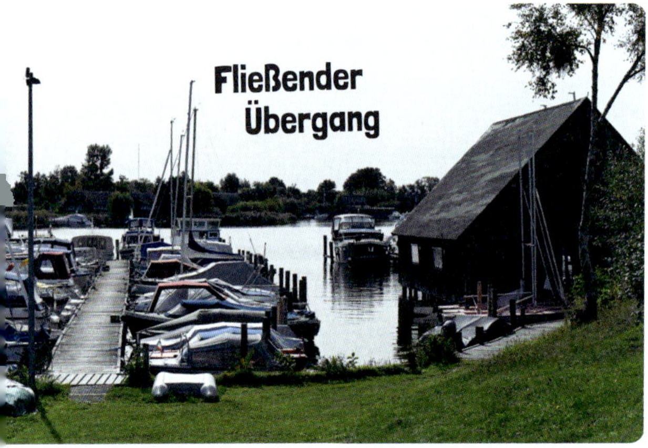

mut, um den metallenen Turm zu besteigen und den Ausblick über die weiten Wälder der Umgebung genießen zu können. Doch der Nationalpark Müritz besteht nicht nur aus Wäldern, sondern ist weiterhin Teil der Mecklenburgischen Seenplatte. Denn während man bisher zwar die größten Seen kennengelernt hat, genießt man nun die Reise rund um die Stadt **Neustrelitz** zu den vielen kleineren Gewässern. Nicht umsonst wird die Region auch Land der 1000 Seen genannt.

Die Wald- und Seenlandschaft reicht bis in das Nachbarbundesland Brandenburg hinein, wohin man ab Neustrelitz über die Bundesstraße 96 gelangt. **Fürstenberg an der Havel** ist ein wunderschönes Beispiel, dass es dort mit den Gewässern weitergeht. Die sogenannte Wasserstadt liegt an der Havel, die drei Gewässer miteinander verbindet, die sich wiederum rund um die Innenstadt erstrecken. Diese lässt sich vom einfachen, aber ruhig gelegenen Campingplatz am westlichen Gewässer, dem Röblinsee, gut erkunden. Auf der anderen Seite der Stadt, am Schwedtsee, liegt die KZ-Gedenkstätte Ravensbrück.

Anstatt in Fürstenberg zu nächtigen, kann man aber auch weiter östlich zum **Stolpsee** fahren. Auch dieser wird von der Havel durchquert, befindet sich idyllisch im Wald und besitzt an einem Ufer einen kleinen Campingplatz. **Himmelpfort** heißt die Ortschaft, die zwar ein wenig verschlafen daherkommt, aber in der das ganze Jahr an Weihnachten erinnert wird – kein Wunder bei dem Namen. Umgeben von weiteren Seen trifft man im Ort auf das Weihnachtsmannpostamt, wo man ganzjährig das weihnachtlich geschmückte Haus des Weihnachtsmanns besuchen kann. Auch Skulpturen im Ort und liebevolle Details an so manchem Wohnhaus zeigen, dass in Himmelpfort die Advents- und Weihnachtszeit gelebt wird.

FAZIT

Die Mecklenburgische Seenplatte ist eine weitläufige Naturlandschaft, in der es zahlreiche Wohnmobilstellplätze, aber vor allen Dingen auch kleine und einfache Campingplätze gibt. Meist befinden diese sich in ruhiger und abgeschiedener Uferlage – ein Traum.

GUT ZU WISSEN

VON: Schwerin
BIS: Himmelpfort
LÄNGE: 210 Kilometer

GUTE NACHT

CP SCHWERIN Am Zeltplatz 1, 19069 Seehof, Tel. (03 85) 51 25 40, www.ferienpark-seehof.de

SP PLAU Seestraße 11 b, 19395 Plau am See, Tel. (03 87 35) 4 46 60 (Strom)

SP FLEESENSEE Tannenweg 1, 17213 Göhren-Lebbin, Tel. (01 72) 4 38 99 02, www.fleesensee.de (Strom)

CP WAREN Zur stillen Bucht 3, 17192 Waren (Müritz), Tel. (0 39 91) 12 24 06, www.campingpark-kamerun.de

CP HIMMELPFORT Am Stolpsee 1, 16798 Fürstenberg/Havel, Tel. (03 30 89) 4 12 38, www.zeltplatz-himmelpfort.de

ABENTEUER
NATUR
FREIHEIT

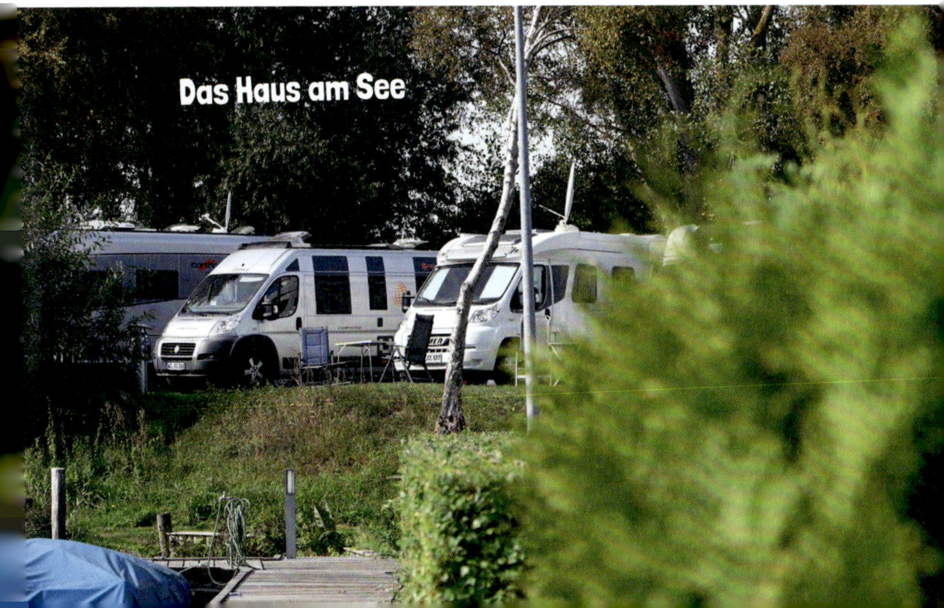

Das Haus am See

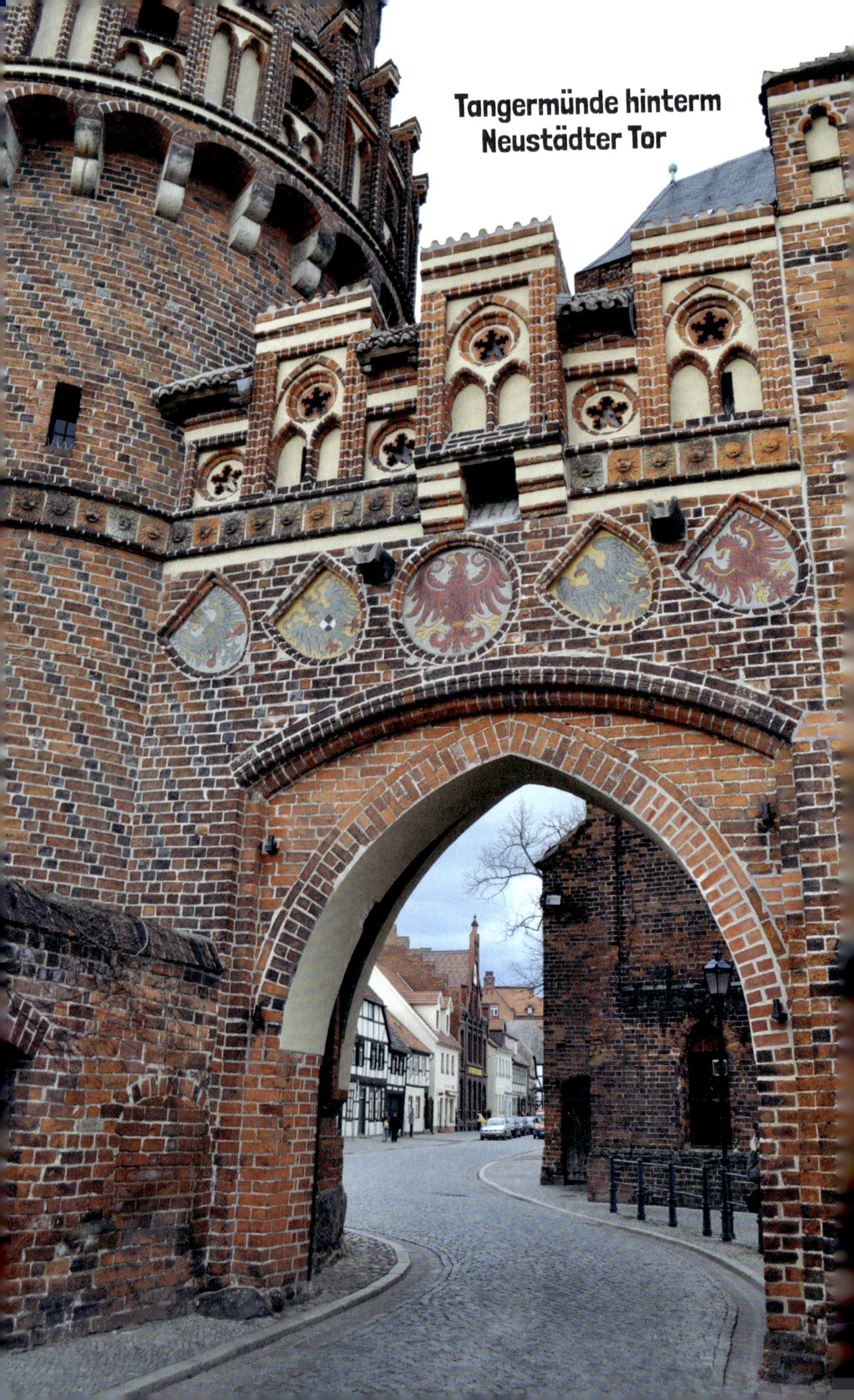

Tangermünde hinterm Neustädter Tor

Gleich durch sieben Bundesländer rollen die Reifen des Wohnmobils, wenn man vom Süden Sachsen-Anhalts durch die idyllische Landschaft der Elbauen bis in die Millionenmetropole Hamburgs reist. Mit einem kleinen Abstecher an die Havel erlebt man hier Natur- und Campinggenuss in einem.

Die Reise entlang der Elbe beginnt gleich mal mit einem Weltkulturerbe. Nein, nicht mit einem und auch nicht mit zwei schützenswerten Kulturgütern, sondern direkt mit drei Orten, die auf der UNESCO-Liste verzeichnet sind. Den Anfang macht die **Lutherstadt Wittenberg**, wo der Reformator Martin Luther sei-

Elbtalauen

Naturgenuss zwischen Elbe und Havel

ne 95 Thesen an das Eingangsportal der Schlosskirche nagelte. Die Gedenkstätten zu Ehren Martin Luthers sind das erste Weltkulturerbe im näheren Umkreis. Nur wenige Kilometer weiter flussabwärts folgt das sogenannte **Gartenreich Dessau-Wörlitz** auf halber Strecke zwischen der Lutherstadt Wittenberg und Dessau-Roßlau. Die Gartenlandschaft erstreckt sich südlich der Elbe und damit südlich von **Coswig (Anhalt).** Wie praktisch, denn dort befindet sich der Wohnmobilstellplatz Marina Coswig, der nicht nur Stellflächen unmittelbar an der Elbe anbietet, sondern eben auch ein guter Ausgangspunkt für einen Besuch der Welterbestätten ist. Und wenn man schon dabei ist, kann man natürlich auch noch die Stadt **Dessau-Roßlau** besuchen. Mit dem Gartenreich alleine ist es nämlich nicht getan. Dessau beherbergt einige Bauhaus-Stätten, die zusammen mit denen in Weimar und Bernau ebenfalls geschützt sind.

Aber man ist nicht alleine auf den Wohnmobilstellplatz in Coswig angewiesen, denn auch rund um Dessau findet man mehrere Übernachtungsangebote für Camper. Weiter flussabwärts sind es aber weniger die Städte als die Landschaft entlang der Elbe, die Eindruck schindet. Die Saale mündet bei Barby in den Strom und

INFO

Die Havel entspringt in der Mecklenburgischen Seenplatte, fließt an Berlin und Magdeburg vorbei, ehe sie nach 334 Kilometern in die Elbe mündet.

die ruhige Auenlandschaft wird nur von einzelnen Dörfern und Campingplätzen unterbrochen, bis man die Landeshauptstadt **Magdeburg** erreicht. Hier sind es wieder mehrere Wohnmobilstellplätze, die zum Besuch der Stadt einladen. Dabei besichtigt man natürlich den Dom und das farbenfrohe auffällige Hundertwasserhaus, das vom österreichischen Künstler Friedensreich Hundertwasser gestaltet wurde. Beide Bauwerke sind gerade einmal zehn Minuten vom Magdeburger Wohnmobilstellplatz am Elbufer entfernt.

Nördlich der Landeshauptstadt von Sachsen-Anhalt kann man über einen kleinen Abstecher nachdenken. Über die Bundesstraße 1 gelangt man zum Beispiel nach **Brandenburg an der Havel.** Die wasserreiche Stadt ist umgeben von mehreren Seen und beherbergt auf einer Insel einen Wohnmobilstellplatz gleich neben dem Dom auf der benachbarten Insel. Und auf dem übernächsten Eiland erstreckt sich wiederum die eigentliche Altstadt von Brandenburg.

Doch man sollte natürlich nicht die Elbe aus den Augen verlieren. So zum Beispiel dort, wo die Tanger in den Fluss mündet. Passend dazu befindet sich dort die **Burg Tangermünde** am gleichnamigen Ort. Sehr schön und praktisch zugleich ist der Wohn-

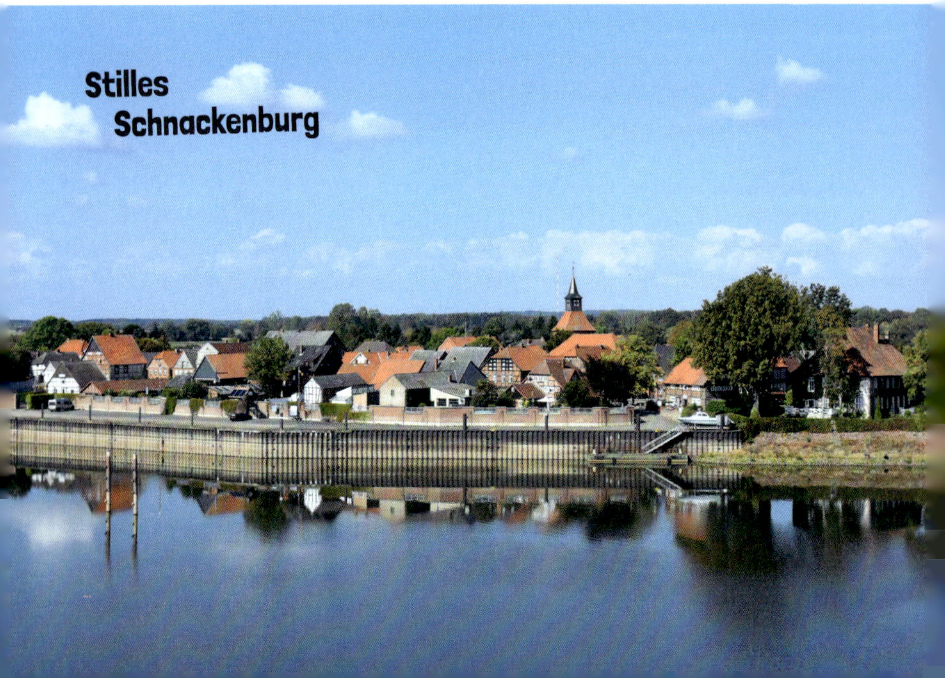

Stilles Schnackenburg

mobilstellplatz, der sich genau zwischen dem Ufer der kleinen Tanger und der liebenswerten Altstadt befindet. Ähnlich schön präsentiert sich die Stadt Havelberg, womit wir weiter nördlich wieder an der Havel wären. Doch die Havel hat hier nur noch zwei Kilometer, bis sie in die Elbe mündet. Kurz vorher passiert sie die Altstadt von **Havelberg,** die ab Tangermünde schnell und einfach über die Bundesstraße 107 zu erreichen ist. Wie schon in Brandenburg an der Havel übernachtet man hier auf einer Flussinsel. Genauer gesagt hat Havelberg zwei Inseln in der Havel. Eine beherbergt die gesamte Altstadt, während die andere als Campinginsel bezeichnet wird und sowohl Campingplatz als auch vorgelagerten Wohnmobilstellplatz besitzt. Beide Inseln sind durch eine Fußgängerbrücke miteinander verbunden. Noch praktischer geht es nicht für einen gemütlichen Altstadtbesuch.

Das macht die Tour einzigartig!

- **Ein wahres Gartenparadies**
- **Gotik und Hundertwasser**
- **Die Perle der Hanse**

Oder doch? Vielleicht in **Wittenberge,** wo man vom Wohnmobil aus auf einen kleinen Sportboothafen blickt. In das kleine Ortszentrum sind es zu Fuß ebenfalls nur wenige Augenblicke. Auf dem Weg nach Wittenberge genießt man wiederum die Fahrt durch eine ruhige und dünn besiedelte Region entlang des Flusses. Dieser ist übrigens auf weiten Strecken auch Grenzfluss, zunächst zwischen Brandenburg und Sachsen-Anhalt, später zwischen Brandenburg und Niedersachsen. Letzteres bedeutet, dass hier einst auch die Grenze zwischen der Bundesrepublik und der DDR verlief. Das ist zum Glück schon lange Geschichte. Einen Einblick in diese Vergangenheit erhält man aber im Grenzmuseum in **Schnackenburg.** In dem kleinen Ort würde man gerne länger bleiben, auch wegen des Aussichtsturmes mit Blick auf die Elbauen. Doch ein Übernachtungsplatz ist einem hier nicht vergönnt. Dafür kann man mit der Fähre fahren und so von einem Ufer zum anderen wechseln. Brücken sind in diesem Abschnitt der Elbe nämlich eher selten und so weicht man immer wieder auf die Fähren aus. Manche kommen sogar auf Zuruf, so ruhig und idyllisch ist es in der Region.

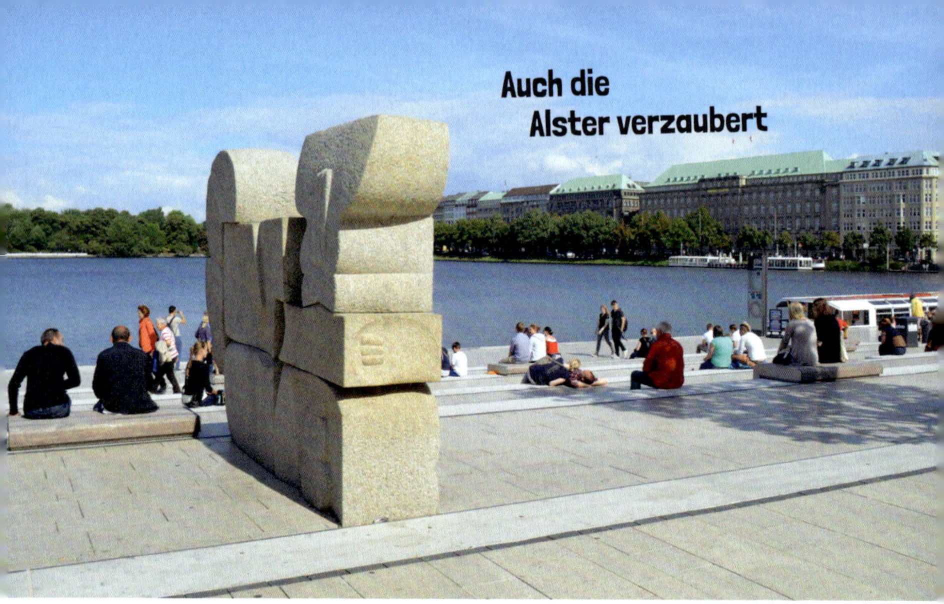

Auch die Alster verzaubert

Bei **Dömitz** trifft man übrigens mal wieder auf eine Flussmündung, wo man mit dem Wohnmobil direkt an den letzten Metern des Zuflusses übernachtet. Aber Achtung: Es besteht Verwechslungsgefahr beim Namen. Denn dort mündet die Elde in die Elbe. Die Bundesstraße 195 verläuft anschließend durch die Niedersächsische Elbtalaue und bietet während der Fahrt wieder schöne Ausblicke auf eine malerische Naturkulisse. Ein Zwischenstopp lohnt sich übrigens wieder in **Hohnstorf.** Entweder steuert man das rollende Heim auf einen der dortigen Campingplätze oder man nutzt die Aussicht vom Wohnmobilstellplatz in Richtung Schleswig-Holstein. Denn dort erstreckt sich die Ortschaft **Lauenburg** mit einer gemütlichen Altstadt, die im Wesentlichen eigentlich nur aus einer Straße besteht. Doch diese verläuft parallel zum Elbufer und beherbergt jede Menge Restaurants, unter anderem das Café Petticoat, das den Gast zu einer Zeitreise in die 1950er-Jahre einlädt.

Das letzte Bundesland auf dieser Womotour ist die Hansestadt **Hamburg.** Die ersten Meter rollt man mit dem Wohnmobil durch den Ortsteil Neuengamme. Man nähert sich zwar langsam dem städtischen Treiben Hamburgs, bleibt aber zunächst noch im Grünen. Genau an der Spitze, wo sich der Fluss in Norderelbe und Süderelbe aufteilt, ist der Wohnmobilstellplatz Elbepark Bunthaus ein guter Ausgangspunkt, um die Millionenmetropole zu besichtigen.

FAZIT

Eine fast schon unterschätzte Landschaftsregion, die keine berühmten Natursehenswürdigkeiten anbietet, aber dennoch – oder gerade deswegen – absolut reisetauglich und darüber hinaus auch camperfreundlich ist.

GUT ZU WISSEN

VON: Lutherstadt Wittenberg
BIS: Hamburg
LÄNGE: 500 Kilometer

GUTE NACHT

SP MARINA COSWIG Elbstraße 19, 06869 Coswig (Anhalt), Tel. (03 49 03) 49 62 24, www.marina-coswig.de (V+E, Strom)
SP MAGDEBURG Schleinufer, 39104 Magdeburg (V+E, Strom)
SP BRANDENBURG Grillendamm, 14776 Brandenburg an der Havel (V+E, Strom)
CP HAVELBERG Spülinsel 6, 39539 Havelberg, Tel. (03 93 87) 2 06 55, www.campinginsel-havelberg.de
SP ELBEPARK BUNTHAUS Moorwerder Hauptdeich 33, 21109 Hamburg, Tel. (0 40) 18 04 72 15, www.elbepark-bunthaus.de (V+E, Strom)

ABENTEUER 4/5
NATUR 3/5
FREIHEIT 4/5

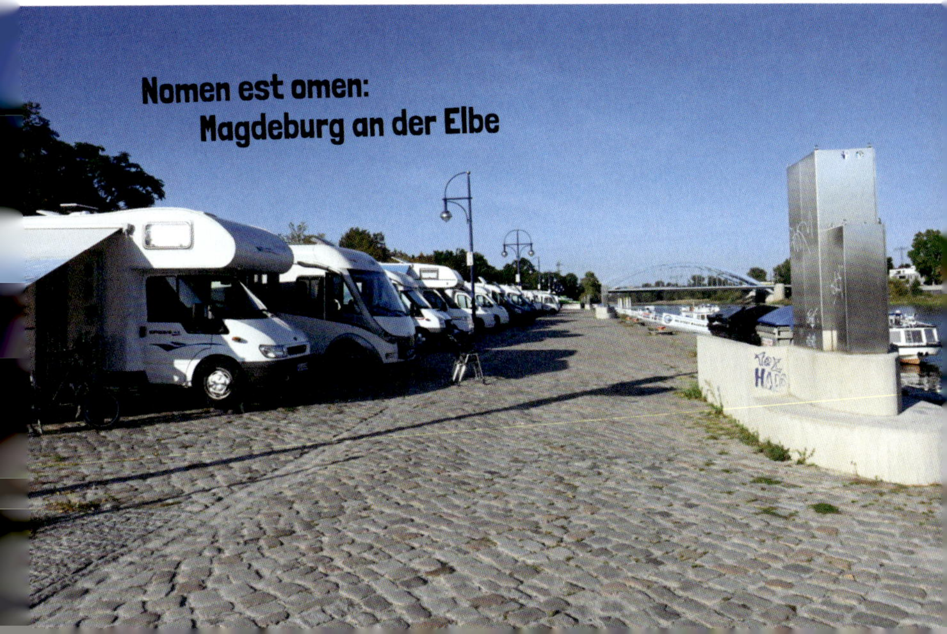

Nomen est omen: Magdeburg an der Elbe

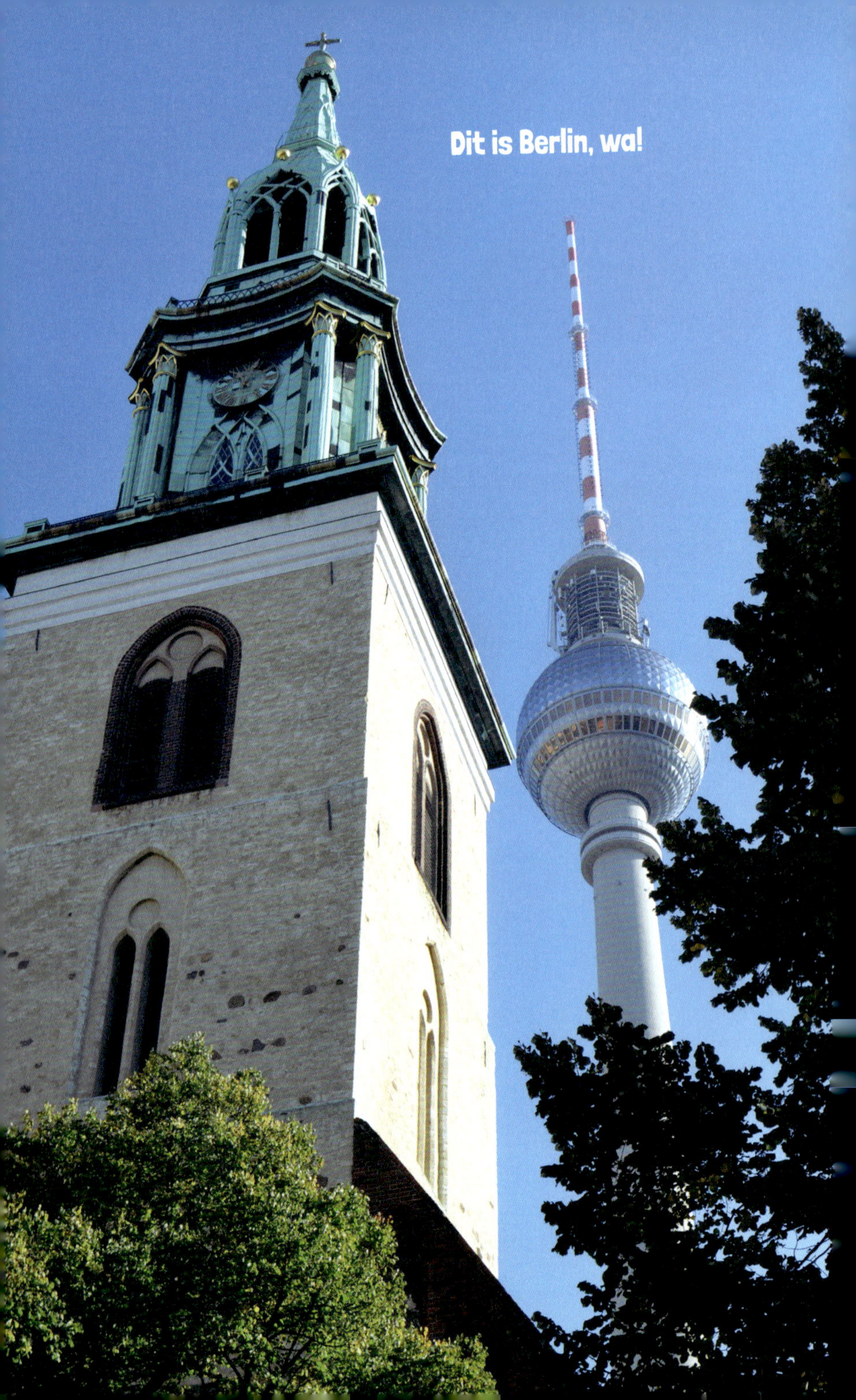
Dit is Berlin, wa!

Einmalige Erlebnisse hat man auf dieser eigentlich kleinen, aber intensiven Campingreise. Die Hauptstadt Berlin bietet sich mit ihren zahlreichen Sehenswürdigkeiten geradezu für einen längeren Aufenthalt an. Aber auch das Tropical Island mit Übernachtung an einer ehemaligen Landebahn lockt zum längeren Verweilen und einmalig ist natürlich auch das kleine Lehde im Spreewald, das man nur mit dem Boot besichtigen kann.

Berlin ist natürlich eines der Hauptreiseziele innerhalb Deutschlands. Das gilt auch für Wohnmobiltouristen. Nirgendwo sonst

Von Berlin in den Spreewald

Gurken für die Womoküche

bekommt man einen so intensiven Einblick in die Geschichte des Landes als in der ehemals geteilten Stadt. Neben den eher schon klassischen Sehenswürdigkeiten wie der Siegessäule und dem Brandenburger Tor steht man mancherorts vor der Geschichte des Zweiten Weltkrieges, um gleich nachdem man sich nur umgedreht hat, auf die Historie der deutschen Teilung zu blicken. Die Topographie des Terrors ist solch ein Ort, wo die Gräueltaten des Nationalsozialismus beschrieben werden, während draußen vor dem Gebäude noch die letzten Reste der Berliner Mauer als Mahnmal stehengeblieben sind. Weitere Erinnerungsorte sind natürlich das Denkmal für die ermordeten Juden Europas, die Gedenkstätte Berliner Mauer an der Bernauer Straße, aber auch der berühmte Checkpoint Charlie.

Natürlich warten noch viele weitere Sehenswürdigkeiten, Museen, Ausstellungen und Freizeiteinrichtungen darauf, besichtigt und erlebt zu werden. Wie praktisch, dass es in Berlin mehrere Möglichkeiten gibt, das fahrende Zuhause abzustellen, um sich in Ruhe der Stadtbesichtigung zu widmen. Allerdings muss man sich immer vergegenwärtigen, dass man sich in einer Millionen-Metropole befindet und citynahe Plätze den dementsprechenden

INFO

Sanssouci heißt aus dem Französischen übersetzt „ohne Sorge" – und das war hier vor allem Friedrich der Große. Auch heutige Besucher spüren den Zauber der prachtvollen Gebäude und der Weinbergterrassen.

Charme bieten. Die selbst ernannte Wohnmobiloase Berlin kann zum Beispiel damit punkten, dass sie nur wenige Schritte vom Bahnhof Gesundbrunnen entfernt ist und man mit der S-Bahn schnell das Stadtzentrum erreicht.

Etwas ungewöhnlicher fällt hingegen die Übernachtung am Ufer des **Plötzensees,** gleich gegenüber der berühmten Charité, aus. Das westliche Ufer des kleinen, aber lang gestreckten Sees ist ein Strandbad mit Pizzeria, FKK-Strand und abendlichen Musikveranstaltungen. Auf dem abgesperrten Gelände wird aber auch Wohnmobiltourismus angeboten, der – je nachdem, wo man auf dem Gelände steht – sogar gemütlich ausfallen kann. Auch im Osten der Stadt kann man auf dem Wohnmobilstellplatz Köpenicker Hof sein Lager für die Stadtbesichtigung aufschlagen. Umgeben von ehemaligen Industriehallen wird man aber auch hier stets daran erinnert, dass man auf einem innerstädtischen Platz nächtigt. Großer Vorteil auch hier: Der Bahnhof Köpenick mit S-Bahn-Anschluss an das Stadtzentrum liegt fast vor der Wohnmobiltür. Wer es etwas gediegener mag, der entscheidet sich vielleicht dann doch lieber für den Wohnmobilstellplatz oder für den Campingpark Sanssouci in **Potsdam.** Auch von hier kommt man gut mit den öffentlichen Verkehrsmitteln nach Berlin. Außerdem hat man hier gleich noch die brandenburgische Landeshauptstadt

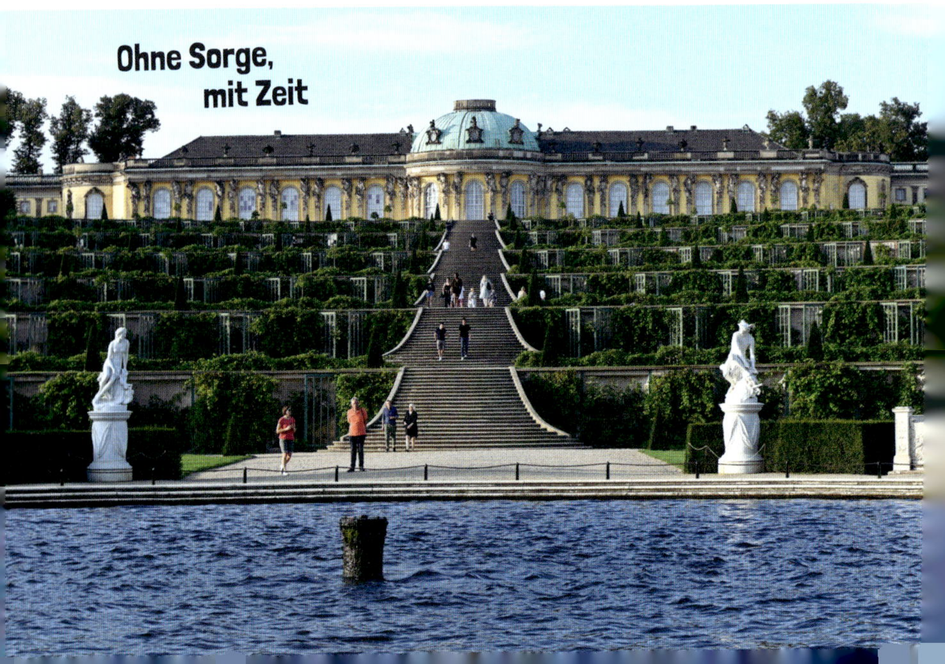

vor der Nase, die natürlich ebenfalls sehenswert ist. Während der Stellplatz in Potsdam nur einen kurzen Spaziergang erfordert, um das weitläufige Areal rund um das Schloss Sanssouci zu erleben, liegt der Campingplatz in waldreicher Lage direkt am Ufer des **Templiner Sees.**

Noch mehr Natur erlebt man aber natürlich außerhalb Berlins. Auf der Autobahn 13 fährt man in südliche Richtung und spürt schon unterwegs, dass man das urbane Leben hinter sich lässt. Rechts und links der Autobahn ist auf weiten Strecken nur Wald zu sehen. Wie passend, dass die Autobahn bis Lübbenau verläuft, dem Hauptort im **Spreewald.** Doch auf halber Strecke lohnt sich ein Zwischenstopp insbesondere dann, wenn man Kinder an Bord hat. Die größte freitragende Halle der Welt war eigentlich als Hangar für Luftschiffe vorgesehen und befindet sich am Rande einer ehemaligen Start- und Landebahn des Flugplatzes Brand. Heute steht man mit dem Wohnmobil mitten auf dieser Landebahn und genießt den Urlaub in Amazonien. Gemeint ist damit das Innere der riesigen Halle, das zum **Tropical Island** umgebaut wurde. Der Freizeitpark besteht aus einer Südseelandschaft mit Atollen und zahlreichen Bademöglichkeiten, Wasserrutschen und vielen weiteren Elementen, die den kleinen Wasserratten große Freude bereiten. Anstatt den einfachen Wohnmobilstellplatz auf der Landebahn zu nutzen, kann man aber auch auf den im Wald gelegenen Campingplatz Tropical Islands ausweichen. In dem Übernachtungspreis ist auch der Eintritt in das Badevergnügen enthalten sowie die Fahrt in dem Shuttlebus zur rund ein Kilometer entfernten Halle. Dabei kann man den ganzen Tag zwischen den 90 Parzellen des Platzes und dem tropischen Badeparadies hin und her pendeln. Nach einem ausgiebigen Kurzurlaub im Urwald reist man anschließend weiter auf der Autobahn, bis man **Lübbenau** erreicht.

Das macht die Tour einzigartig!

- **Berliner Luft**
- **Ausflug in die Tropen**
- **Kahnfahrt durch Fließe**

Dort erlebt man eine Stadt bzw. einen Ortsteil, wie es ihn in Deutschland kein zweites Mal gibt. Ideal für den Aufenthalt und

Alles fließt

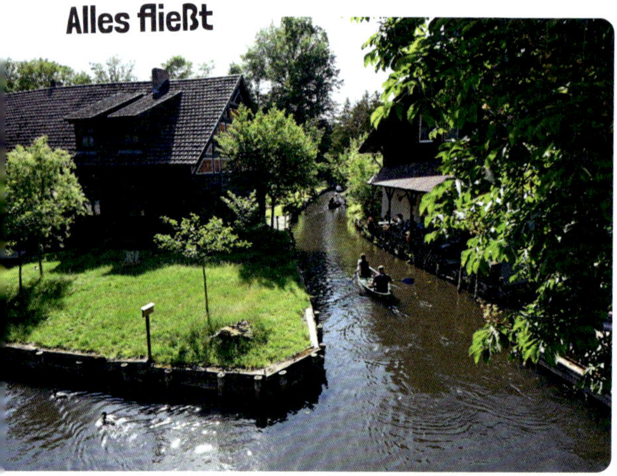

für den Besuch von **Lehde** ist der Campingplatz Am Schlosspark. Der Campingplatz ist von Gewässern umgeben, die hier Fließe genannt werden. Genau diese Fließe prägen den Lübbenauer Ortsteil Lehde. Wie in einem kleinen, malerischen Venedig kann man hier mit einem Boot auf den Wasserläufen zwischen den Häusern fahren oder sich fahren lassen. Selbst die Post wird den Einheimischen von Lehde per Boot gebracht.

Im Ortskern informiert das Freilandmuseum Lehde darüber, wie das Leben in dem wasserreichen Ort einst vonstattenging. Zu erreichen ist das Museum natürlich über eine Brücke, die eine der vielen Fließe überspannt. Es gibt zwar auch Fußwege, doch wirklich erleben kann man den Ort eben nur bei einer entspannten Bootsfahrt. Das Wohnmobil muss ohnehin draußen auf dem Parkplatz bleiben, wenn man sich gegen den Campingplatz entscheidet. Alternativ gibt es in Lübbenau aber auch einen Wohnmobilstellplatz. Auch von diesem gelangt man gut zu Fuß in die Innenstadt oder zum kleinen Venedig innerhalb des Spreewalds. Allerdings sollte man für den Besuch den richtigen Zeitpunkt wählen. Auf Grund der Einmaligkeit und der damit verbundenen Beliebtheit von Lehde sind die wenigen Stellflächen besonders an langen Wochenenden schon lange im Voraus reserviert.

Doch keine Sorge, im weiteren Umfeld gibt es noch einige andere Campingplätze im Spreewald. Auch von diesen kann man zum Beispiel mit dem Fahrrad gut zum eigentlichen Reiseziel gelangen. Unterwegs besteht dabei immer wieder die Möglichkeit, den Vorratsschrank im Wohnmobil mit den berühmten Spreewaldgurken aufzufüllen. Nicht unerwähnt bleiben sollte natürlich das dazugehörige Gurkenmuseum im Zentrum von Lehde, wo man sich über die lange Tradition des Gurkenanbaus im Spreewald informieren kann.

FAZIT

Ungewöhnliche Campingerlebnisse hat man entweder auf den Stellplätzen der deutschen Hauptstadt oder auf den langen Landebahnen ausgedienter Flughäfen. Auch wenn auf dieser Campingtour gar nicht so viele Städte bereist werden, gibt es viel zu erleben und zu sehen.

GUT ZU WISSEN

8

VON: Berlin
BIS: Lehde
LÄNGE: 110 Kilometer

GUTE NACHT

SP BERLIN-GESUNDBRUNNEN Hochstraße 4, 13357 Berlin, Tel. (01 75) 2 46 62 47, www.wohnmobiloase.com (V+E, Strom)

SP BERLIN-PLÖTZENSEE Nordufer 26, 13351 Berlin, Tel. (0 30) 85 97 64 25, www.stellplatz.ploetzensee.de (V+E, Strom)

CP SANSSOUCI An der Pirschheide 41, 14471 Potsdam, Tel. (03 31) 9 51 09 88, www.camping-potsdam.de

CP TROPICAL ISLAND 15910 Krausnick-Groß Wasserburg, Tel. (03 54 77) 60 50 50, www.tropical-islands.de

CP LEHDE Schloßbezirk 20, 03222 Lübbenau/Spreewald, Tel. (0 35 42/35 33, www.spreewaldcamping-schloss.de

ABENTEUER
NATUR
FREIHEIT

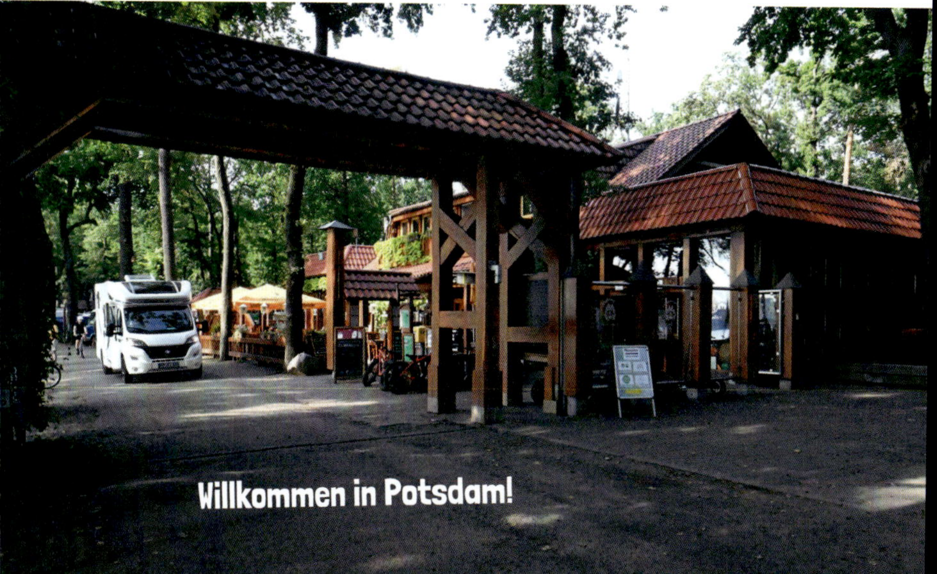

Willkommen in Potsdam!

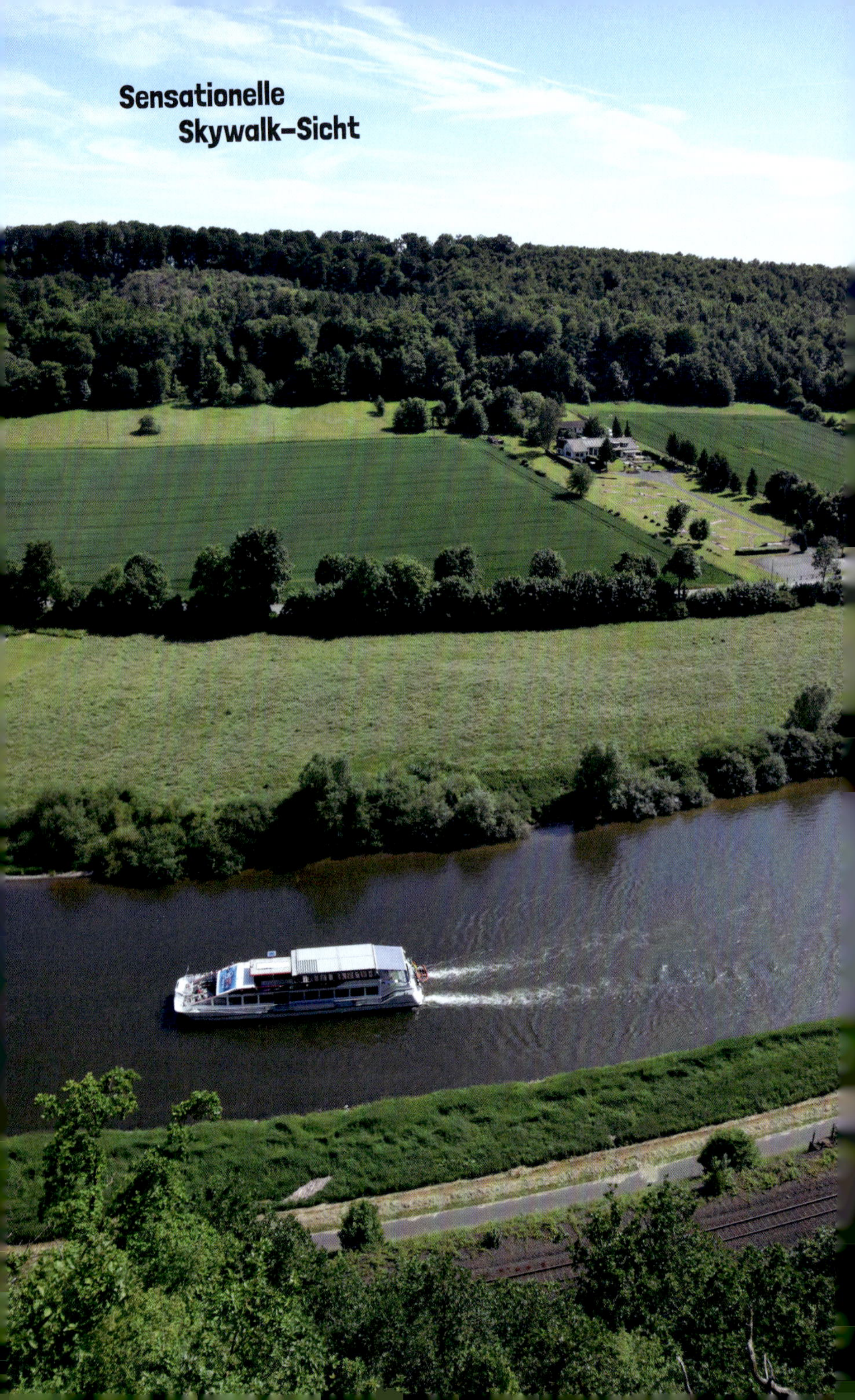
Sensationelle
Skywalk-Sicht

Eine Wohnmobilreise entlang eines Flusses ist ein Garant für einen erholsamen Campingurlaub. Das gilt umso mehr an den beiden Ufern der Weser, wo malerische Innenstädte mit märchenhaften Geschichten verzaubern und jede Menge Campingangebote direkt am Wasser liegen.

Die **Porta Westfalica** macht ihrem Namen alle Ehre. Sie ist ein guter Einstieg, eine Pforte, nach Westfalen bzw. in das Weserbergland. Mit dem weiten Ausblick vom Kaiser-Wilhelm-Denkmal, das sich weit oberhalb des Weserdurchbruchs erhebt, beginnt die Womotour im Norden und führt flussaufwärts. Zuvor könn-

Wesertal

Märchenhafte Wohnmobilreise

te man sogar noch einen kleinen Abstecher nach **Minden** machen und dort den Mittellandkanal besichtigen. Mehrere Schleusen und kleine Hafenanlagen verbinden die Weser und den Kanal miteinander und machen sie zu einem sehenswerten Wasserstraßenkreuz. Einen schönen Anblick hat man bei einer kurzen Wanderung vom Informationszentrum zum Trog oberhalb der Weser. Den Wohnmobilstellplatz an der Kanzlers Weide kann man allerdings nur bedingt empfehlen. Er liegt zwar ideal an der Weser, gleich gegenüber der Mindener Altstadt und zum Wasserstraßenkreuz ist es auch nicht weit, doch es ist eben nur ein größerer Parkplatz, der in den Abendstunden nicht ganz leise wird. Daher sollte man das Wasserstraßenkreuz besser bei einem nachmittäglichen Besuch einplanen und gleich unterhalb der Porta Westfalica der Weser in Richtung Süden folgen.

Denn auch die erste nennenswerte Stadt entlang der Strecke ist sehenswert. Vom großen Wohnmobilstellplatz, der ebenfalls direkt am Fluss liegt, ist es nur ein Katzensprung über die Brücke und schon steht man in der gemütlichen Innenstadt von **Rinteln.** Mitten in der Altstadt breitet sich der Marktplatz aus, der von zahlreichen Fachwerkhäusern umgeben ist. Entweder genießt man das Flair der Altstadt bei einer Einkehr in einem der Cafés oder bei einem Stadtbummel, den man alleine oder im Rahmen einer Führung unternehmen kann. Besonders beliebt sind dabei die Nachtwächterführungen in den Abendstunden, wenn der Marktplatz beleuchtet ist. Am östlichen Ende des Platzes befindet sich in historischen Gemäuern die Tourist-Information und gleich dahinter erhebt sich die nicht minder sehenswerte evangelische St.-Nikolai-Kirche aus dem 13. Jahrhundert. Westlich der Altstadt bietet der **Doktorsee** zahlreiche Freizeitmöglichkeiten, während nördlich von Rinteln der Klippenturm im Wesergebirge einen prachtvollen Panoramablick auf das Wesertal ermöglicht.

INFO

Doktorsee in Flammen: Jedes Jahr im Juli gibt es drei Tage Live-Konzerte, Shows und großes Feuerwerk.

Eine der berühmtesten Städte im Weserbergland ist **Hameln.** Die Stadt ist nicht nur in Deutschland für seinen Rattenfänger bekannt, sondern weltweit. Große Popularität hat die Geschichte vom Flötenspieler zum Beispiel in den USA und im fernen Osten Asiens. Seit 2014 steht die Geschichte vom Rattenfänger auf

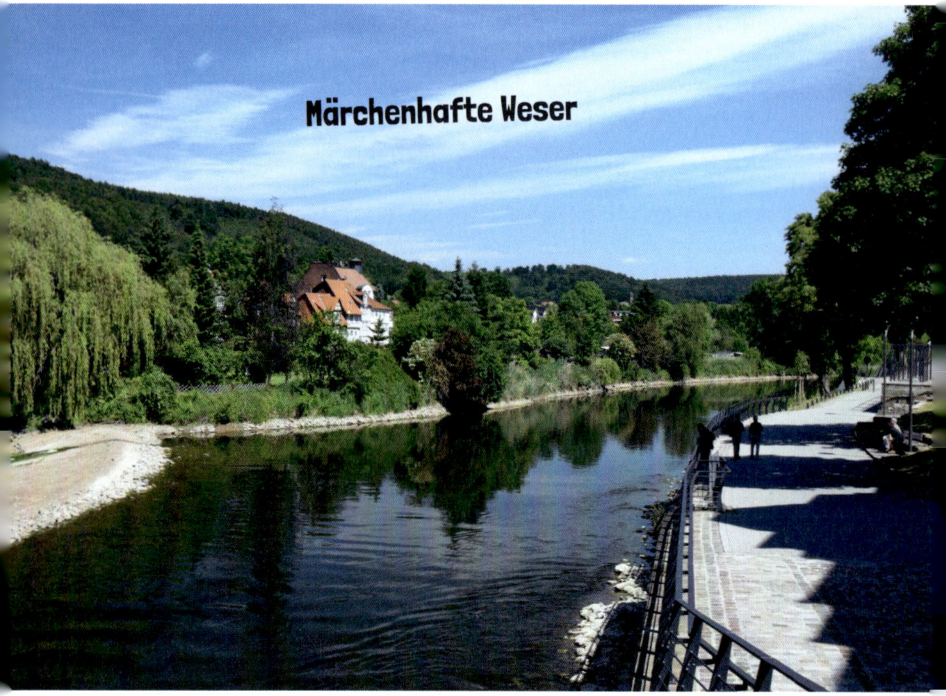

Märchenhafte Weser

der UNESCO-Liste der nationalen immateriellen Kulturgüter. Mit dieser prestigeträchtigen Auszeichnung ist es natürlich kein Wunder, dass in Hameln beinahe alles im Zeichen der Rattenfänger-Sage steht.

Das fängt zum Beispiel beim Rattenfänger-Figurenspiel an der Fassade des Hochzeitshauses an, wo der Flötist dreimal täglich seine Runden dreht. Das Hochzeitshaus entstand im frühen 17. Jahrhundert als letztes Hamelner Gebäude im Stil der Weserrenaissance. Markant sind an der Fassade aus Sandstein die Glocken, die täglich um 9.35 Uhr das Rattenfängerlied „Wandern, ach Wandern durch Berg und Tal“ spielen. In unmittelbarer Nachbarschaft erhebt sich die Marktkirche St. Nicolai, bei der sich die Besteigung des Kirchturmes wegen der großartigen Aussicht auf Hamelns Altstadt lohnt. Am Hochzeitshaus verläuft die Osterstraße vorbei, die als platea orientalis Mitte des 14. Jahrhunderts erstmals erwähnt wurde und weitere sehenswerte Bauwerke beherbergt. Dazu gehört zum Beispiel das Leist-Haus, in dem das Museum der Stadt Hameln untergebracht ist, sowie das durch eine Brücke mit dem Leist-Haus verbundene Stiftsherrenhaus, das mit Ornamenten und Figürchen reichhaltig verziert ist. Und natürlich darf in der Osterstraße auch das sogenannte Rattenfängerhaus nicht fehlen. Entstanden zu Beginn des 17. Jahrhunderts, präsentiert sich auch dieses kunstvoll verziert im Stil der Weserrenaissance. Zu seinem Namen kam es jedoch erst 300 Jahre später durch eine Inschrift an der Seite des Hauses, die von einem Pfeifer und 130 verleiteten Kindern spricht.

Das macht die Tour einzigartig!

- Der berühmteste Flötenspieler
- Ein Baron auf der Kanonenkugel
- Der Fluss-Kuss

Auch kulinarisch beschäftigt man sich in Hameln mit den Nagetieren. Keine Sorge, Ratten werden einem dort nicht vorgesetzt, aber immerhin **Rattenschwänze** – flambiert noch dazu. Es handelt sich um Schweinefiletstreifen, die direkt am Tisch des Gastes zubereitet werden. Die Mahlzeit ist etwas schärfer, denn immerhin werden acht verschiedene Gewürze benutzt und ein halbes Dutzend Gemüse verwendet. Am Wohnmobilstellplatz Hamelns scheiden sich allerdings die Geister. Er liegt zwar nur einen Kilometer von der Altstadt entfernt, jedoch nicht am Wasser, sondern neben einer Bahntrasse in einem Gewerbegebiet.

Weitaus gemütlicher ist da die Übernachtung auf dem Wohnmobilstellplatz in **Bodenwerder.** Hier steht man ruhig in Ufernähe und direkt am Rande der kleinen Altstadt. Und das ist nicht gelogen, obwohl die Stadt für ihren **Baron von Münchhausen** bekannt ist. Hieronymus Carl Friedrich von Münchhausen, besser bekannt als der Lügenbaron, kam hier am 11. Mai 1720 zur Welt und starb fast 77 Jahre später auch in Bodenwerder. Einer seiner Vorfahren, der im 16. Jahrhundert geborene Statius von Münchhausen, ließ ein Herrenhaus errichten, das später als Rathaus diente und in dem heute das Münchhausen-Museum untergebracht ist. Doch auf den Lügenbaron trifft man auch außerhalb des Museums bei einem Spaziergang durch die kleine, urig wirkende Ortschaft.

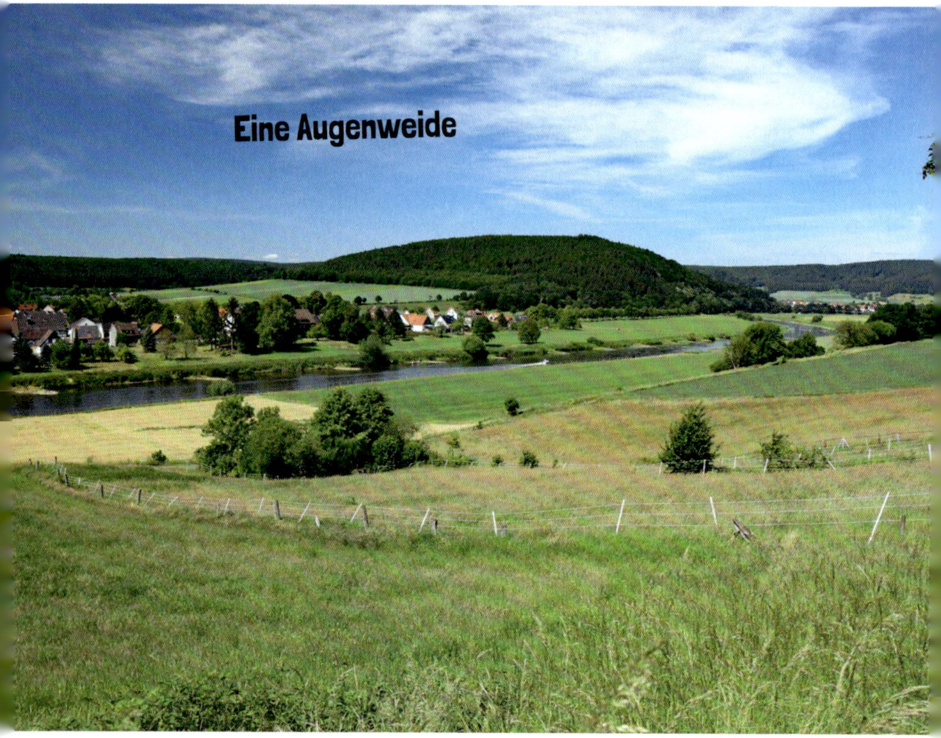

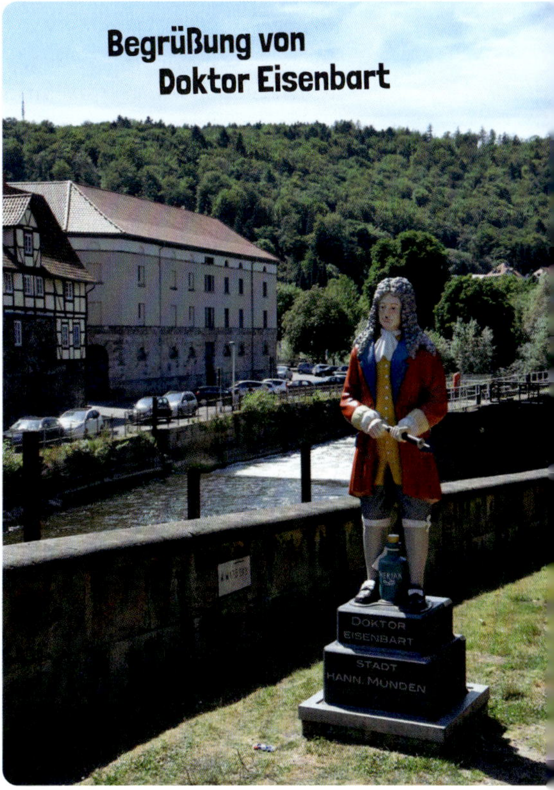

Begrüßung von Doktor Eisenbart

In der Fußgängerzone, dort wo der schmale Marktplatz beginnt, sitzt der Lügenbaron als Figur in einer der wohl bekanntesten Positionen, nämlich auf einer Kanonenkugel. Geht man durch die Sträßchen die wenigen Meter hinab zum Weserufer, erlebt man Münchhausen, wie er auf einem halben Pferd an der Uferpromenade entlangreitet. Spätestens jetzt merkt man, dass Bodenwerder von den fabulösen Lügengeschichten des adligen Münchhausen geradezu lebt. Verschiedene Veranstaltungen, die seinen Namen tragen, finden vor allem in den Sommermonaten statt und gipfeln im Münchhausen-Preis. Dieser wird alljährlich von der Stadt Bodenwerder an Entertainer, Schauspieler und Kabarettisten verliehen.

Weitere wunderbare Campingmöglichkeiten findet man weiter flussaufwärts. **Holzminden** bietet als Stadt der Düfte Stelen, an denen man schnuppern kann, und gleich gegenüber der Altstadt einen großen Stellplatz mit Blick auf die Weser. Aussicht auf das Wasser hat man auch auf dem Wohnmobilstellplatz gegenüber von **Höxter,** wo man mit dem Fahrrad schnell zum Weltkulturerbe Kloster Corvey geradelt ist. In Lauenförde übernachtet man an der Einfahrt zum Yachthafen auf einem etwas abseits und dadurch ruhig gelegenen Wohnmobilstellplatz. Enorm groß ist wiederum der Camping- und Wohnmobilstellplatz in Bad Karlshafen, der sich in einer engen Schleife des Flusses ans Ufer schmiegt. Die Besonderheit dieses Campingplatzes ist der platzeigene Campingshop, in dem es praktisch alles an Zubehör zu

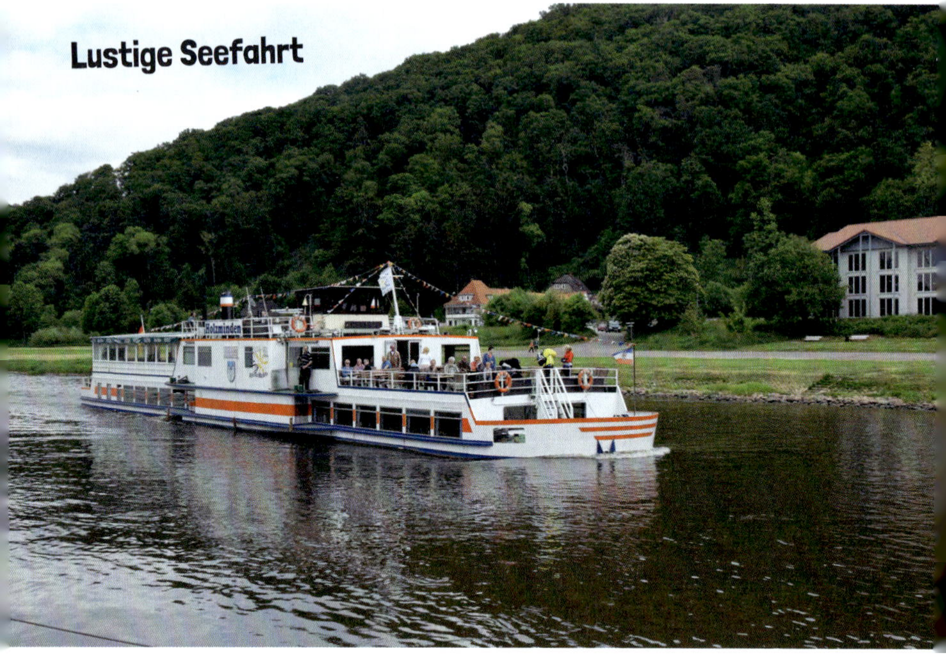

Lustige Seefahrt

FAZIT

Es sind noch nicht einmal alle Märchengestalten erwähnt worden, so fehlt zum Beispiel das Dornröschenschloss Sababurg. Und dennoch ist eine Womoreise entlang der Weser märchenhaft – als hätte eine gute Fee in fast jeden Ort einen schönen Stellplatz oder Campingplatz hingezaubert.

kaufen gibt, was der Campingmarkt hergibt. Hier werden auch kleinere Reparaturen am Fahrzeug durchgeführt, die frisch erworbenen Produkte direkt montiert und wer will, kann sogar eine Gasprüfung durchführen lassen. Einen wunderbaren Ausblick auf den Platz haben Schwindelfreie übrigens vom **Weser-Skywalk** weit oberhalb des Flusses, den man am besten im Rahmen einer kleinen Wanderung erreicht.

Es folgen noch einige weitere Campingplätze bis zum Ausgangspunkt der Weser. Dieser befindet sich in **Hann. Münden** und wird markiert durch den Weserstein. Auf dem Findling steht es geschrieben: „Wo Werra sich und Fulda küssen,/ Sie ihre Namen büssen müssen,/ Und hier entsteht durch diesen Kuss/ Deutsch bis zum Meer der Weser Fluss." Den Abschluss der Wohnmobilreise verbringt man auf dem Wohnmobilstellplatz, der sich am Weserstein ausbreitet. Er ist zwar recht einfach und sicher nicht der Schönste entlang der Weser, doch sind es nur wenige Meter über eine überdachte Holzbrücke, bis man in der wirklich sehenswerten Altstadt steht.

GUT ZU WISSEN

VON: Minden
BIS: Hann. Münden
LÄNGE: 180 Kilometer

GUTE NACHT

SP RINTELN Dankerser Straße 6, 31737 Rinteln (V+E, Strom)
SP HAMELN Ruthenstraße 14, 31785 Hameln, Tel. (0 51 51) 93 10 33, www.wohnmobilstellplatz-hameln.de (V+E, Strom)
SP BODENWERDER Am Mühlentor, 37619 Bodenwerder, Tel. (01 76) 80 06 73 95 (V+E, Strom)
SP HÖXTER Sportzentrum 4, 37671 Höxter, Tel. (0 52 71) 25 89, www.wesercamping-hoexter.de (V+E, Strom)
CP BAD KARLSHAFEN Am Rechten Weserufer 2, 34385 Bad Karlshafen, Tel. (0 56 72) 7 10, www.camper-karli-event.de

ABENTEUER 5/5
NATUR 4/5
FREIHEIT 4/5

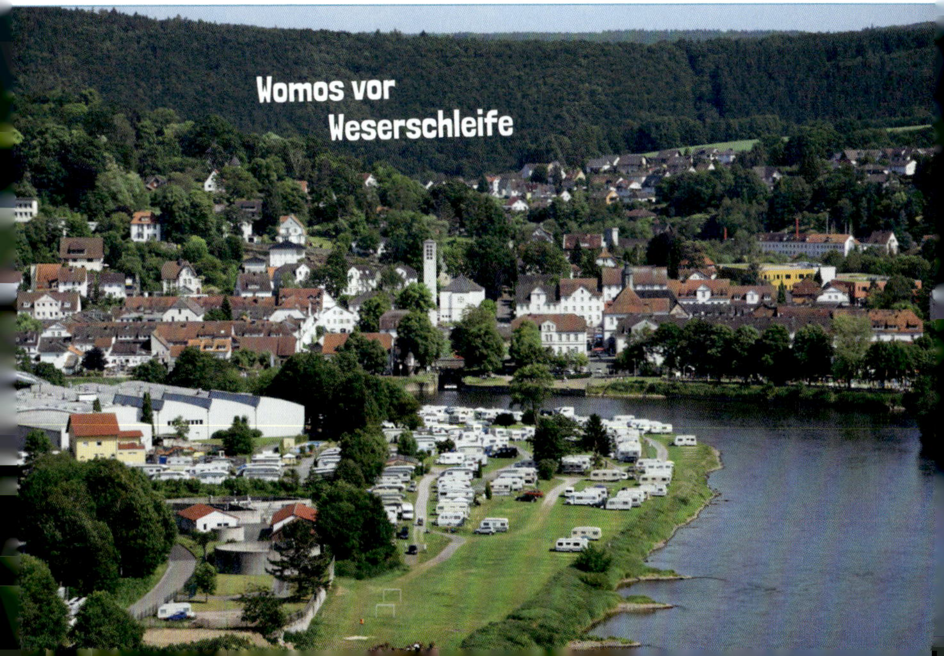
Womos vor Weserschleife

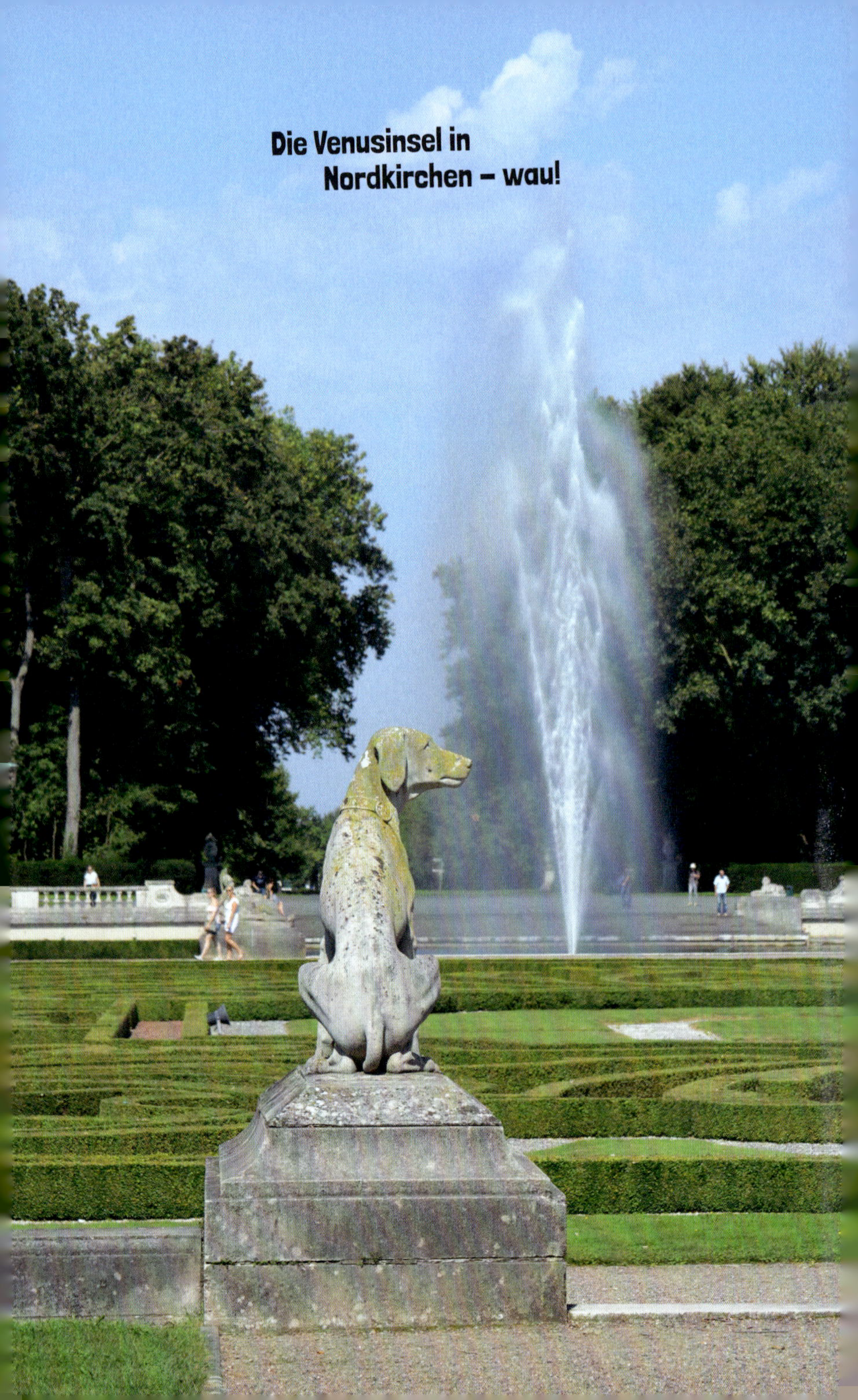

Die Venusinsel in Nordkirchen – wau!

Das Münsterland erstreckt sich zwischen der Grenze zu den Niederlanden im Westen und dem Teutoburger Wald im Osten. Dazwischen, sehr zentral gelegen, die wichtigste und größte Stadt Münster als Namensgeber. Sie beherbergt nur eines der vielen Schlösser, die man bei einer Reise durch die weite und gemütliche Landschaft besuchen kann.

Münsterland

Von Schloss zu Schloss

Münster ist eine Fahrradstadt – und viele Wohnmobilisten haben ein Fahrrad dabei. Wie praktisch also, dass man das Wohnmobil auf dem Campingplatz abstellen und anschließend in die historische Altstadt radeln kann. Dort, wo im Jahr 1648 der Westfälische Friede beschlossen und damit der Dreißigjährige Krieg beendet wurde, flaniert man heute rund um den Domplatz, der das Zentrum markiert. An seiner nördlichen Seite erhebt sich der St.-Paulus-Dom, der im 13. Jahrhundert erbaut wurde und zwei Vorgängerkirchen ersetzte. Verlässt man den Domplatz in südöstliche Richtung, spaziert man über den Michaelisplatz direkt auf das Historische Rathaus zu. Wie auch der Dom gehört es zu den Wahrzeichen von Münster.

Nur wenige Schritte rechts vom Rathaus erhebt sich der erhaltene Turm des einstigen Stadthauses, während man in der anderen Richtung zur ebenfalls beeindruckenden St.-Lamberti-Kirche gelangt. Sie wurde Ende des 14. Jahrhunderts durch hier ansässige Kaufleute finanziert und trägt eine Besonderheit am Turm. Zu sehen sind dort drei Käfige, in denen Mitte des 16. Jahrhunderts Leichname zur Schau gestellt wurden, die sogenannten Täufer. Heute sind in den Täuferkörben Lichtinstallationen angebracht, die als sogenannte Irrlichter bzw. Seelen die Käfige beleuchten.

Ganz im Osten der Altstadt an der Salzstraße lockt der **Erbdrostenhof** zu einer Stippvisite. Der dreiflügelige Bau musste aus Platzgründen auf engstem Raum errichtet werden und beherbergt einen schmucken Festsaal.

INFO

Hin und wieder dient der Erbdrostenhof als repräsentative Kulisse in Filmen und Fernsehserien, so unter anderem auch beim beliebten Münster-Tatort der ARD.

Zum Abschluss des Stadtrundgangs durch die größte Stadt des Münsterlandes spaziert man natürlich noch zum Fürstbischöflichen Schloss, das an die westliche Seite der Altstadt grenzt. Es wurde in der zweiten Hälfte des 18. Jahrhunderts geschaffen und beherbergt heute die Universität Münster. Hinter dem ebenfalls repräsentativen Bauwerk breitet sich der Schlosspark aus, der vom Botanischen Garten der Universität dominiert wird.

Es ist keine halbe Stunde Fahrt, um über die Autobahn 1 in eine deutlich kleinere Ortschaft südwestlich von Münster zu gelangen. Auch Nordkirchen besitzt ein Schloss und was für eines! **Schloss Nordkirchen** wird zu Recht als das „Westfälische Versailles" bezeichnet und imponiert mit einer Sichtachse, die auf das beeindruckende barocke Bauwerk zuläuft. Die drei Gräften, die das Schloss umgeben, können auf drei Seiten über Brücken überquert werden und ermöglichen so, in den nach Süden geöffneten Innenhof zu gelangen. Zum Schlossgelände gehören auch der weitläufige Schlosspark mit dem Libellenteich, dem Fledermauswanderweg und dem Naturschutzgebiet Tiergarten.

Den etwa 600 Meter vom Schloss entfernten Wohnmobilstellplatz haben der Reisejournalist Michael Moll und seine Frau 2016

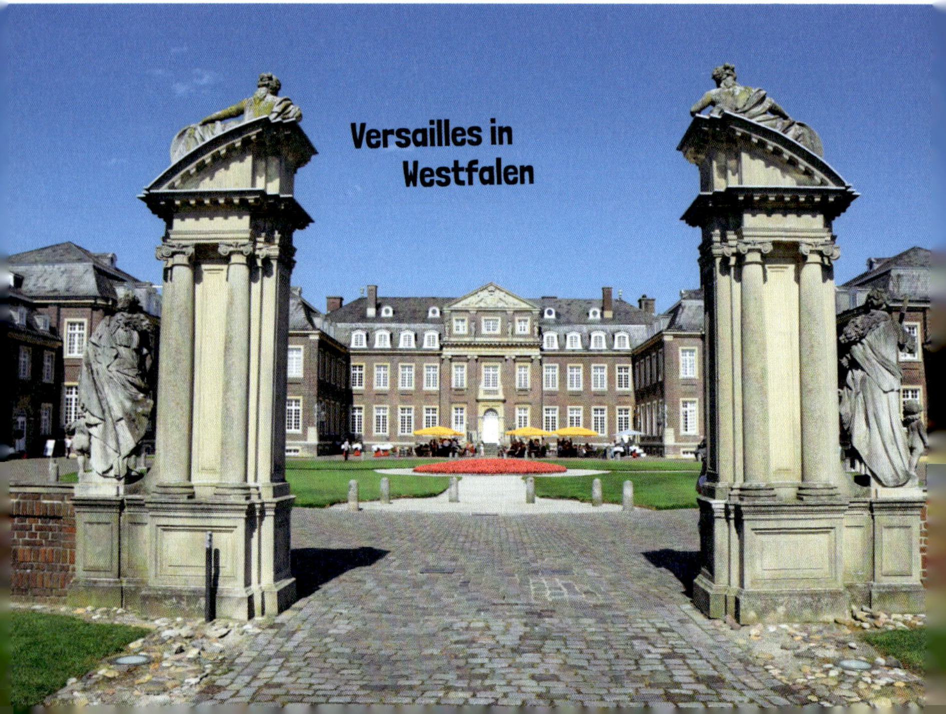
Versailles in Westfalen

gebaut. Michael Moll ist Autor von mehr als 80 Reiseführern, gut 30 davon richten sich an Wohnmobilfahrer, genauso wie dieses, das Sie gerade in der Hand halten. Ja, Sie lesen richtig: Ich bin Autor dieses Buches und Betreiber des Wohnmobilstellplatzes in Nordkirchen. Selbstverständlich gebe ich Ihnen gerne persönlich ein paar Tipps und freue mich, Sie bei uns auf dem Platz begrüßen zu dürfen.

Die Anmeldung auf unserem Self-Service-Stellplatz erfolgt in einem Fasshaus. Dort erhält man zahlreiche Unterlagen über Nordkirchen, die Umgebung und natürlich über den Stellplatz. Bei schlechtem Wetter kann man sich an den Regenschirmen bedienen, bei Sonnenschein darf natürlich die Reiselounge mit ihren Schaukelstühlen genutzt werden. Jede Parzelle wird mit 16 Ampere Strom versorgt. WLAN sowie eine Ver- und Entsorgungsstation sind selbstverständlich vorhanden. In Kürze wird es außerdem noch ein Schwimmbad und eine Brauerei geben. Und auf Wunsch signiere ich Ihnen natürlich gerne dieses Buch.

Das macht die Tour einzigartig!

- **Deutschlands Fahrradstadt**
- **Das Versailles Westfalens**
- **Wilde Flamingos**

Aber es gibt in der Region natürlich auch noch Mitbewerber, so zum Beispiel im westlichen Münsterland, genauer gesagt in **Bocholt.** Dort übernachtet man mit dem Wohnmobil unter dichten Baumkronen in unmittelbarer Nachbarschaft zum Aasee. Übrigens nicht zu verwechseln mit dem Aasee in Münster oder dem in Ibbenbüren. Das künstlich geschaffene Gewässer kann bei einem ausgiebigen Spaziergang umrundet werden und besitzt sogar eine Insel, die über eine Brücke erreichbar ist. Gleich gegenüber vom Wohnmobilstellplatz informiert das LWL-Textilmuseum über die jahrhundertelange Tradition der Textilstadt. Das sogenannte TextilWerk Bocholt erstreckt sich in verschiedenen Gebäuden beiderseits der schmalen **Aa.** In der umfangreichen Ausstellung werden Werkstätten, Büros, aber auch ein Arbeiterhaus mit der damals üblichen Ausstattung gezeigt. Im Mittelpunkt stehen 30 Webstühle im großen Websaal.

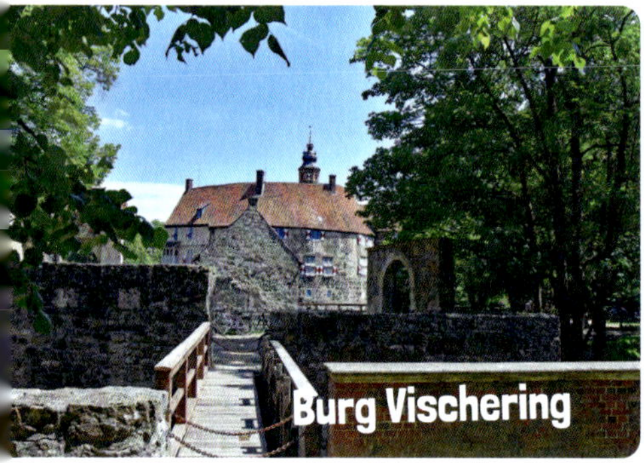

Ab dem Stellplatz gelangt man entlang der Bocholter Aa zur Innenstadt Bocholts, wo man nach einem gemütlichen Bummel durch die Einkaufsstraßen zum zentral gelegenen Historischen Rathaus gelangt. Das prachtvolle Gebäude wurde in der ersten Hälfte des 17. Jahrhunderts fertiggestellt und zeigt sich im Stil der Niederländischen Renaissance. Das Erdgeschoss ist von einem Laubengang geprägt, der mit seinen Säulen acht Bögen bildet.

Eine der Besonderheiten des Münsterlandes befindet sich ganz im Westen an der Grenze zu den Niederlanden. Das **Zwillbrocker Venn** westlich von Vreden lädt nicht nur zu kurzen Wanderungen durch eine malerische Naturlandschaft ein, sondern beherbergt in dem Naturschutzgebiet auch eine Flamingo-Kolonie. Unklar ist, wie die rosa Vögel, die man eigentlich eher in südlichen Gefilden erwartet, es bis ins Münsterland geschafft haben. Die ersten Flamingos tauchten in den 1970er-Jahren auf, möglicherweise stammten sie aus privater Hand oder aus einem Tierpark. Daraus entstand eine Kolonie, die regelmäßig vom Frühsommer bis zum Herbst das Zwillbrocker Venn zur Brut aufsucht.

Praktischerweise lässt sich der Vennbesuch ideal mit einer Wohnmobilreise verbinden. Gleich hinter der Zufahrt befindet sich der einfache Stellplatz, der zwar keinerlei Ausstattung besitzt, jedoch ein günstiger Ausgangspunkt für Beobachtungstouren zu den Flamingos ist.

Einen weiteren ideal gelegenen Wohnmobilstellplatz findet man auch in **Steinfurt** nahe der Bundesstraße 54. Hinter dem Polizeirevier von Burgsteinfurt sind es nur wenige Gehminuten in das gemütliche Ortszentrum. Am Rande der beinahe kreisförmigen Altstadt befindet sich das Wasserschloss, das zu den ältesten Wasserburganlagen in Westfalen zählt. Die Steinfurter Aa, ein kleiner Fluss mit 46 Kilometern Länge, umfließt die Insel, auf der die Oberburg steht. Sie ist auf der Westseite über eine kleine Burg ab der Unterburg zu erreichen. In der Schlossmühle am Ufer der Steinfurter Aa ist ein Restaurant untergebracht.

FAZIT

Das Münsterland lockt mit einer weiten Landschaft, die von zahlreichen Schlössern und Herrenhäusern geprägt wird. Kein Wunder also, dass die Region von der 100-Schlösser-Tour durchzogen wird.

GUT ZU WISSEN

VON: Münster
BIS: Steinfurt
LÄNGE: 200 Kilometer

GUTE NACHT

SP NORDKIRCHEN Am Gorbach 10 a, 59394 Nordkirchen, Tel. (01 71) 4 36 77 07, www.wohnmobilstellplatz-nordkirchen.de (V+E, Strom)
SP BOCHOLT Uhlandstraße 39, 46397 Bocholt, Tel. (0 28 71) 2 35 91 99, www.womopark-bocholt.de (V+E, Strom)
SP ZWILLBROCKER VENN Landstraße 608, 48691 Vreden
SP STEINFURT Liedekerker Straße, 48565 Steinfurt (V+E, Strom)

ABENTEUER 5/5
NATUR 4/5
FREIHEIT 4/5

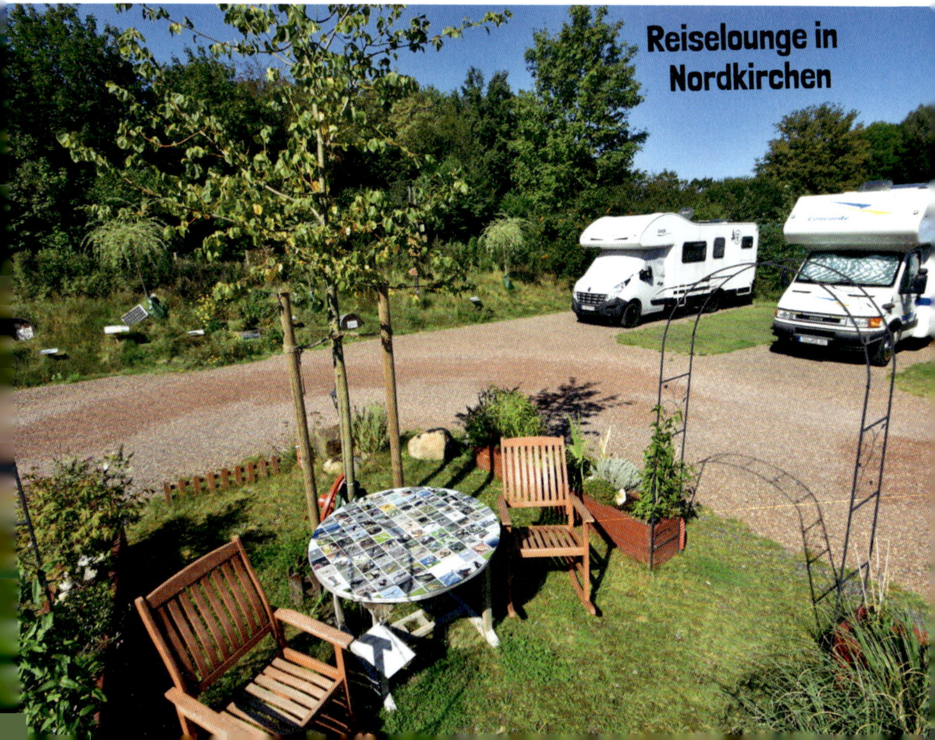

Reiselounge in Nordkirchen

Die Kriemhild
von Xanten

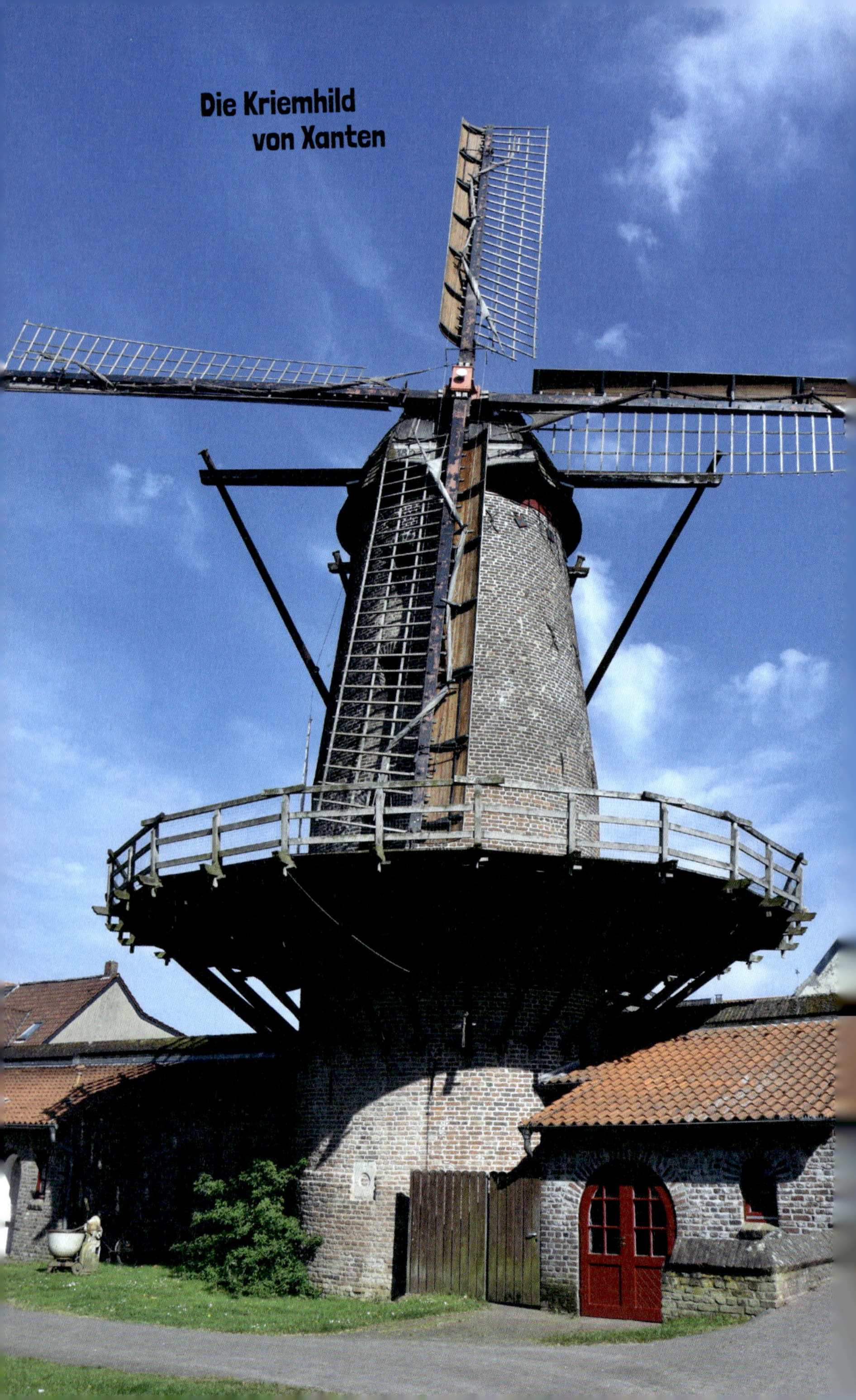

Wo fängt man am Niederrhein an und wo hört man auf? Die Region westlich von Vater Rhein hat so viele Wohnmobilstellplätze und natürlich auch Campingplätze zu bieten, dass man es kaum glauben möchte. Womogenuss ist hier auf jeden Fall garantiert.

Der Rhein-Kreis Neuss und Mönchengladbach sind nun wahrlich nicht als Wohnmobilhochburgen bekannt. Ein wenig umfangreicher wird das Angebot an einfachen Wohnmobilstellplätzen im Kreis Heinsberg. Nur leider existiert auch dort am westlichsten Punkt Deutschlands, im sogenannten **Selfkant**, kein adäquates

Niederrhein

Verstecktes Wohnmobilparadies

Campingangebot. Wer so weit wie möglich nach Westen möchte, ohne gleich die holländische Grenze zu überqueren, der fährt am besten nach **Waldfeucht.** Auf einem einfachen Stellplatz sind die Spaziermöglichkeiten an zwei, drei Feldern vorbei in das Nachbarland inklusive. Noch weniger Schritte nach Holland sind es in **Gangelt,** wo die Staatsgrenze südlich des Stellplatzes verläuft. Sehr praktisch hier ist das gleich benachbarte Freibad.

Weiter nördlich lohnt es sich, auch mal auf einen Campingplatz zu fahren. Bei **Kaldenkirchen** befindet sich der Campingplatz De Wittsee am gleichnamigen Gewässer, das schon für sich alleine einen Ausflug wert ist. Mit dem Fahrrad kann man hier ab dem Campingplatz aber auch zum anderen Ende der Stadt radeln und in den dichten Wäldern die Mammutbäume der **Sequoiafarm** besuchen. Es handelt sich um ein Arboretum, welches zu Testzwecken in der Zeit nach dem Zweiten Weltkrieg angepflanzt wurde. Heute befinden sich mehr als 600 Gehölze in der Sequoiafarm, doch hauptsächlich geht es um Mammutbäume aus Nordamerika. Gleich daneben befindet sich der Geo-hydrologische Wassergarten.

Mit einem Abstecher nach **Venlo,** wo man die Stauräume des Wohnmobils mit einigen Einkäufen füllen kann, verläuft die Reise weiter durch den Niederrhein. Straelen bietet einen Wohnmobilstellplatz direkt am Hallenbad an, in Wachtendonk übernachtet man am Rande der kleinen Innenstadt und in **Moers** bildet der Wohnmobilstellplatz mit seinen elf Stellflächen zwischen Eishalle und Freibad den Übergang zum Ruhrgebiet.

Deutlich zeigt sich dieser auch auf dem Weg nach **Kamp-Lintfort.** Denn in der eigentlich flachen Landschaft erheben sich Abraumhalden, die durch den einstigen Bergbaubetrieb entstanden sind. So lohnt es sich zum Beispiel, das Wohnmobil mal auf dem Parkplatz an der **Halde Norddeutschland** abzustellen und die fast 400 Stufen über die Himmelstreppe nach oben zu steigen. Auf dem weitläufigen Haldenplateau hat man einen wunderbaren Ausblick über weite Teile des Niederrheins und über den Rhein hinweg eben auch in das Ruhrgebiet. Wie auf fast allen Halden der Region ist auch auf der Halde Norddeutschland eine Landmarke als

INFO

Kloster Kamp gilt als das erste Kloster der Zisterzienser im deutschsprachigen Raum und wurde in der ersten Hälfte des 12. Jahrhunderts gegründet.

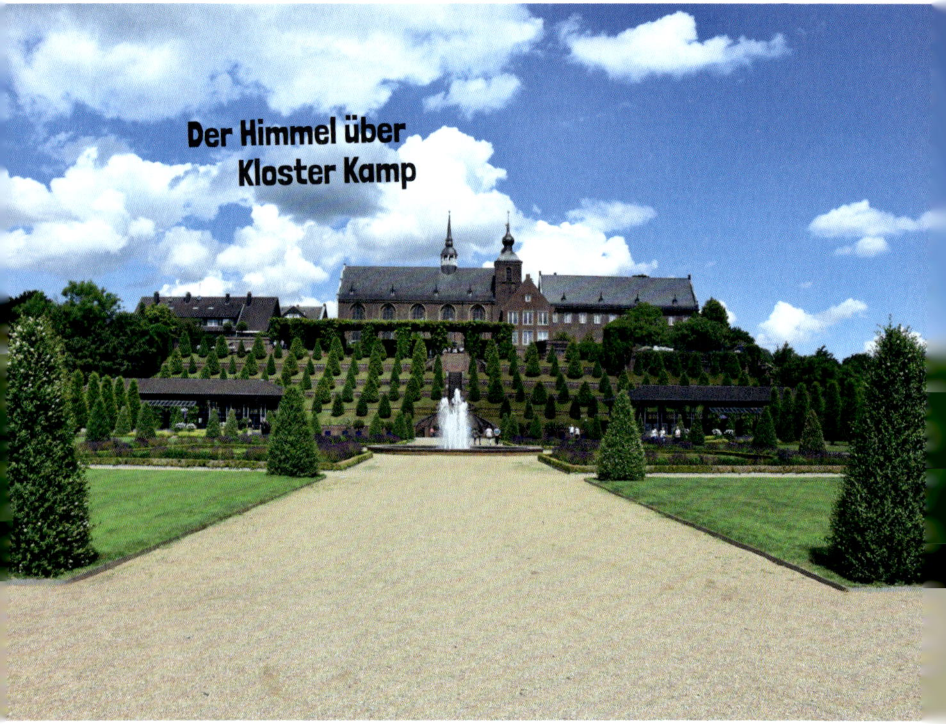

Der Himmel über Kloster Kamp

Kunstinstallation aufgestellt. In diesem Fall handelt es sich um das sogenannte Hallenhaus, das mit seiner Stahlkonstruktion an die in Fachwerkarchitektur errichteten Wohnstallhäuser des Niederrheins erinnern soll.

Im Norden von Moers wartet mit der **Halde Rheinpreußen** ein weiterer Aussichtspunkt und eine zweite Landmarke. Diese besitzt die Form einer überdimensionalen Grubenlampe, die in den Abendstunden sogar illuminiert wird und ein beliebtes Fotomotiv ist. Doch zurück nach Kamp-Lintfort. Dort wurde im Rahmen der Landesgartenschau 2020 ein moderner Wohnmobilstellplatz eröffnet, der mit Chipkartensystem und einem gepflegten Sanitärgebäude nichts vermissen lässt. Keine Viertelstunde Fußweg ist es vom Wohnmobil bis zum stufenförmigen Terrassengarten am sehenswerten **Kloster Kamp.**

Das macht die Tour einzigartig!

- Der westlichste Punkt
- Die höchsten Bäume
- Der größte Campingplatz

Ein Hingucker ist neben der Orgel im Inneren und den hübschen Zwiebeltürmchen auf dem Dach der Klostergarten. Am Klostergebäude entlang gelangt man zu den Terrassen, die in den gepflegten Garten mit seinen zwei Springbrunnen hinabführen. Von unten wiederum hat man einen schönen Blick auf die Abteikirche auf dem Hügel. Neben dem Klostergarten existiert zudem noch ein 600 Quadratmeter großer Kräutergarten, der 1997 geschaffen wurde.

Noch weiter nördlich wird es Zeit, den namensgebenden Fluss der Region aufzusuchen. Die Auswahl an Campingmöglichkeiten ist nahe des Rheins ebenfalls groß. Zunächst wäre rechtsrheinisch der Campingplatz Grav-Insel zu nennen, der **größte Campingplatz Deutschlands.** Von Ost nach West sind es rund eineinhalb Kilometer, die der Platz in Anspruch nimmt. Seine Nord-Süd-Ausdehnung beträgt immer noch über 400 Meter. Dazwischen befinden sich knapp 2000 Parzellen, allerdings überwiegend für Dauercamper. Tagestouristen finden Platz an einem Altarm des Rheins. Haben andere Campingplätze einen kleinen Shop, so ist es hier gleich ein ganzer Supermarkt. Ein Bankautomat, ein Streichelzoo, zwei

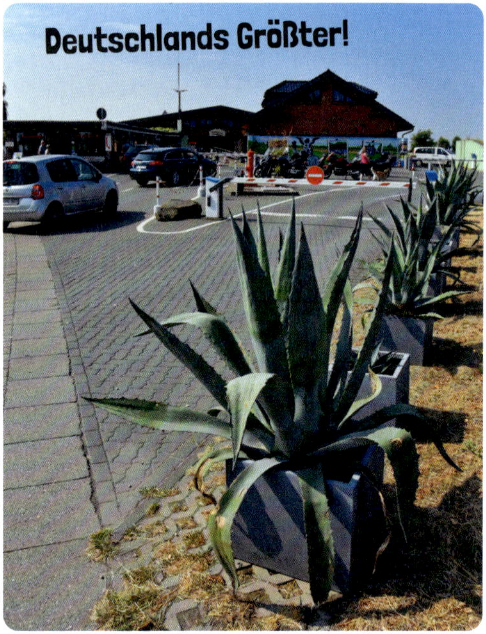

Restaurants und sogar ein eigenes Unfallhilfe-Zentrum mit eigenem Rettungswagen stehen bereit.

Nur wenige Kilometer entfernt, auf der anderen Seite des Rheins, befindet sich die Stadt **Xanten,** in der sich schon die Römer mit ihren Streitwagen ansiedelten. Ihre Spuren findet man im Archäologischen Park am Rande der ebenfalls sehenswerten Innenstadt. Nur ein Kilometer weiter lockt der Wohnmobilstellplatz die Gäste der Stadt an. Das Herzstück ist das moderne Sanitärgebäude. Gleich daneben befindet sich der beliebte Wintergarten, in dem man sich zum Klönen trifft. Und nicht vergessen werden darf das mediterrane Ambiente rund um die Wellness-Oase. Hier entspannt man entweder in der Salzgrotte oder in der Privatsauna, die zum Stellplatz hinzugebucht werden kann. Man vergisst, dass man hier „nur" auf einem Wohnmobilstellplatz nächtigt. Der Übergang zum Campingplatz ist geschafft.

Weitere Stellplätze am Niederrhein findet man am **Schloss Moyland,** wo man relativ abgelegen einen Platz auf einer riesigen Wiese findet. Wesentlich kleiner ist wiederum der Stellplatz in **Rees,** doch dafür gibt es hier fußläufig wieder eine nette Altstadt und zudem noch das Ufer des Rheins zu erleben. Doch wer nun ganz abgelegen übernachten möchte, besucht einen der Übernachtungsplätze rund um Kleve. **Schenkenschanz** bei Düffelward bietet einen einfachen Parkplatz zum Übernachten an. Schenkenschanz ist ein außergewöhnliches Dorf. Es besitzt nämlich eine Schutzmauer, denn wenn der Rhein sein Flussbett verlässt, ist die gesamte Halbinsel, auf der sich der Ort befindet, überflutet. Nur das leicht erhöhte und von einer Mauer umgebene Schenkenschanz wirkt dann wie eine nordfriesische Hallig im Meer.

FAZIT

Für eine Region, die im Vergleich zur Küste und zu den Bergen Deutschlands touristisch eher eine unbedeutende Rolle spielt, gibt es jede Menge Stellplätze, die von einfach bis topmodern jeden Wohnmobilisten ansprechen.

GUT ZU WISSEN

VON: Gangelt
BIS: Schenkenschanz
LÄNGE: 190 Kilometer

GUTE NACHT

SP GANGELT Am Freibad 13, 52538 Gangelt (V+E, Strom)
CP KALDENKIRCHEN Am Wittsee 23, 41334 Nettetal, Tel. (0 28 39) 9 98 98 98, www.camping-dewittsee.de
SP KAMP-LINTFORT Gohrstraße 60, 47475 Kamp-Lintfort, Tel. (0 28 42) 2 10 40, www.womo-kali.de (V+E, Strom)
SP REES Ebentalstraße, 46459 Rees (V+E, Strom)
SP SCHENKENSCHANZ Schenkenschanz, 47533 Kleve

ABENTEUER
NATUR
FREIHEIT

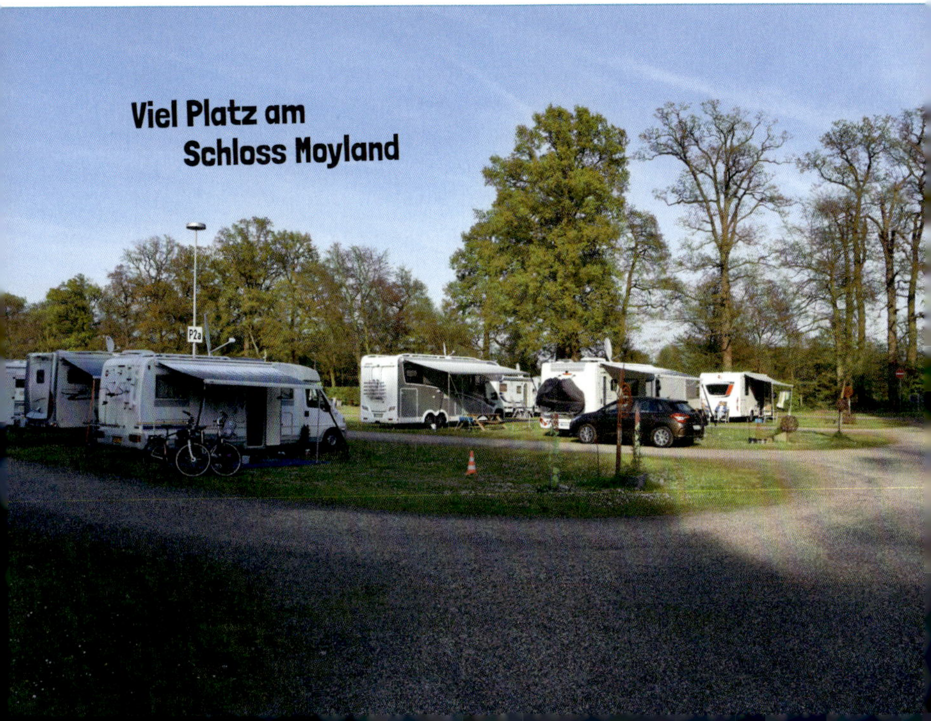

Viel Platz am Schloss Moyland

Essener Wahrzeichen

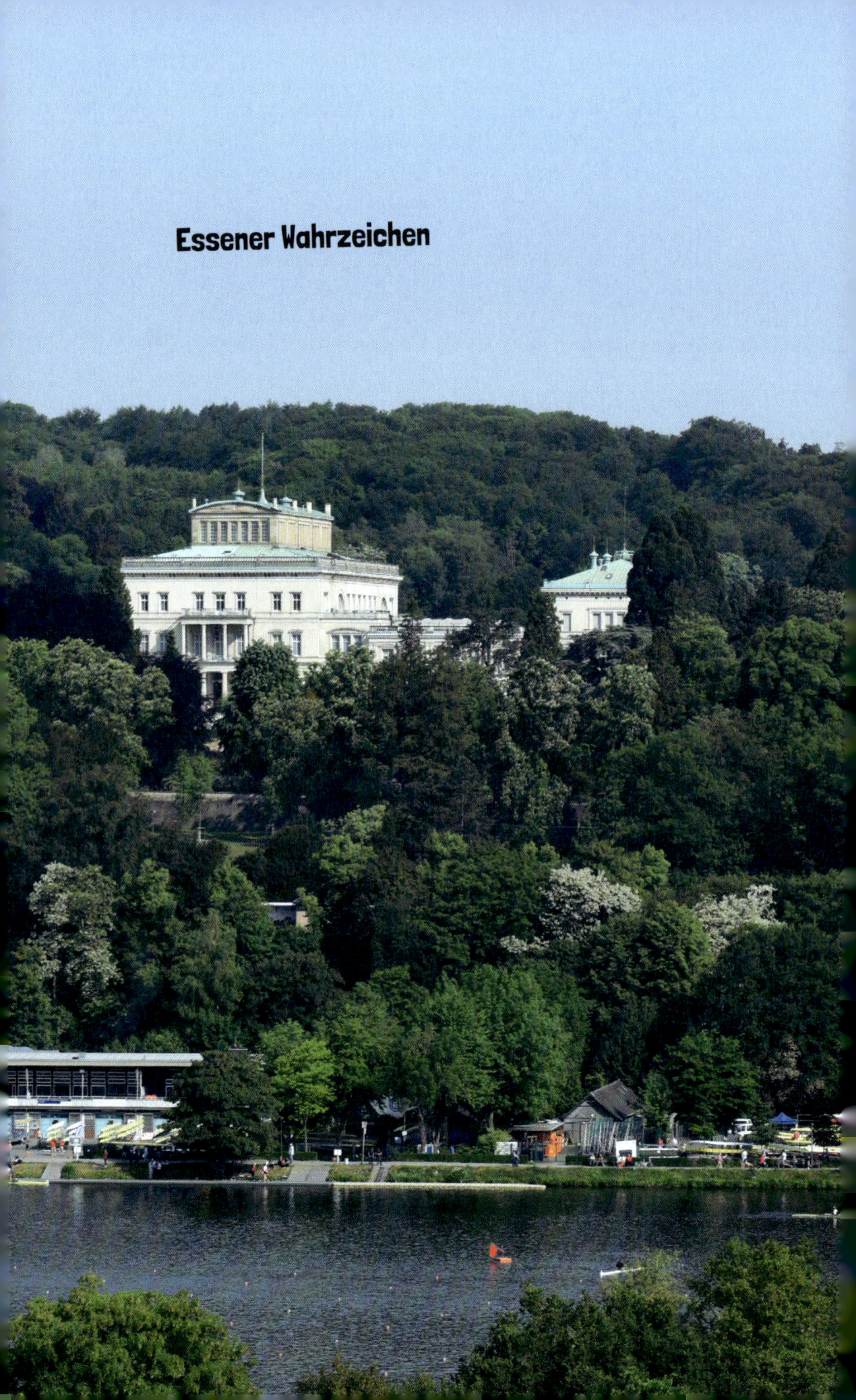

Hartnäckig hält sich das Vorurteil, dass das Ruhrgebiet nicht lebenswert und auch kein Reiseziel sei. Doch weit gefehlt. Dort, wo sieben Millionen Menschen wohnen, existieren auch entsprechend viele Freizeitmöglichkeiten und Gelegenheiten, Natur und Kultur in all ihren Facetten zu erleben. Wie man im Ruhrgebiet zu sagen pflegt: Einfach hinfahren und machen.

Ob man mit dem Wohnmobil nun auf der Autobahn 1, der 44 oder 45 unterwegs ist – immer wieder kann man ablesen, wie weit es noch bis Dortmund ist. Grund genug, die Reise durch das

Ruhrgebiet

Kunst, Kultur und Natur im urbanen Raum

Ruhrgebiet in **Dortmund** zu starten. Zu sehen gibt es in der Stadt jede Menge. Im Süden verläuft zum Beispiel die Ruhr, die unterhalb der Ruhrhöhen den **Hengsteysee** bildet, einen von mehreren Stauseen, die im südlichen Ruhrgebiet einen grünen Naturraum geschaffen haben. Jeden einzelnen See kann man bei einer Wanderung oder mit dem Rad gemütlich umrunden. Es gibt jede Menge Einkehrmöglichkeiten an den Ufern der Ruhr und der Seen und es existieren natürlich auch zahlreiche Sehenswürdigkeiten. Hoch oben über dem Hengsteysee ist das zum Beispiel die Ruine Hohensyburg, die gleichzeitig einen tollen Aussichtspunkt bildet. Von dort blickt man nicht nur über das Ruhrtal, sondern auch gleich in die Nachbarstadt **Hagen.** Denn das ist bekanntlich eine der Eigenschaften des Ruhrgebiets – die nahe beieinander liegenden Städte.

Als Außenstehender kann man leicht den Überblick verlieren, in welcher Stadt man eigentlich gerade ist. Doch keine Sorge, das geht auch Einheimischen so. Es existieren sogar Straßenzüge, in denen sich zwei Städte die Straße teilen. Doch zurück nach Hagen und ins Ruhrtal. Etwas weiter westlich, also flussabwärts, folgt mit dem **Harkortsee** bereits das nächste Gewässer, praktischerweise

INFO
Den 180 Hektar großen Landschaftspark Duisburg-Nord kürte *The Guardian* zu den besten Stadtparks der Welt.

mit einem Campingplatz. Dieser liegt in Hagen, bietet aber über das Wasser hinweg einen Blick auf die nächste Ruhrgebietsstadt Wetter. Der Platz ist ein guter Ausgangspunkt, um auf dem Ruhrtalradweg in das nahegelegene Witten zu radeln. Das Südufer der Ruhr gibt dort einen guten Einblick in die industrielle Vergangenheit der Region. Eine kurze Fahrt mit der Muttenthalbahn ins Gruben- und Feldbahnmuseum Zeche Theresia ist genauso möglich wie die Besichtigung der ehemaligen Zeche Nachtigall. Als eine der ersten Zechen des Ruhrgebiets stellte sie ihren Betrieb bereits 1892 wieder ein.

Ein besonderes Städtehighlight ist die kleine Ortschaft **Hattingen.** Nicht nur, dass sie sowohl einen Campingplatz als auch einen Wohnmobilstellplatz in bester Lage an der Ruhr bietet. Auch die Altstadt mit ihren malerischen Fachwerkhäusern rund um den Kirchplatz konnte bewahrt werden und ist immer wieder ein Hingucker. Campingplätze gibt es auch am **Baldeneysee,** dem größten der Ruhrstauseen. Er erstreckt sich im Süden der Stadt **Essen** und reicht im Westen bis in den Ortsteil Essen-Werden. Auch hier flaniert man gemütlich durch kleine Gassen und genießt einen nahezu dörflichen Charakter innerhalb des Ballungsraumes. Gleich

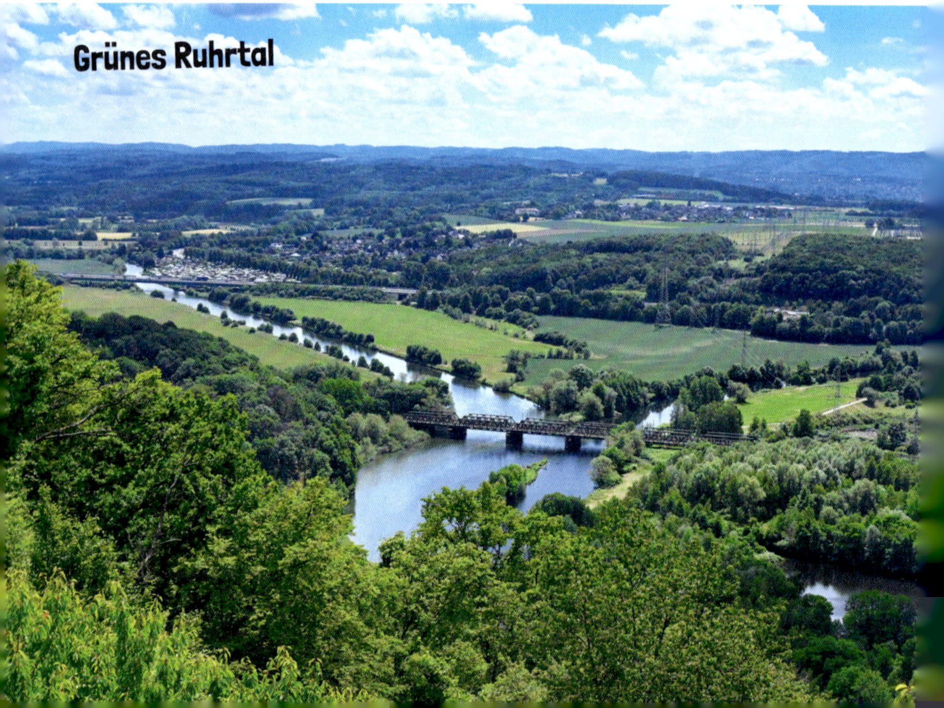
Grünes Ruhrtal

gegenüber von Werden erheben sich wieder die Ruhrhöhen und ein einziges Gebäude dort zieht alle Blicke auf sich: In bester Lage bezog der Industrielle Krupp dort die Villa Hügel, die heute mit ihrem weitläufigen Hügelpark besichtigt werden kann.

Im weiteren Verlauf der Ruhr bis zur ihrer Mündung in den Rhein folgen die Städte **Mülheim** und **Duisburg**, wo natürlich die Hafenanlagen eine lange Geschichte zu erzählen haben. Während man in Duisburg heute im Innenhafen in einem schicken Restaurant einkehrt oder das Kunstmuseum Küppersmühle besichtigt, wirft man am größten Binnenhafen Europas einen Blick in das Binnenschifffahrtsmuseum und trifft in der Stadt sogar auf die Horst-Schimanski-Gasse, die an einen der berühmtesten Ruhrgebietshelden erinnert. Zwar ist die Übernachtung auf dem Wohnmobilstellplatz im Duisburger Norden wenig attraktiv, doch das Umfeld ist auf alle Fälle sehenswert, besonders in den Abendstunden. Denn gleich nebenan befindet sich der **Landschaftspark Duisburg-Nord**, der aus einem ehemaligen Hüttenwerk besteht. Heute kann man auf der einstigen Industrieanlage klettern, im Gasometer auf Tauchstation gehen und den Hochofen 5 besteigen, der ein tolles Panorama bietet. Am Abend wird das weitläufige Areal farbenfroh illuminiert – was nicht nur Hobbyfotografen begeistert.

Das macht die Tour einzigartig!

- Drei Stauseen
- Spektakuläre Haldenkunst
- Welterbe Zeche Zollverein

Apropos Gasometer. Einen weiteren ehemaligen Speicherort für Gas gibt es in der Nachbarstadt **Oberhausen** gleich neben dem Rhein-Herne-Kanal. Der dortige Gasometer ist heute eine außergewöhnliche Ausstellungshalle, in der schon der Verpackungskünstler Christo eines seiner Werke zeigte. Ganz besonders spektakulär ist die Fahrt innerhalb der rund 100 Meter hohen Halle mit einem gläsernen Fahrstuhl. Als Belohnung für diesen Nervenkitzel steht man schließlich auf dem Dach des Gasometers und überblickt weite Teile der Region. Der Rhein-Herne-Kanal, die gleich daneben parallel verlaufende Emscher und die nahe Lippe sind im Norden des Ruhrgebiets das Pendant zur Ruhr im

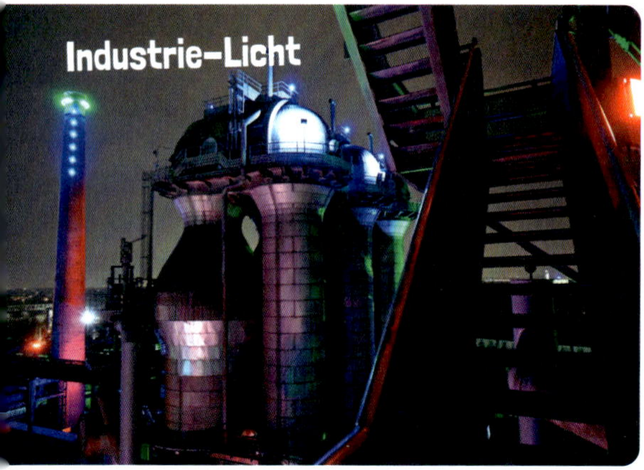

Industrie-Licht

Süden. Hier in Oberhausen bietet der Kanal sogar eine kleine Marina, zu der auch ein Wohnmobilstellplatz gehört. Die Übernachtung dort lohnt sich, allerdings sollte man ein wenig Platz im Stauraum des Reisemobils bereit haben. Gleich neben der Marina erstreckt sich nämlich mit dem Centro eines der größten Einkaufszentren Europas. Kinocenter, Legoland Discovery Centre, Sealife – alles vorhanden, wenn das Wetter mal schlechter ist und den mitreisenden Kindern das Wohnmobildach auf den Kopf fällt.

Doch der Norden des Ruhrgebiets bietet auch jede Menge Freizeitaktivitäten für schönes Wetter – dazu sogar kostenlos. Denn beim Abbau der Steinkohle wurde viel Abraum aus der Erde geholt, der zu sogenannten Abraumhalden aufgetürmt eine hügelige Landschaft schuf. Die meisten Halden wurden mittlerweile begrünt und beherbergen eine meist außergewöhnliche Landmarke. **Tiger & Turtle** in Duisburg ist zum Beispiel eine begehbare Achterbahn, das **Tetraeder** auf der Halde in Bottrop, bestehend aus drei hohen, teils schräg gebauten Aussichtsplattformen, bietet eine grandiose Fernsicht mit Adrenalinschub inklusive.

Auf der weiteren Fahrt durchquert man den Essener Norden, der mit der **Zeche Zollverein** sogar eine Weltkulturerbestätte der UNESCO vorzuweisen hat. Mit einer außergewöhnlich langen Außen-Rolltreppe fährt man in die ehemalige Kohlenwäsche, in der heute das Ruhr Museum die spannende Geschichte der Region erläutert. Der nächstgelegene Wohnmobilstellplatz ist keine zwei Kilometer entfernt, befindet sich aber mal wieder in der Nachbarstadt, und zwar dieses Mal in **Gelsenkirchen**. Fußballfreunde kennen diese Ruhrgebietsstadt besser als Schalke. Beim Erzrivalen in der Dortmunder Innenstadt lässt sich im Deutschen Fußballmuseum die Geschichte nachverfolgen, denn Fußball ist aus der Region nicht wegzudenken.

FAZIT

In Sachen Wohnmobiltourismus ist das Ruhrgebiet noch ausbaufähig, aber in Sachen Sehenswürdigkeiten, Freizeitbeschäftigung und Erholung macht der Region so schnell keiner etwas vor.

GUT ZU WISSEN

VON: Dortmund
BIS: Gelsenkirchen
LÄNGE: 160 Kilometer

GUTE NACHT

CP HAGEN Baukey 1, 58089 Hagen, Tel. (0 15 73) 5 25 06 87, www.wch-camping.de

CP ESSEN Hardenbergufer 369, 45239 Essen, Tel. (02 01) 40 20 07, www.campingpark-baldeneysee.de

CP HATTINGEN Campingplatz Stolle, Ruhrstraße 6, 45529 Hattingen, Tel. (0 23 24) 8 00 38, www.camping-hattingen.de

SP OBERHAUSEN Zum Aquarium 2, 46047 Oberhausen, Tel. (02 08) 6 25 35 90, www.marina-oberhausen.de (V+E, Strom)

SP NIENHAUSEN Feldmarkstraße 209, 45883 Gelsenkirchen (V+E, Strom)

ABENTEUER 5/5
NATUR 1/5
FREIHEIT 3/5

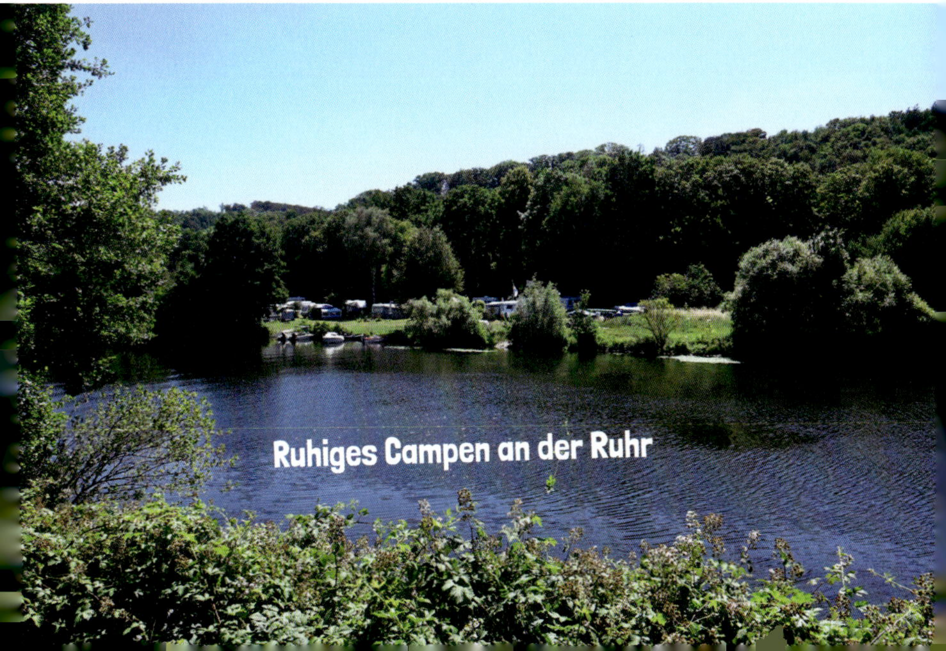

Ruhiges Campen an der Ruhr

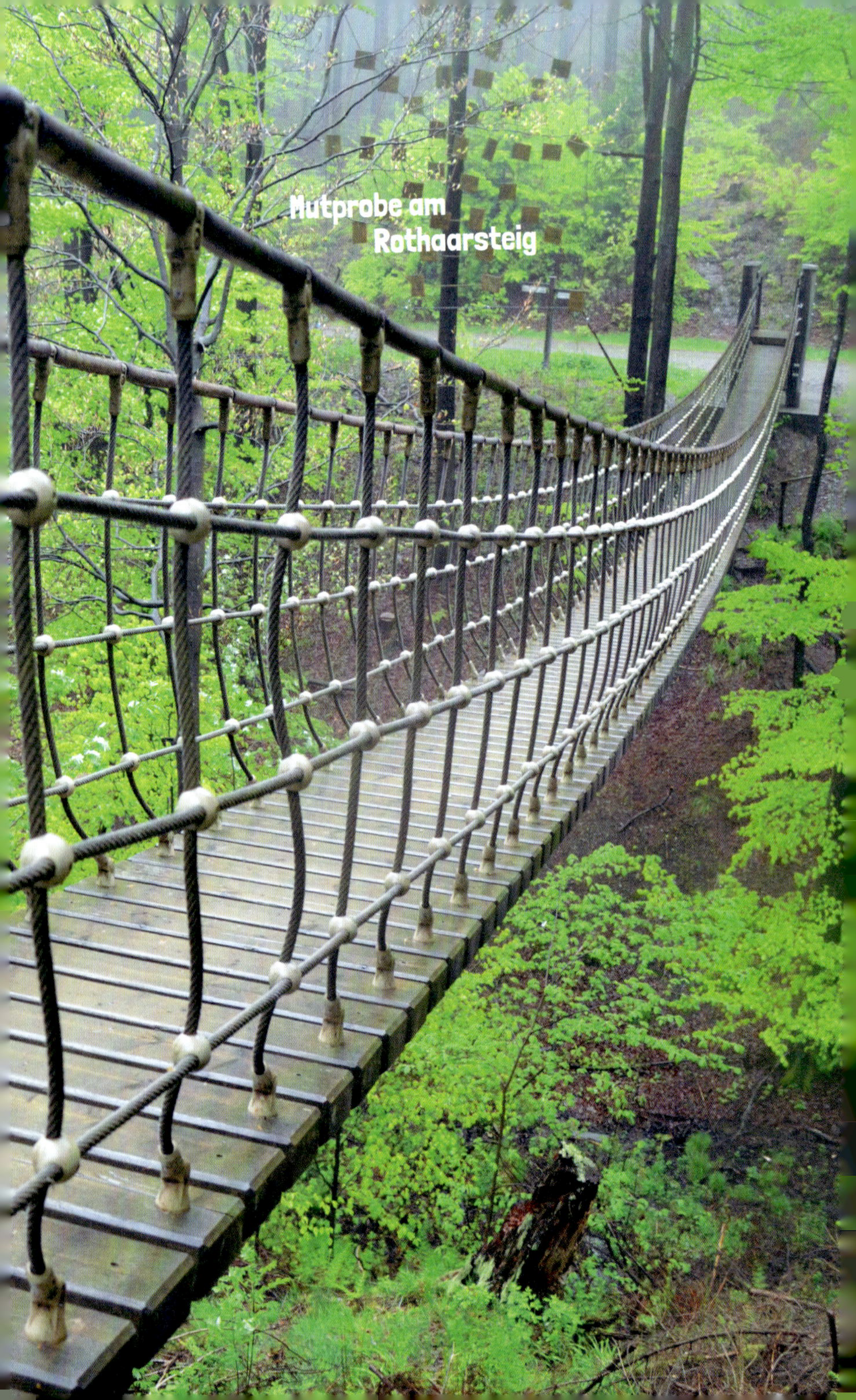

Mutprobe am Rothaarsteig

Campingfreunde erleben bei einer Reise durch das Bergische Land und das Sauerland bis in den Kellerwald ein Wechselbad der Gefühle. Besonders im westlichen Bereich gibt es an Seen jede Menge Campingplätze, doch die Auswahl an unkomplizierten Wohnmobilstellplätzen ist überschaubar. Das ändert sich aber, je näher man den höchsten Gipfeln dieser Landschaft kommt.

Eigentlich könnte die Wohnmobilreise durch die hügelige Region zwischen dem Rheinland und dem hessischen Kassel mit einem ersten Aufenthalt im Bergischen Land beginnen. Doch in der an

Vom Sauerland zum Edersee

Gemütliche Hügelfahrt in den Nationalpark

sich schönen und gemütlichen Landschaft südlich des Ruhrgebiets rund um Wuppertal ist der Wohnmobiltourismus eher eine Nische. Es existieren zwar Campingplätze, vorwiegend an den dortigen Stauseen, und hin und wieder auch einfache Wohnmobilstellplätze. Letztere sind dann aber meistens eher einfache Parkplätze, auf denen man laut Beschilderung übernachten darf. Sehr viele Erwartungen sollte man als Wohnmobilist also nicht in das Bergische Land stecken. Empfehlenswerter Startpunkt für diese Campingtour wäre der Wohnmobilstellplatz in **Velbert.** Der geschotterte Platz befindet sich gleich neben der siebenbögigen Eulenbachbrücke, die im Jahr 1914 aus Naturstein errichtet wurde. Das Brückenbauwerk wirkt sowohl von unten beeindruckend als auch vom Radweg aus, der auf der Brücke verläuft. Hierbei handelt es sich um die ehemalige Trasse der Niederbergbahn, auf der man heute gemütlich in die Velberter Innenstadt radeln kann. Dort lohnt sich zum Beispiel ein Besuch im Deutschen Schloss- und Beschlägemuseum. Von der Frühzeit bis in die Moderne kann man sich über alles informieren, was in irgendeiner Form verschlossen werden kann – ob das Möbel, Tresore oder Kassen sind. Die Nachbildung einer Schloss- und Schlüsselschmiede zeigt, wie die Schließtechnik im 19. Jahrhundert geschmiedet wurde. Andererseits lässt sich ab dem Stellplatz der nahegelegene **Herminghauspark** besuchen. Mit einer Minigolfanlage, einem Tiergehege und einem kurzen Rundkurs mit elf interaktiven Spielstationen bietet der Park die ideale Möglichkeit, den Campingurlaub zu beginnen.

INFO

Das Sauerland ist Weihnachtsbaum-Land: Jeder dritte Christbaum in Deutschland ist hier groß geworden.

Über **Wuppertal** und **Lüdenscheid** steuert man anschließend sein Wohnmobil in östliche Richtung. Die Landschaft ist ein Genuss mit ihren sanften Hügeln und den kleinen Städten, die erkundet werden wollen. Doch es bleibt dabei, wirklich schöne Übernachtungsangebote finden sich im besten Fall auf den Campingplätzen an den Seeufern. Davon gibt es aber dann jede Menge, so zum Beispiel an der **Bevertalsperre** südlich von Radevormwald oder an der **Biggetalsperre** nördlich von Olpe. Wer aber Wohnmobilstellplätze bevorzugt, weil das Einchecken dort für gewöhnlich einfacher ist und man nicht an Öffnungszeiten gebunden ist, der wird sich noch ein wenig gedulden müssen.

Weiter nördlich am Nordufer des **Möhnesees** bietet der terrassenförmig angelegte Wohnmobilstellplatz einen schönen Blick auf den weitläufigen See. Der Übernachtungspreis liegt zwar im hohen Segment, dafür ist die An- und Abreise aber jederzeit

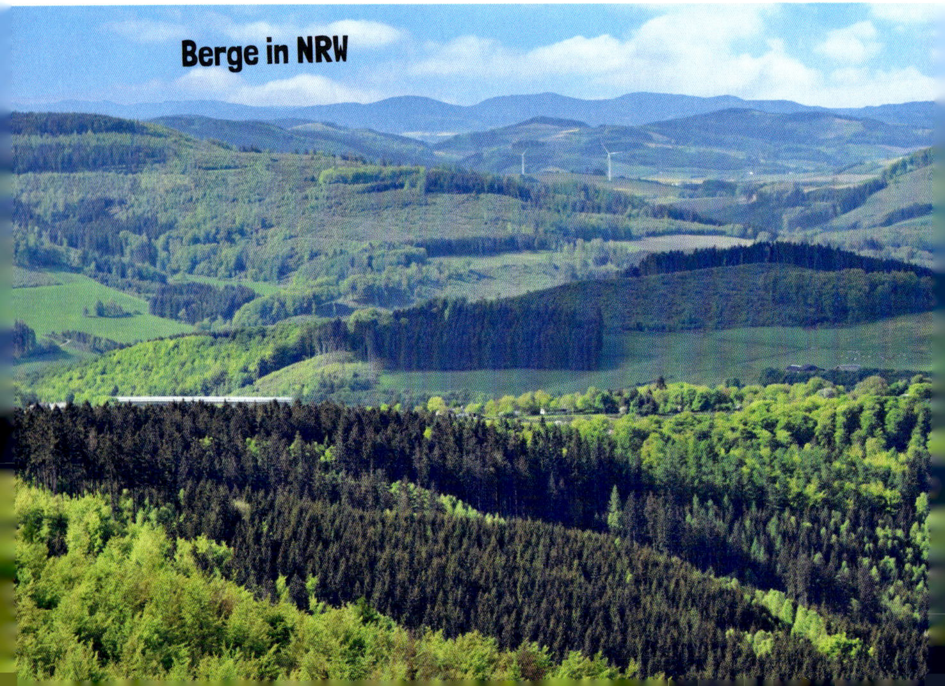
Berge in NRW

möglich. Der Möhnesee oder auch die Möhnetalsperre ist einer der wichtigsten Stauseen im Sauerland und auch von Nordrhein-Westfalen. Namensgeber ist die Möhne, die am Poppenberg bei Brilon entspringt und nach insgesamt 65 Kilometern Flusslauf in die Ruhr mündet. Das markante Bauwerk der Talsperre besteht aus Bruchstein und besitzt 105 Öffnungen, in denen das Wasser überlaufen kann. Somit hat die Talsperre keinen eigenen Hochwasserentlastungsturm, wie man ihn meistens bei Staudämmen sieht. Ungewöhnlich für einen See sind auch die drei Brückenbauten, mit denen man vom Süd- zum Nordufer wechseln kann und die den See in vier Abschnitte unterteilen. Im Süden bildet der See einen Nebenarm, der einen eigenen Zulauf hat. Dort mündet die 22 Kilometer lange Heve in den See und bildet dabei den Hevesee bzw. Hevearm. In diesem Seitenarm verschwand das **Dorf Kettlersteich,** als die Talsperre im Jahr 1913 nach fünfjähriger Bauzeit fertiggestellt und geflutet wurde. Überregional bekannt wurde die Möhnetalsperre in der Nacht vom 16. auf den 17. Mai 1943, als britische Bomber das Bauwerk zerstörten. Die Flutwelle der Möhne reichte weit in das Ruhrtal hinein und sogar im 100 Kilometer entfernten Essen kam es dadurch zu Todesopfern. Die meisten der schätzungsweise 1600 Toten waren in einem Kriegsgefangenenlager zu beklagen, das sich unterhalb der Staumauer befand. Der Wiederaufbau der Talsperre erfolgte umgehend und war nach nur dreieinhalb Monaten abgeschlossen. Heute ist der Möhnesee nicht nur ein wichtiges Trinkwasserreservoir, sondern auch ein beliebtes Ausflugsziel mit zahlreichen Sportmöglichkeiten für Tagestouristen aus dem Ruhrgebiet.

Das macht die Tour einzigartig!

- **Imposante Talsperren**
- **Der höchste Berg von NRW**
- **Entdeckungen bei Niedrigwasser**

Ab dem Möhnesee nimmt die Stellplatzdichte in Richtung Südosten dann auch wieder etwas zu. Sehr gut und auch günstig übernachten kann man zum Beispiel auf dem geschotterten Stellplatz in **Warstein,** wo man vom Wohnmobil direkt in das dazugehörige Bayern-Stadl einkehrt und es sich mit rustikalen Spei-

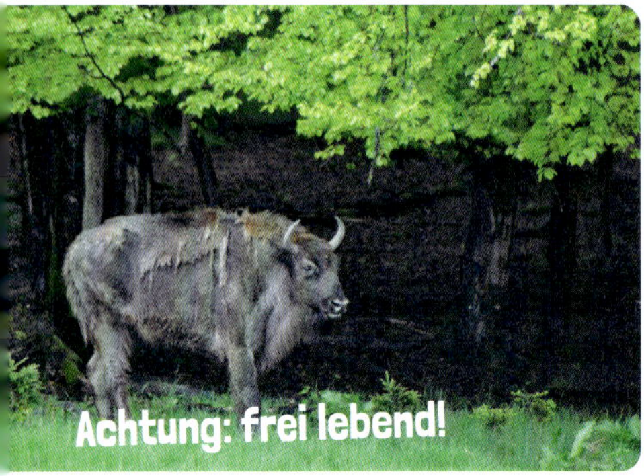
Achtung: frei lebend!

sen gut gehen lässt. Doch der wohl bekannteste Übernachtungsplatz für Wohnmobilfreunde dürfte im Sauerland der Wohnmobilpark Winterberg sein. Er befindet sich im etwas außerhalb gelegenen Ortsteil Neuastenberg und ist vor allen Dingen in den Wintermonaten beliebt, wenn die Berge rund um den Wintersportort **Winterberg** schneeverhüllt sind. Doch auch im Sommer ist die Landschaft ein Genuss. Beliebt ist beispielsweise der Besuch der Ruhrquelle außerhalb Winterbergs und der Lennequelle, die sich direkt am Hang des Kahlen Asten befindet.

Nur rund 20 Kilometer östlich von Winterberg erstreckt sich der **Nationalpark Kellerwald-Edersee** mit einem weitläufigen Wald- und Wandergebiet, einem UNESCO-geschützten Buchen-Urwald – und einem Stausee, der manchmal sogar fast trockenfällt. Besonders spannend anzusehen ist das bei Asel, wo der Edersee dann nur noch aus dem einstigen Fluss Eder besteht und sogar von einer alten Brücke überspannt wird. Sie ist der letzte Überrest des abgetragenen Ortes Asel. Ist der See ausreichend gefüllt, dann befindet sich die Brücke komplett unter Wasser. Nicht weniger interessant ist der Standort der ehemaligen Ortschaft Bringhausen, von der ebenfalls nur noch Brückenpfeiler vorhanden sind – bei Niedrigwasser wohlgemerkt. Dort, wo einstmals die Werbe als Fluss in die Eder mündete, bildet sie heute einen Seitenarm des Stausees. Fehlt das Wasser, dann ist das gesamte Tal zu Fuß begehbar. Dabei kommt man zu einem kleinen Modell der Staumauer, das für gewöhnlich unter der Wasseroberfläche steht. Gleiches gilt für die Überreste einer Eisenhütte und selbst alte Wege sind dann erkennbar. Oberhalb dieser Stelle erhebt sich am Uferrand der Wohnmobilpark Edersee mit seiner Alm und seinen vier Terrassen. Die obere Terrasse ist nur für kleine Campingbusse erreichbar, doch von allen vier Reihen hat man besten Blick auf die Ruinen bei Niedrigwasser oder auf den weiten See, wenn er komplett gefüllt ist. Am Horizont erblickt man zudem das **Schloss Waldeck,** das weit oberhalb des Stausees zu wachen scheint. Prädikat: sehr empfehlenswert.

FAZIT

Eine schöne Landschaft, in der der Wohnmobiltourismus aber durchaus noch etwas gefördert werden sollte. Dennoch gibt es auch hier wunderbare Campingperlen, die vor allen Dingen am Edersee Ungewöhnliches bieten.

GUT ZU WISSEN

VON: Velbert
BIS: Waldeck
LÄNGE: 220 Kilometer

GUTE NACHT

SP VELBERT Parkstraße, 42549 Velbert (V+E, Strom)
SP MÖHNESEE Linkstraße 20 a, 59519 Möhnesee, Tel. (0 29 24) 98 13 91, www.moehnesee.de (V+E, Strom)
SP WINTERBERG Neuastenberger Straße 4 a, 59955 Winterberg, Tel. (0 29 81) 5 08 80 00, www.wohnmobilpark-winterberg.de (V+E, Strom)
SP EDERSEE Am Bettenhagen 2, 34513 Waldeck, Tel. (0 56 34) 5 24 99 57, www.wohnmobilpark-edersee-alm.de

ABENTEUER 3/5
NATUR 4/5
FREIHEIT 4/5

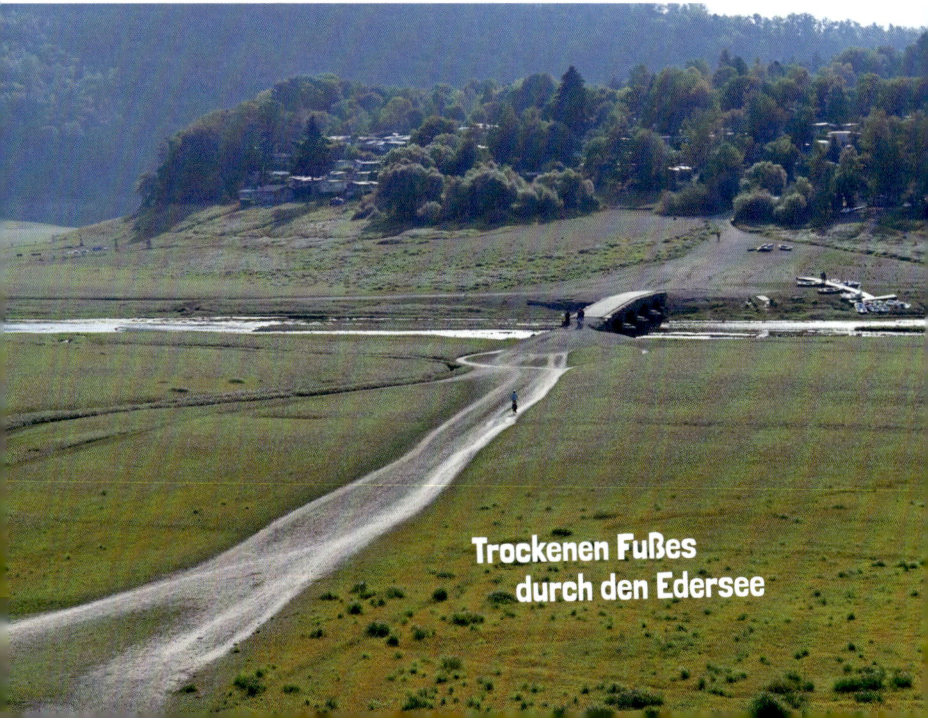

Trockenen Fußes durch den Edersee

Das ist die Höhe!

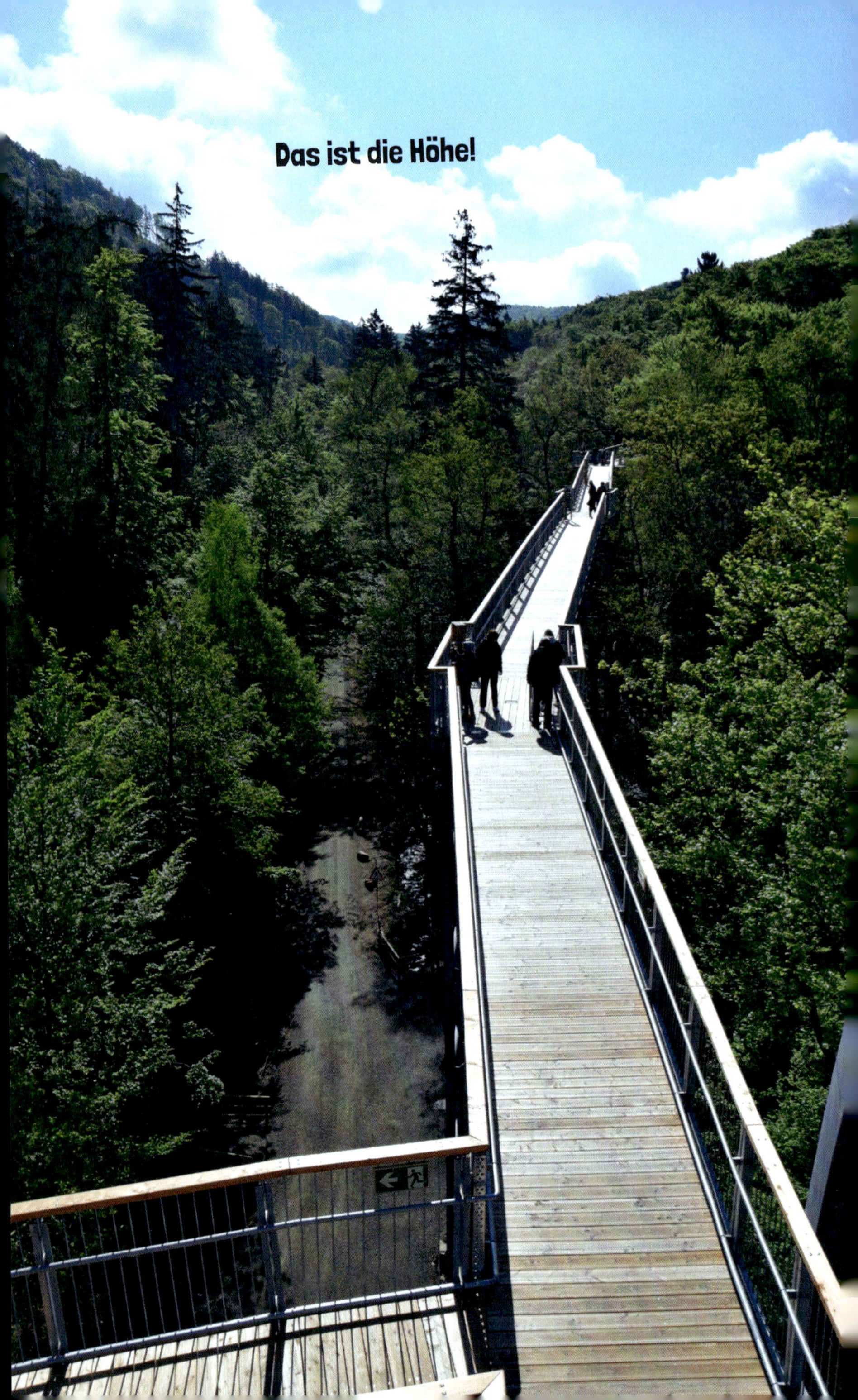

Der Harz bietet für jeden etwas. Sei es für den Städtetouristen, der sich gerne die UNESCO-Weltkulturerbestätten in Goslar oder Quedlinburg anschauen möchte, oder für den Naturfreund, der die hügeligen und weiten Wälder des Nationalparks Harz bevorzugt. Bei einer ausgedehnten Campingtour lässt sich das Mittelgebirge, das sich über drei Bundesländer erstreckt, ausgesprochen gut erkunden.

Wer die Autobahn 7 bei der Ausfahrt 67 verlässt und über die Bundesstraße 242 ostwärts fährt, steht schon bald mitten in den ersten Ausläufern des Gebirges. Ab hier steht alles im Zei-

Harz

Mit dem Wohnmobil zum Wandern

chen des Urlaubs und spätestens jetzt wird einem bewusst, dass man auf jeden Fall Wanderschuhe im Laderaum des Wohnmobils verstaut haben sollte. Nach kurzer Fahrt gelangt man nach **Clausthal-Zellerfeld,** zentraler Ort westlich des Oberharzes. Die Geschichte der Stadt, die mit der Gründung einer Kapelle im 8. Jahrhundert beginnt, ist vom hiesigen Bergbau geprägt. Erst im Jahr 1924 entstand durch Zusammenschluss der beiden bis dahin selbstständigen Orte die Stadt Clausthal-Zellerfeld. So sind in beiden Ortsteilen beeindruckende Gotteshäuser zu sehen. Zellerfeld besticht durch die stattliche evangelische St.-Salvatoris-Kirche, während in Clausthal die Marktkirche zum Heiligen Geist als größte Holzkirche Deutschlands bezeichnet wird. Das Mitte des 17. Jahrhunderts entstandene barocke Gotteshaus bietet über 1000 Gästen Platz.

Die Hauptattraktion von Clausthal-Zellerfeld befindet sich jedoch außerhalb und gilt als Teil des Weltkulturerbes: das **Oberharzer Wasserregal.** Knapp 70 Teiche erstrecken sich auf dem Stadtgebiet zwischen Wäldern und Feldern. Sie entstanden allesamt zwischen dem 16. und dem 18. Jahrhundert und wurden als Stauseen für die Wasserwirtschaft des lokal ansässigen Bergbaus angelegt. Sie dienten als Wasserspeicher, um die Energieversorgung der Erzbergwerke durch Wasserräder zu sichern. Viele der Teiche wurden zudem als Talsperre angelegt und haben heute, nach Ende des Bergbaus, die Funktion des Hochwasserschutzes, der Trinkwasserversorgung und der Erholung. Denn auf Themenwanderwegen können die unterschiedlichen Teiche erreicht werden. Wasser ist ohnehin ein wichtiges Thema im Harz. Nordöstlich von Clausthal-Zellerfeld befindet sich zum Beispiel der **Okerstausee,** auf den man besonders vom höhergelegenen Wohnmobilstellplatz in Schulenburg einen tollen Ausblick genießt.

INFO

Das in Deutschland einmalige Projekt der Harzer Wandernadel umfasst 222 Stempelstellen, mit denen man sich bis zum Harzer Wanderkaiser hochwandern kann.

Auf dem sehr einfachen Wohnmobilstellplatz im Goslarer Ortsteil **Hahnenklee** übernachtet man zwar am Rande eines Parkplatzes, aber dafür direkt am Ausgangspunkt für den **Liebesbankweg,** der auch von weniger passionierten Wanderern gut bewältigt werden kann. Auf dem sieben Kilometer langen Rundweg passiert man zahlreiche Sitzbänke, von denen jede einzelne liebevoll geschnitzt die Liebe thematisiert. Schon auf dem Parkplatz sieht man die Rendezvous-Bank, denn mit einem ersten Rendezvous beginnt die schönste Liebesgeschichte. Pärchenweise geht man gleich dahinter durch das Kunstobjekt „Tor der Liebe“ und wandert dann nach links durch den Wald. Nach der Hasch-mich-

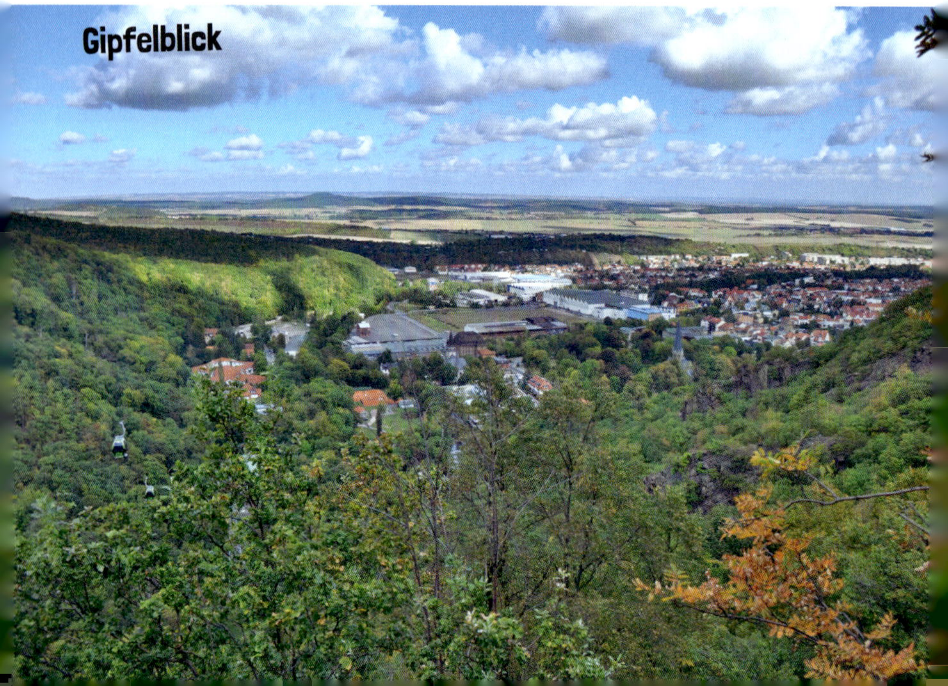

Gipfelblick

Bank folgt die Verlobungsbank und weiter die Hochzeitsbank. So geht das absolut sehenswert weiter bis zur Diamanten Hochzeit und zur Sitzbank der Kronjuwelen-Hochzeit. Ganz in der Nähe befindet sich außerdem noch die Gustav-Adolf-Stabkirche. Sie entstand in der ersten Hälfte des 20. Jahrhunderts und wurde den klassischen Stabkirchen Norwegens nachempfunden. Heute ist sie die einzige Stabkirche Deutschlands, in der Gottesdienste abgehalten werden. Wer will, kann im Vorfeld in der Tourismusinformation ein Stempelheft bekommen und seine Wanderung auf dem Liebesbankweg mittels der drei vorhandenen Stempelkästen belegen. Anschließend erhält man das Zertifikat über die Absolvierung auf dem Liebesbankweg.

Das macht die Tour einzigartig!

- **Ein Liebeswanderweg**
- **Der Brocken**
- **Das Oberharzer Wasserregal**

Aber der Harz bietet nicht nur Natur, sondern auch sehenswerte Städte. Wenn man schon in Hahnenklee ist, sollte man auf der Bundesstraße 241 direkt nach **Goslar** fahren und sich dort am Anblick der Altstadt erfreuen. Immerhin ist sie mit ihren über 1500 Fachwerkhäusern Teil des Weltkulturerbes. Hierzu zählt auch das Bergwerk Rammelsberg im Süden von Goslar. Erstmals erwähnt wurde Goslar in der zweiten Hälfte des 10. Jahrhunderts. Nur wenige Jahrzehnte später entstand die Kaiserpfalz, die heute zu den Highlights der Stadt gehört. Das Kaiserhaus ist als Hauptgebäude über 50 Meter lang und gilt damit als das größte weltliche Gebäude der damaligen Zeit in Deutschland. Auf dem Weg zwischen Hahnenklee und dem Stadtzentrum passiert man den auf der linken Seite befindlichen Harz-Camp. Aus einem in die Jahre gekommenen Campingplatz wurde im Jahr 2020 ein topmoderner Platz, der nichts vermissen lässt. Einziges Manko ist die Preisgestaltung, da die zweite Person im Wohnmobil extra bezahlen muss. Aber als Ausgangspunkt für die Touren im westlichen Harz ist der Platz ideal gelegen.

Noch zentraler steht man wenige Kilometer östlich von Goslar auf dem Wohnmobilstellplatz in **Bad Harzburg.** Ihren Namen hat die Stadt durch die Burg, die Mitte des 11. Jahrhunderts unter

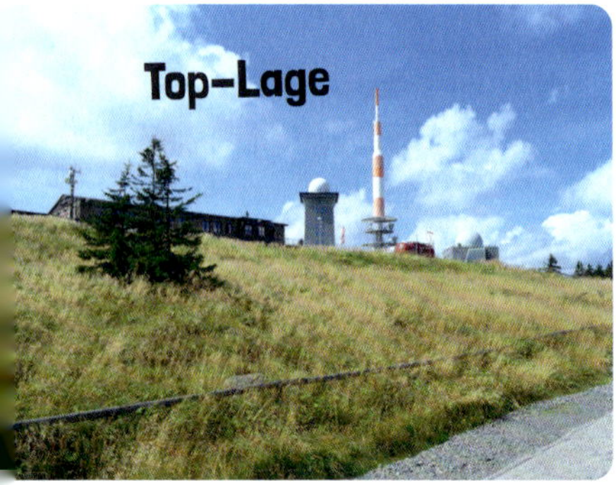

Top-Lage

Heinrich IV. errichtet wurde. Zu den Sehenswürdigkeiten Bad Harzburgs gehört auch der 2015 eröffnete **Baumwipfelpfad** gleich gegenüber vom Wohnmobilstellplatz. Er führt durch das Kaltetal und hat eine Länge von 700 Metern. Hinzu kommt ein Einstiegsturm, auf dem man spiralförmig einem 300 Meter langen Weg folgt, um auf eine Höhe von 26 Metern zu gelangen. Anschließend spaziert man an mehreren Lehrstationen in Höhe der Baumkronen vorbei. Am Ende des Baumwipfelpfads kann man den Großen Burgberg mit der Ruine der Harzburg erklimmen.

Innerhalb von Bad Harzburg finden sich mehrere Grünanlagen wie der Kurpark sowie zahlreiche Möglichkeiten zur Freizeitgestaltung und, wie es sich für einen Kurort gehört, eine Trink- und Wandelhalle. Bad Harzburg gilt auch als Tor zum Nationalpark, der weiter südlich die höchsten Berge im Harz umfasst. Vom Stellplatz aus gelangt man über die Bundesstraße 4 geradewegs in den Nationalpark nach **Torfhaus.** Während der deutschen Teilung war Torfhaus ein beliebter Aussichtspunkt in Westdeutschland, weil man von hier aus einen wunderbaren Blick über die Wälder zum Brocken genießen konnte. Das funktioniert heute natürlich auch noch, doch zum Glück kann man mittlerweile gleich nach dem Ausblick den Brocken auch erwandern. Übernachten lässt es sich dabei gut auf dem Campingplatz in **Braunlage.** Von dort gelangt man nicht nur zum **Brocken,** dem höchsten Berg in Sachsen-Anhalt und von Norddeutschland, sondern auch zum gleich gegenüberliegenden **Wurmberg,** dem höchsten Gipfel von Niedersachsen.

Wer nicht gut zu Fuß ist, steuert sein Wohnmobil auf den einfachen Wohnmobilstellplatz nach **Wernigerode.** Denn dort fährt die Brockenbahn ab, mit der man ebenfalls die Kuppe des höchsten Berges erreicht. Doch der Harz hat für Camper, Wanderer und Kulturfreudige noch so viel mehr zu bieten. Ob das nun das malerische **Bodetal** unterhalb des Hexentanzplatzes bei Thale ist oder die Rappbodetalsperre, wo man sich per Zipline und einer 450 Meter langen Hängebrücke entsprechende Adrenalinschübe geben kann.

FAZIT

Innerhalb des Nationalparks Harz gibt es zwar eine Bundesstraße, jedoch keine Campingmöglichkeit. Das ist aber nicht schlimm, denn drumherum bieten zahlreiche Camping- und Wohnmobilstellplätze gute Ausgangspunkte, um das Mittelgebirge und den Nationalpark zu erleben.

GUT ZU WISSEN

VON: Clausthal-Zellerfeld
BIS: Wernigerode
LÄNGE: 70 Kilometer

GUTE NACHT

SP SCHULENBURG Wiesenbergstraße 14, 38707 Schulenberg im Oberharz (V+E, Strom)
SP HAHNENKLEE Bocksbergweg, 38644 Goslar-Hahnenklee (V+E)
CP HARZ CAMP Clausthaler Straße 28, 38644 Goslar, Tel. (0 53 21) 2 25 02, www.harz-camp-goslar.de (V+E, Strom)
SP BAD HARZBURG Nordhäuser Straße 10, 38667 Bad Harzburg, Tel. (0 53 22) 7 53 30, www.wohnmobilstellplatz-bad-harzburg.de (V+E, Strom)
CP BRAUNLAGE Am Campingplatz 1, 38700 Braunlage, Tel. (0 55 20) 9 99 69 31, www.camping-braunlage.de

ABENTEUER 4/5
NATUR 5/5
FREIHEIT 5/5

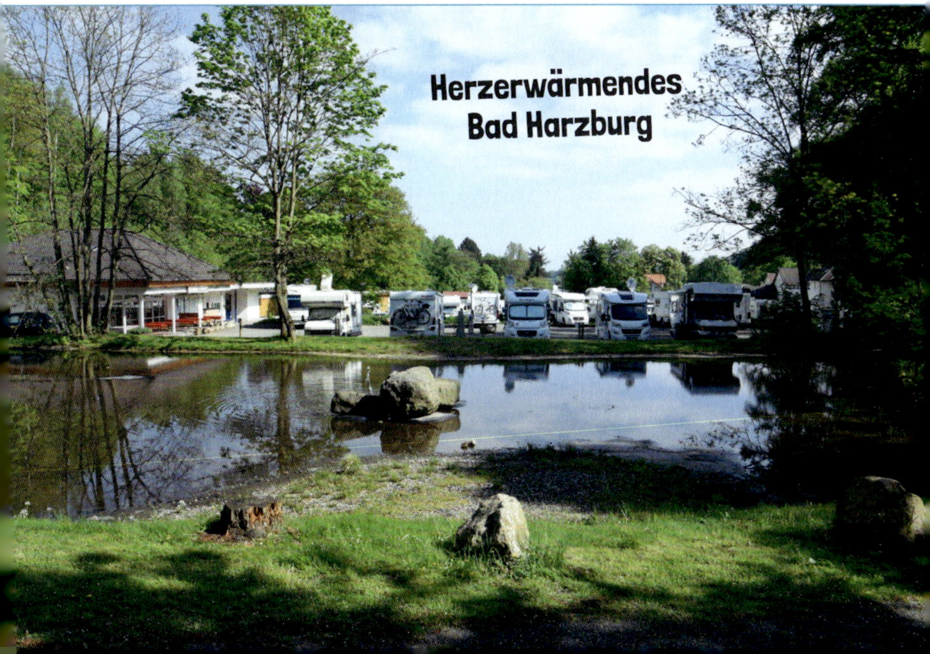

Herzerwärmendes Bad Harzburg

Renaissance in Sachsen

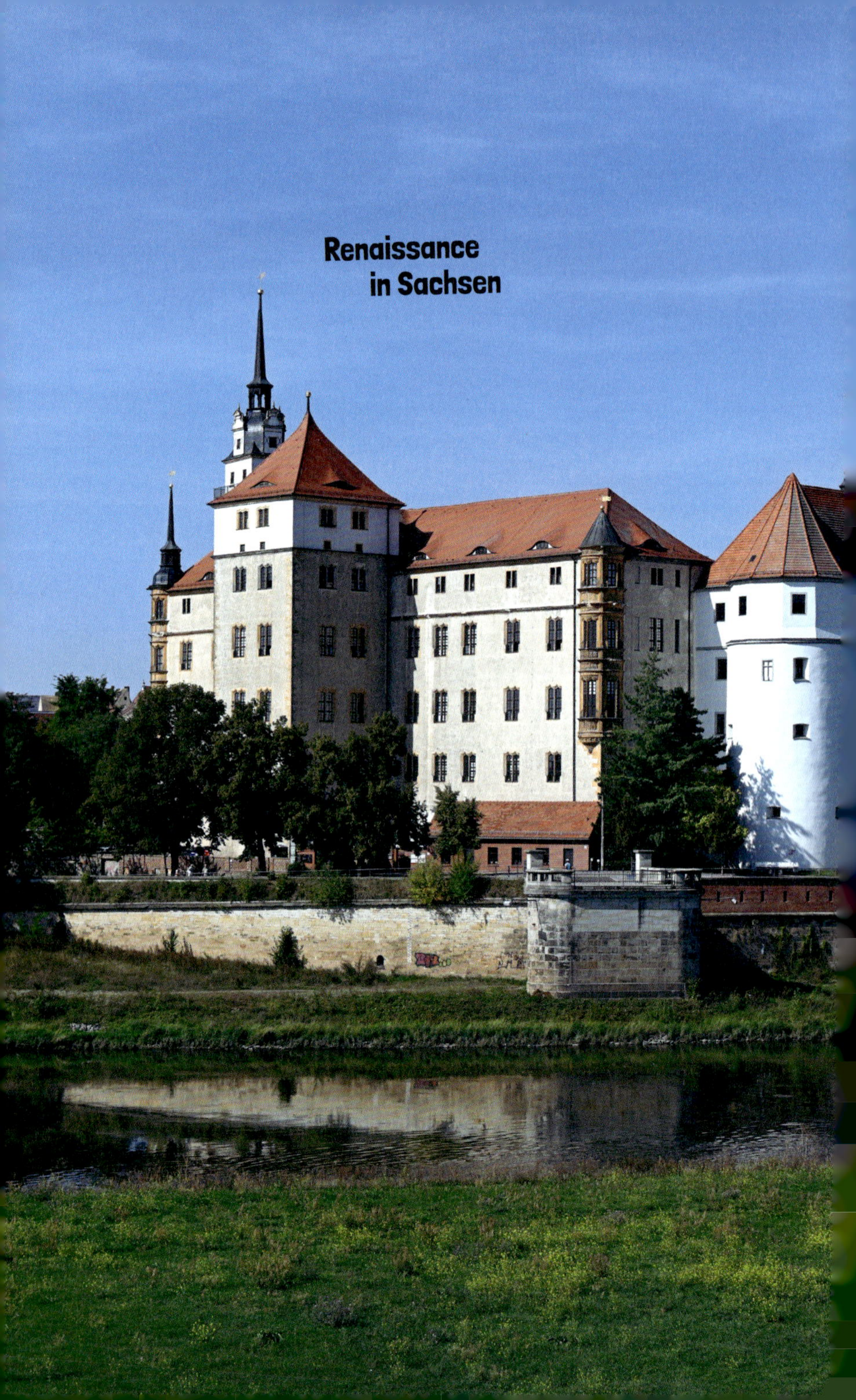

Blühende Landschaften hatte man uns versprochen. Landschaft mit Zukunft wäre treffender gewesen. Noch heute ist der Strukturwandel bei Leipzig und auch in der Lausitz deutlich zu sehen. Aus touristischer Sicht ein voller Erfolg, denn die vielen Gewässer werden eine spannende Seenlandschaft bilden. Die Reisemobilstellplätze warten jetzt schon auf Gäste.

Leipzig ist natürlich ganz klar eine Reise wert. Jede Menge Ausstellungen und Museen sorgen dafür, dass man den Aufenthalt in der Stadt auch bei schlechtem Wetter genießen kann. Darü-

Von Leipzig in die Lausitz

Strukturwandel und Seenlandschaft

ber hinaus flaniert man im Zentrum zwischen moderner und historischer Architektur rund um Marktplatz, Altes Rathaus und Thomaskirche. Doch das vermutlich bekannteste Bauwerk Leipzigs liegt etwas am Stadtrand: Das im Jahr 1913 fertiggestellte 91 Meter hohe **Völkerschlachtdenkmal** ist das weithin sichtbare Wahrzeichen der Stadt. Etwas speziell sind hingegen die Wohnmobilstellplätze in Leipzig. Auf dem Parkplatz eines ehemaligen Supermarktes nördlich des Hauptbahnhofs hat man zum Beispiel kurzerhand die Stellflächen vergrößert, Strom verlegt und das als Übernachtungsplatz deklariert. Inmitten eines Gewerbegebietes neben den Bahngleisen gelegen und auch ansonsten mit wenig Kuschelcamping-Charakter ausgestattet – das muss man mögen. An anderer Stelle, sogar noch zentraler gleich hinter dem Bahnhof, steht man neben den Gleisen auf den Flächen des Busparkplatzes, natürlich nur, solange keine Reisebusse den Platz für sich einnehmen. Der dritte innerstädtische Platz liegt im Norden der Stadt, ebenfalls in einem Gewerbegebiet, dafür jedoch in ruhiger Lage mit größeren Stellflächen. Die Bushaltestelle, um zu den Sehenswürdigkeiten der Stadt zu gelangen, ist mit rund 100 Metern genauso weit entfernt wie die Gedenkstätte für das ehemalige Buchenwalder KZ-Außenlager Leipzig-Thekla.

Auch außerhalb von Leipzig gibt es Übernachtungsangebote für Camper. Diese sind zusammen mit der Landschaft erst in den letzten Jahren entstanden, denn die Region südlich von Leipzig war jahrzehntelang vom Braunkohleabbau geprägt. Dort, wo sich die riesigen Bagger einst in den Boden gruben, erstreckt sich heute eine Seenlandschaft, die noch immer in der Entwicklung ist. Der **Markkleeberger See** und der **Störmthaler See** sind zum Beispiel durch einen kleinen Kanal miteinander verbunden und auch der Cospudener See und der Zwenkauer See sollen zukünftig an die anderen Gewässer angeschlossen werden. Der Störmthaler See fällt durch die sogenannte Vineta mitten im See auf. Hierbei handelt es sich um eine Plattform mit einer Skulptur, die einer Kirche nachempfunden ist. Sie erinnert an das Gotteshaus des Ortes Magdeborn, der sich einst an dieser Stelle befand.

INFO

Wer Kraftreserven hat, kann sich noch den Goldsteig in Böhmen vornehmen. Der tschechische Bruderweg verläuft parallel auf 289 Kilometern.

Am südlichen Ufer des Störmthaler Sees richtete man ein **Freizeitresort** mit Yachthafen, Hotel, Restaurant und einem Wohnmobilstellplatz ein. Der Stellplatz mit seinem gepflegten Sanitärgebäude bietet sehr große Parzellen, das ist schön. Mögen muss man allerdings die Atmosphäre eines Neubaugebietes, denn man spürt deutlich, dass die Infrastruktur am Seeufer nicht gewachsen ist, sondern am Reißbrett entstand. Sehr angenehm ist zwar die Möglichkeit, mit dem Ausflugsschiff über das Leipziger Neuseenland direkt ab dem Stellplatz bis Markkleeberg fahren zu können, doch der Ausblick auf die Hügellandschaft am gegenüberliegenden Ufer

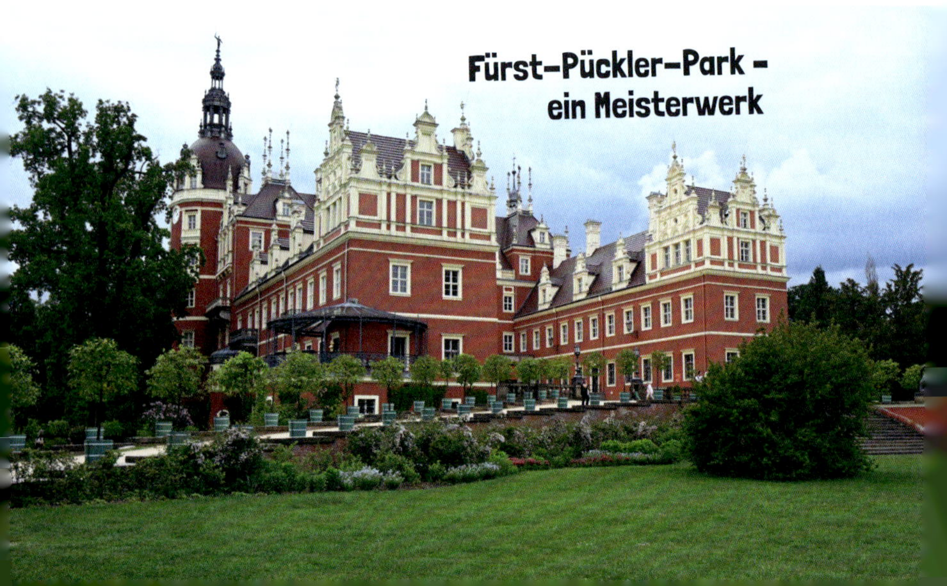

Fürst-Pückler-Park – ein Meisterwerk

ist ungewöhnlich, denn in Wahrheit handelt es sich um die Halde der Zentraldeponie. Auch hier also alles ein wenig speziell.

Dafür erreicht man ab Leipzig wunderbar einfach die **Lausitz** im Südosten Brandenburgs und im Osten von Sachsen. Auf der Bundesstraße 87 gelangt man zunächst nach **Torgau**. Die Übernachtung ist hier direkt am Elbufer möglich. Die Plätze sind zwar ein wenig schief, doch mit Blick auf das Wasser steht man direkt neben der sehenswerten Altstadt. Auf dem kurzen Weg dorthin passiert man das Denkmal der Begegnung, das an das denkwürdige Ereignis im Jahr 1945 erinnert, als die sowjetischen und amerikanischen Soldaten zum ersten Mal aufeinandertrafen. Gleich dahinter erhebt sich **Schloss Hartenfels**. Auch hier blickt man auf Außergewöhnliches, denn im Zwinger der Schlossanlage werden traditionell Bären gehalten. Allerdings muss die Frage erlaubt sein, ob diese Art von Tierhaltung im 21. Jahrhundert noch zeitgemäß ist oder ob man mit der Tradition brechen sollte.

Das macht die Tour einzigartig!

- Kreatives Leipzig
- Wasser-Freizeitparadiese
- Fürst-Pückler-Park

Auf den Bundesstraßen gelangt man noch weiter östlich mitten in die Lausitz rund um **Spremberg** hinein. Hier hat man eine wunderbare Auswahl an Sehenswürdigkeiten, Freizeitmöglichkeiten und Wohnmobilstellplätzen bzw. Campingplätzen. Zunächst wäre das **Lausitzer Seenland** zu nennen, das ebenfalls wie das bei Leipzig im Entstehen begriffen ist. Braunkohle hat auch hier riesige Löcher im Boden hinterlassen, die noch einige Jahre lang geflutet werden. Daraus wird die Lausitzer Seenkette entstehen, die aus neun Seen gebildet wird, die wiederum mit schiffbaren Kanälen untereinander verbunden sein werden. Einen guten Eindruck von der Landschaftsgestaltung bekommt man schon heute von dem 30 Meter hohen Aussichtsturm Rostiger Nagel, der mit seiner Form und Farbe an die einstige Industrie erinnern soll. Dieser erhebt sich inmitten der Seenlandschaft und praktischerweise befinden sich an den Ufern von Sedlitzer See, Partwitzer See, Senftenberger See und Geierswalder See gleich mehrere

Bautzen-Blick

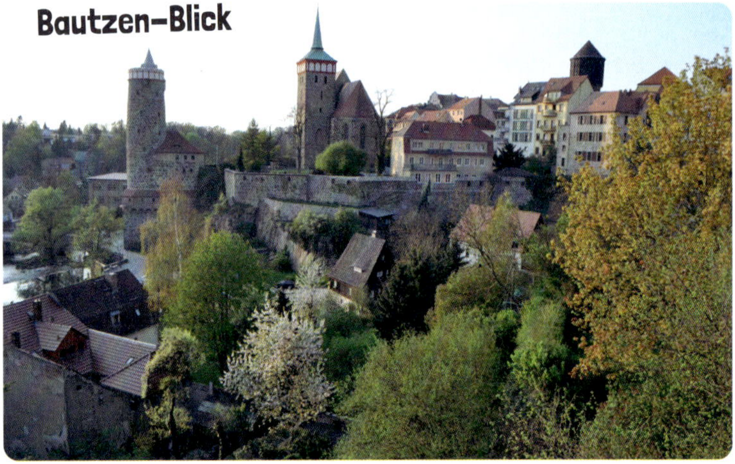

Wohnmobilstellplätze und Campingplätze, von denen aus man zu Fuß oder mit dem Rad zum Turm gelangt.

Nördlich der Seenlandschaft erreicht man über die B169 die Stadt **Cottbus**, die gleich zwei Stellplätze anbietet. Einer liegt am Tierpark, der andere etwas zentraler am Freizeitbad Lagune. Unmittelbar an der Grenze zum Nachbarland Polen befindet sich die kleinere Ortschaft **Bad Muskau**. Dort überquert man nicht nur die Neiße, um auf polnischer Seite den Stauraum des Wohnmobils mit Vorräten zu befüllen, sondern man wandelt auch durch den **Fürst-Pückler-Park**, der als Welterbestätte geschützt ist.

Vom Lausitzer Neuseenland kann man aber ebenso auf der von der Band Silbermond besungenen B96 nach Süden fahren. Dann erreicht man die Heimatstadt der erfolgreichen Pop-Rock-Band **Bautzen**. Sie ist historische Hauptstadt der Oberlausitz und sogleich das kulturelle Zentrum der sorbischen Minderheit in Deutschland. Daher sollte man sich nicht über die zweisprachige Beschilderung in der Stadt wundern. Die sehenswerte Altstadt von Bautzen, die von der Spree umflossen wird, besichtigt man am besten vom Campingplatz aus. Er liegt etwas außerhalb der Stadt und – natürlich passend zu dieser Campingtour – auch an einem künstlichen See. Die Talsperre Bautzen, die von der Spree mit Wasser gespeist wird, ist allerdings schon deutlich älter als die bisher bereisten Neuseenlandschaften. Der Campingplatz liegt am südlichen Ufer und verspricht eine ruhige Nacht in der Natur.

FAZIT

Das Stellplatzangebot zwischen Leipzig und der Lausitz ist stellenweise recht ungewöhnlich, aber durch den Strukturwandel auch sehr modern. Ob jeder Platz gefällt, ist fraglich, aber die Auswahl ist dafür enorm.

GUT ZU WISSEN

VON: Leipzig
BIS: Bautzen
LÄNGE: 280 Kilometer

GUTE NACHT

SP LEIPZIG Stöhrerstraße 3, 04347 Leipzig, Tel. (01 63) 7 41 56 48, www.stellplatz-leipzig.de (V+E, Strom)
SP GROSSPÖSNA Hafenstraße 1, 04463 Großpösna, Tel. (03 42 06) 77 50, www.lagovida.de (V+E, Strom)
SP TORGAU Pestalozziweg 15, 04860 Torgau
SP LAUSITZER SEENLAND 03103 Neu-Seeland (V+E, Strom)
CP BAUTZEN Nimschützer Straße 41, 02625 Bautzen, Tel. (0 35 91) 27 12 67, www.camping-bautzen.de

ABENTEUER
NATUR
FREIHEIT

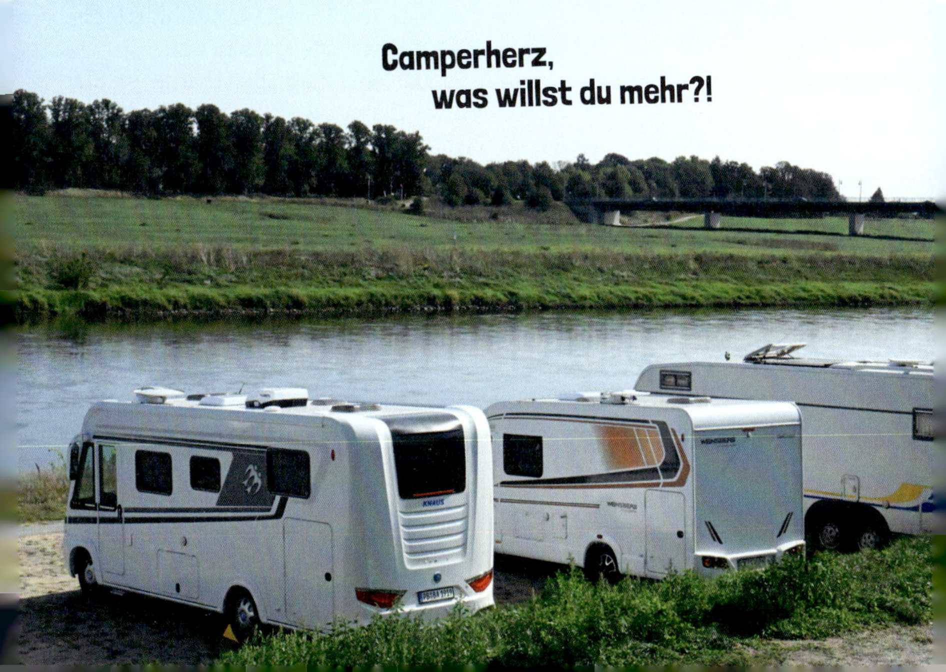

Die Schweiz in Sachsen

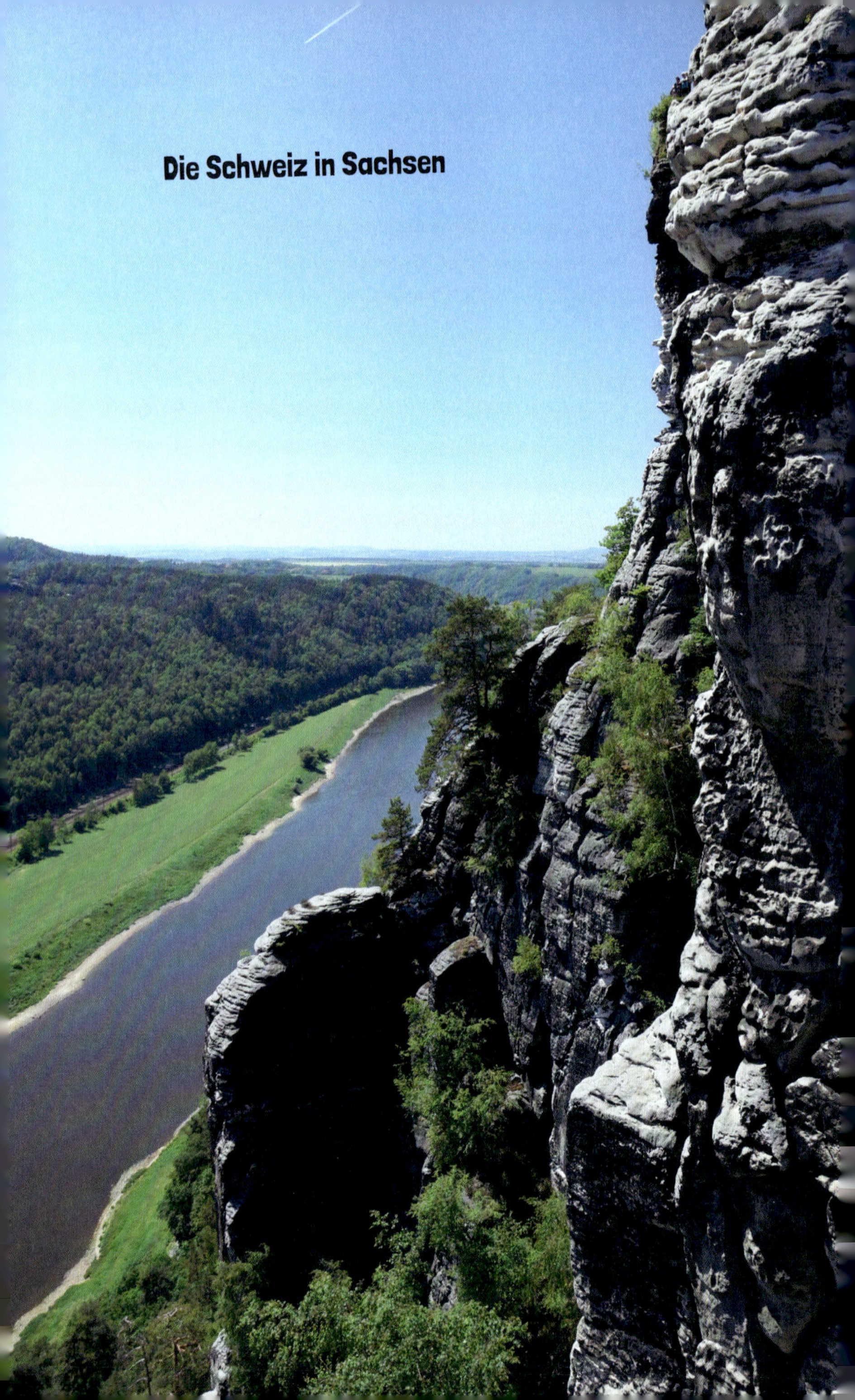

Eine wunderbare Kombination aus Städtetour und Naturvergnügen bietet die Sächsische Schweiz. Übernachtungsangebote in Dresden und Pirna erlauben urbane Kultur in sehenswerten Altstädten und ruhig gelegene Stell- und Campingplätze zwischen den Tafelbergen der Region bieten erstklassigen Wandergenuss ab dem Wohnmobil.

Der Wohnmobilstellplatz in **Dresden** ist zwar keine Schönheit, aber unschlagbar, wenn es um die Nähe zur Altstadt geht. Ganze zehn Minuten Fußweg ist der Striezelmarkt vom Stellplatz entfernt. Nur ein wenig weiter ist es bis zum Neumarkt, wo sich die wiederauf-

Elbsandsteingebirge

Zwischen Felsen und Wasserfällen

gebaute **Frauenkirche** erhebt und wo man durch den Dresdner Stallhof zur Hofkirche, zur Semperoper und zum Dresdner Zwinger mit seiner Gemäldegalerie Alter Meister gelangt.

Anschließend kann man die Brücke an der Hofkirche überqueren und zum anderen Elbufer gelangen, wo sich bis zum Albertplatz auch die Dresdner **Neustadt** erstreckt. Auf dem Weg dorthin sollte man übrigens auch die Dreikönigskirche aufsuchen. Ihr begehbarer Turm bietet die Möglichkeit, einen wunderbaren Blick auf die Skyline Dresdens am südlichen Elbufer zu erhaschen.

Nur eine kurze Wohnmobilfahrt ist es auf der Autobahn 17, bis man die nächste Stadt erreicht: **Pirna** gilt als das Tor zur Sächsischen Schweiz und bietet einen kleinen, engen Stellplatz gegenüber der Altstadt sowie einen ebenfalls engen Platz auf Kopfsteinpflaster am Schloss an. Gleich nachdem man sein Wohnmobil geparkt hat, sollte man einen Blick in die kleine, aber gemütliche Altstadt werfen, die sich zentral und mit fast rechtwinkligen Straßenzügen rund um den Marktplatz und das Rathaus erstreckt. Nur wenige Schritte sind es zur spätgotischen Kirche St. Marien, die im Inneren ein prächtiges Gewölbe präsentiert. Am Rande der Altstadt erhebt sich ein Felsplateau, auf dem das **Schloss Son-**

INFO

Das Elbsandsteingebirge ist das Land der Treppen: Allein zum Aussichtspunkt Brand sind es mehr als 800 Stufen, durch die Schwedenlöcher führen insgesamt 900.

nenstein über Pirna zu wachen scheint. Erstmalig erwähnt wurde eine Festung bereits Mitte des 13. Jahrhunderts. Mehrfach war die Burg umkämpft, so unter anderem im Dreißigjährigen Krieg und Anfang des 19. Jahrhunderts bei der Eroberung durch napoleonische Truppen. Zu dieser Zeit wurde Schloss Sonnenstein bereits als Heilanstalt genutzt. Traurige Berühmtheit erlangte der Ort unter der Nazi-Diktatur, als in den Räumen des Schlosses unzählige psychisch Kranke und geistig behinderte Menschen getötet wurden. Heute erinnert eine Gedenkstätte an diese Verbrechen.

Über die Bundesstraße 172 gelangt man schließlich in das Elbsandsteingebirge bzw. in die **Sächsische Schweiz.** Sie besticht durch mehrere Tafelberge, die sich allesamt bei einer Wanderung besteigen lassen und beste Ausblicke auf die in Deutschland einmalige Landschaft ermöglichen. Mitten zwischen diesen Bergen windet sich die Elbe nordwärts und bildet dabei ein wunderschönes Tal. Rechts der Elbe, also am östlichen Ufer, sind weite Teile der Landschaft als Nationalpark geschützt. Doch bevor man diesen erreicht, trifft man bei seiner Fahrt in die Region zunächst auf den ersten Tafelberg, den **Königstein,** der mit der gleichnamigen Festung auf dem Gipfelplateau auffällt.

Die beeindruckende Anlage besteht aus mehreren Dutzend Bauwerken. Umgeben sind diese von einem massiven Wallgang.

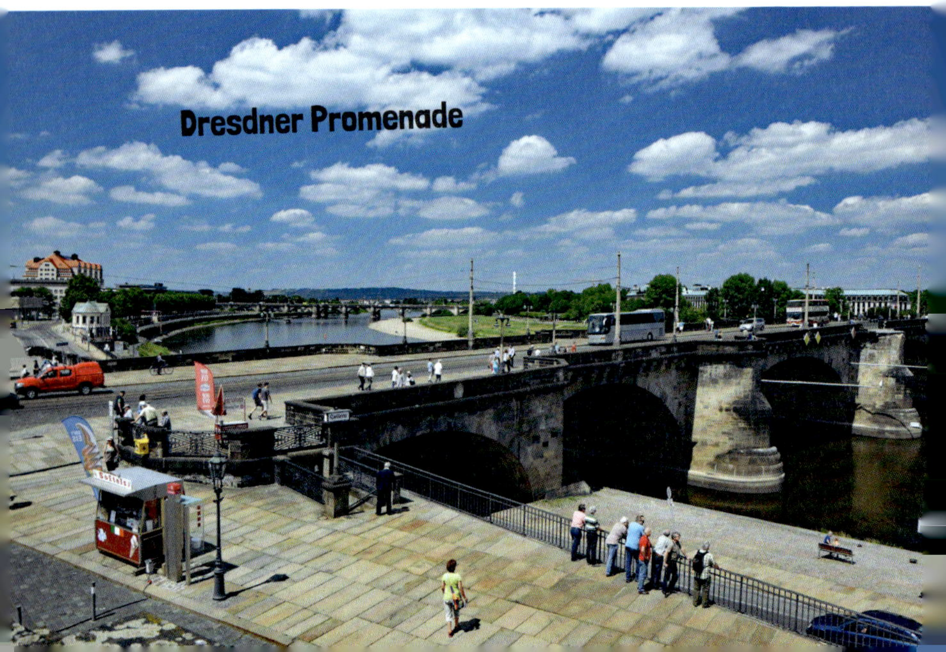

Dresdner Promenade

Um nur diesen alleine abzuschreiten, würde man bereits 1800 Meter Wegstrecke zurücklegen. Immer wieder wird man dabei aber unweigerlich anhalten, um den fantastischen Ausblick auf das tief unten gelegene Elbtal und über das Elbsandsteingebirge zu genießen. Erreicht werden kann das Plateau über einen steilen Aufstieg durch das wuchtige Eingangsportal oder über einen modernen Panoramafahrstuhl, der an der felsigen Plateauwand bis zum Wallgang hinaufführt. Ein genaues Datum der Grundsteinlegung ist nicht bekannt, jedoch wurde die Festung erstmalig im frühen 13. Jahrhundert erwähnt. Aus dieser Zeit stammt auch die Burgkapelle, die als das älteste Bauwerk auf dem Gelände gilt. Bekannt ist die Festung Königstein zudem auch für den über 150 Meter tiefen Brunnen aus dem 16. Jahrhundert, der zu den **tiefsten Burgbrunnen Europas** zählt.

Das macht die Tour einzigartig!

- **Kult(ur)stadt Dresden**
- **Europas tiefster Burgbrunnen**
- **Die berühmte Basteibrücke**

Mehrere Campingplätze und einige Wohnmobilstellplätze, so zum Beispiel in **Struppen**, bieten wunderbare Übernachtungsmöglichkeiten für Camper an. Wer einen besonderen Ausblick und gleichzeitig einen idealen Ausgangspunkt für Wanderungen wünscht, sollte den Campingplatz Königstein am Ufer der Elbe aufsuchen. Dort blickt man am Abend auf den ebenfalls markanten Lilienstein auf der gegenüberliegenden Talseite, während man sich am nächsten Morgen auf den Weg zu einer Wanderung zum **Pfaffenstein** macht. Dort erlebt man unter anderem eines der Wahrzeichen der Region, die Barbarine. Diese freistehende, fast 43 Meter hohe Felsnadel wurde 1905 zum ersten Mal bestiegen. Das Klettern an der **Barbarine** ist heute jedoch nicht mehr möglich. 1978 wurde die Barbarine als Naturdenkmal ausgewiesen.

Weiter flussaufwärts überspannt die Bundesstraße die Elbe und man erreicht **Bad Schandau**. Die langgestreckte Ortschaft mit ihrem quirligen Zentrum beherbergt nicht nur das Nationalparkzentrum, sondern ist auch Ausgangspunkt für eine Fahrt in das malerische **Kirnitzschtal**. Man kann entweder mit dem Wohnmo-

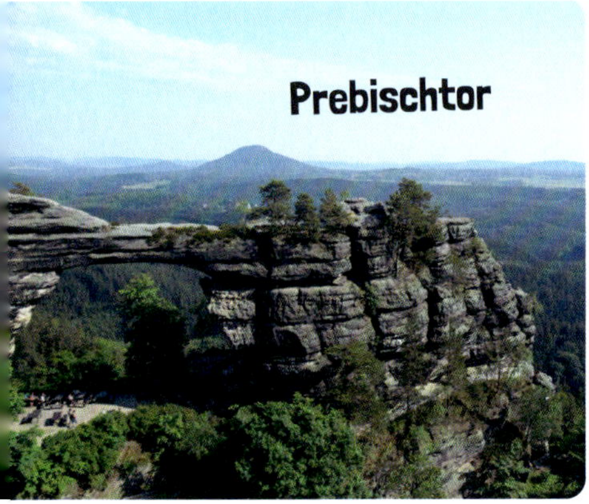
Prebischtor

bil bis zum Campingplatz Ostrauer Mühle fahren oder man steigt in die Kirnitzschtalstraßenbahn ein. Diese Überlandstraßenbahn fährt rund acht Kilometer durch das Tal und bringt einen zum beliebten **Lichtenhainer Wasserfall,** wo man gleich im Gasthaus nebenan einkehren kann.

Auf dem **Malerweg,** auf dem man die Region in sechs Tagesetappen vollständig durchquert, gelangt man zum Beispiel zu den Schrammsteinen, die mit spektakulären Aussichten den anstrengenden Aufstieg belohnen. Innerhalb des Nationalparks kann man natürlich auch zum **Kuhstall** wandern, bei dem es sich um ein sehenswertes Felsentor handelt. Hier bewegt man sich übrigens in Einbahnstraßenmanier fort, weil der schmale Weg auf der Metallleiter hinauf auf den Kuhstall keinen Gegenverkehr zulässt. Tolle Felsentore gibt es aber auch auf der tschechischen Seite des Elbsandsteingebirges. Das **Prebischtor** (Pravčická brána) ist ein aus Sandstein geformter schmaler Bogen, der Größte seiner Art in Europa. Und wenn man schon in Tschechien ist, kann man dort auch übernachten. Der privat betriebene kleine Wohnmobilstellplatz am **Schneeberg** ist eine Ruheoase mit freundlichem Besitzer. Dieser hängt nämlich jeden Morgen frische Brötchen an den Außenspiegel – kostenlos.

Auf dem Rückweg nach Deutschland bleibt schließlich noch das Wahrzeichen des Elbsandsteingebirges überhaupt. Die Basteibrücke im gleichnamigen **Basteigebirge** ist ein beliebtes Ausflugsziel und Fotomotiv. Um das mitten in den schroffen Felsen errichtete Bauwerk am besten zu erleben, sollte man daher entweder sehr spät oder sehr früh vor Ort sein. Am besten noch vor dem Sonnenaufgang, wenn die Felswände in das rötliche Licht der Morgendämmerung getaucht werden. Um diesen Moment zu erleben, bietet sich der Reisemobilpark Bastei an, von dem aus man in etwas mehr als einer halben Stunde Fußweg das Basteigebiet erreicht. Für den Abschluss einer Wohnmobilreise durch die Sächsische Schweiz einfach ein Traum.

FAZIT

Das Elbsandsteingebirge erlebt man natürlich am besten auf den vielen Wanderwegen, die durch die sehenswerten Felsformationen führen. Wie gut, dass es eine größere Auswahl an Stell- und Campingplätzen gibt, von denen man direkt zu Fuß durchstarten kann.

GUT ZU WISSEN

16

VON: Dresden
BIS: Hohnstein
LÄNGE: 50 Kilometer

GUTE NACHT

SP DRESDEN Zinzendorfstraße 1, 01069 Dresden, Tel. (03 51) 4 85 99 00, www.wohnmobil-dresden.de (V+E, Strom)
SP PIRNA Uferweg, 01796 Pirna
SP STRUPPEN Kirchberg 20, 01796 Struppen, Tel. (03 50 20) 17 96 02, www.camping-stellplatz-struppen.de (V+E, Strom)
SP BASTEI Rathewalde, 01848 Hohnstein (V+E, Strom)
SP SCHNEEBERG Sněžník 124, 405 02 Jílové, Tschechien, www.stpl-sneznik.cz (V+E, Strom)

ABENTEUER 5/5
NATUR 4/5
FREIHEIT 3/5

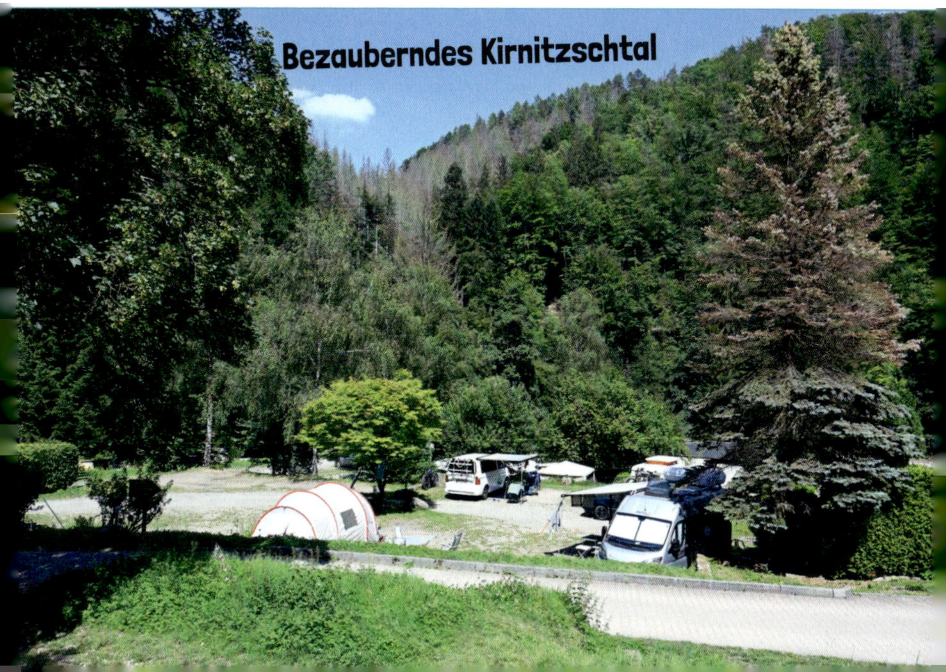

Bezauberndes Kirnitzschtal

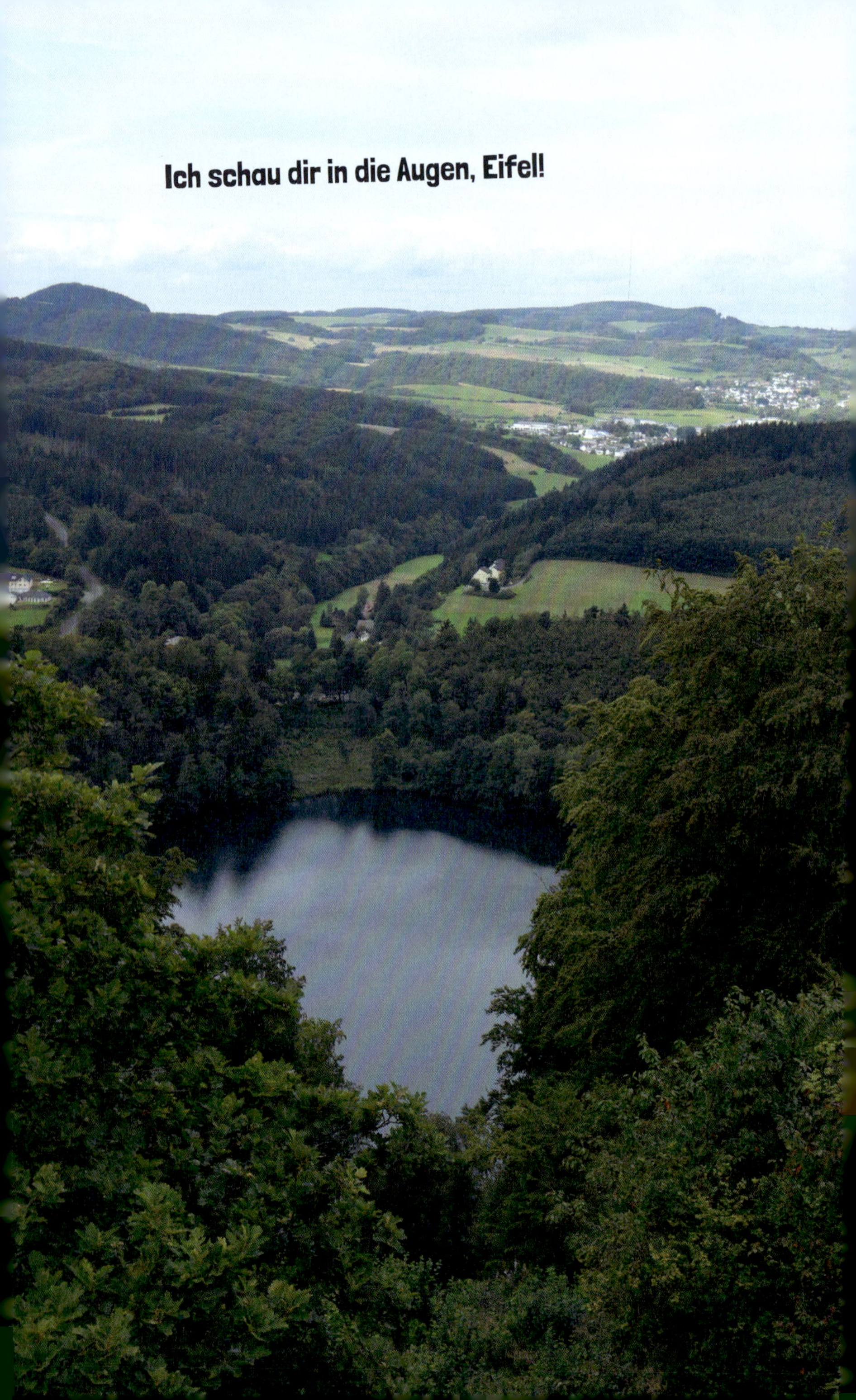
Ich schau dir in die Augen, Eifel!

Die oftmals unterschätzte Eifel bietet aus touristischer Sicht mehr als nur eine sanfte Hügellandschaft. Maare, an denen sich heute Stellplätze und Campingplätze befinden, erinnern an die explosive Vulkanvergangenheit und malerische Ortschaften wie Monschau sowie traumhafte Landschaften im Nationalpark Eifel laden zum längeren Verweilen ein.

Der Begriff Wildnis mag übertrieben erscheinen. Doch ganz so abwegig ist die Bezeichnung nicht. Selbst der **Nationalpark Eifel** nennt seinen schönsten Wanderweg **Wildnis-Trail.** Dieser bietet nicht nur tagsüber ferne Panoramablicke. Auch nach Sonnen-

Eifel

Erlebnistour durch die Wildnis

untergang entwickelt sich der Nationalpark zu einem Wildnis-Areal, denn er ist gleichzeitig **Internationaler Sternenpark.** Das bedeutet, dass durch möglichst wenig Lichtverschmutzung freier Blick zur Milchstraße besteht. Und wenig Lichtverschmutzung gibt es nur dort, wo besiedelte Flächen eher unbekannt sind – in der Wildnis. Der Nationalpark soll auch direkt Ausgangspunkt für die Campingreise durch eine spannende Region werden. Am besten steuert man zunächst den Rursee an, der von mehreren Campingplätzen flankiert wird.

Der Nationalpark umfasst im Wesentlichen den bewaldeten Höhenzug **Kermeter** sowie weiter südlich die **Dreiborner Hochfläche.** Eingerichtet wurde er am 1. Januar 2004 und war damit der 14. Nationalpark Deutschlands. Zum damaligen Zeitpunkt war die Dreiborner Hochfläche noch für die Öffentlichkeit gesperrt und wurde als Truppenübungsplatz der Belgier genutzt. Mittlerweile ist das Militär verschwunden und Wanderwege durchziehen das Areal, das von einer Offenlandschaft mit unzähligen Ginsterbüschen geprägt ist. Der Eifelsteig verläuft einmal quer durch den Nationalpark und präsentiert sich hier von einer seiner schönsten Seiten. Der **Rurstausee** ist der zweitgrößte Stausee in Deutschland, nur die Bleichlochtalsperre in Thüringen überbietet sein Volumen. Der in den 1930er-Jahren errichtete Staudamm erhielt in den 1950er-Jahren seine aktuelle Höhe von 77 Metern. Heute handelt es sich um ein Gewässersystem, bestehend aus Rursee, Urftsee und Obersee. Bis auf den Obersee sind diese Seen für Wassersportler zugelassen. Darüber hinaus verkehren dort auch die Schiffe der Rurseeschifffahrt.

INFO

Wer es scharf mag, kann sich in der Monschauer Senfmühle mit Geschmacksexplosionen für unterwegs eindecken.

Oberhalb der Seen erstreckt sich die wunderbare Wanderregion der Dreiborner Hochfläche, wo sich der Wohnmobilpark **Vogelsang** als äußerst praktischer Ausgangspunkt herausstellt. Die Dreiborner Hochfläche kann erst seit dem Jahr 2006 betreten werden. Die ehemals militärisch genutzten Flächen sind heute Offenlandschaften und besonders im Mai sehenswert, wenn der mittlerweile hier weit verbreitete Ginster blüht. Ein großes Manko ist jedoch die weiterhin eingeschränkte Begehbarkeit der Fläche. Sie ist durch die jahrzehntelange Nutzung als militärischer Übungsplatz stark mit Munitionsaltlasten verseucht. Daher wird man bei einer Wanderung über die Hochfläche immer wieder auf Absperrungen treffen, die nicht nur davor warnen, die befestigten Wege zu verlassen, sondern es auch verbieten. Flora und Fauna finden hier ein sicheres Rückzugsgebiet und so ist es mit viel Geduld und Ruhe möglich, Rotwild und Füchse aus geeig-

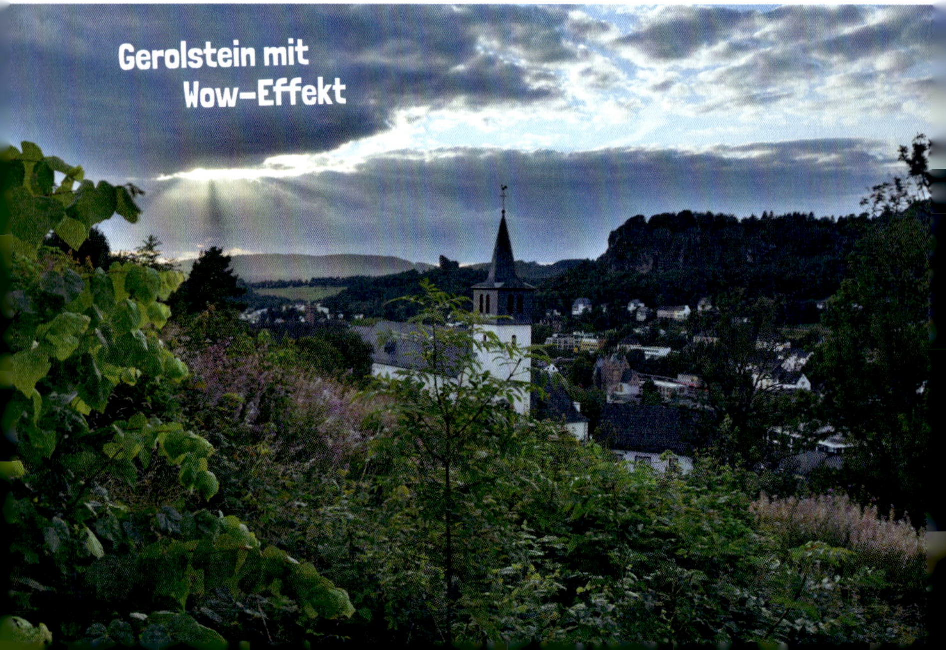

neter Entfernung zu beobachten. Bei einer Wanderung gelangt man auch zur Wüstung **Wollseifen.** Der Ort wurde erst durch die Kämpfe zwischen der Wehrmacht und den vorrückenden alliierten Einheiten stark beschädigt und musste dann nach dem Krieg dem Truppenübungsplatz weichen. Von den Häusern des Dorfes ist nichts mehr geblieben. Die St.-Rochus-Kirche, die den Krieg fast unversehrt überstanden hatte, brannte durch Truppenübungen 1947 komplett aus. Der Truppenübungsplatz wurde im Jahr 2005 aufgegeben. Seither wurde die Ruine der Kirche restauriert, man legte Wanderwege an und brachte in den einstigen Straßen Wollseifens Straßenschilder an, um die Geschichte des Dorfes lebendig zu halten.

Das macht die Tour einzigartig!

- Sternenklare Nächte
- Der zweitgrößte Stausee
- Vulkane und Maare

Südwestlich des Nationalparks findet sich mit **Monschau** die sogenannte Perle der Eifel. Leider ist der Wohnmobilstellplatz weniger eine Perle als ein Parkplatz direkt neben der Bundesstraße. Aber in wenigen Gehminuten erreicht man von dort das malerische Stadtzentrum. Von der Fläche her ist die Altstadt von Monschau recht überschaubar. Aber hier gibt es viel zu entdecken und zu genießen und sei es „nur“ die Atmosphäre zwischen den hübschen Fachwerkhäusern. In Zahlen sind es über 300 Gebäude, die auf Monschauer Gebiet unter Denkmalschutz stehen. Die Rur, die sich in einer weiten Schleife durch die Altstadt windet, dominiert das Bild des kleinen Städtchens. Ein besonders beliebtes Fotomotiv hat man von der Fußgängerbrücke an der Kirche, wenn man nach Norden blickt: das Rote Haus auf der linken Seite, im Hintergrund die Fachwerkhäuser, die sich auf dem felsigen Gestein bis an das Rurufer heranwagen, und gleich darüber am bewaldeten Hang die Ruine vom Haller.

Man muss in den hiesigen Eifelorten nicht extra darauf hingewiesen werden, die vielen zum Teil meterhohen Hecken fallen sofort ins Auge. Besonders aus Monschau-Höfen, Kalterherberg, Mützenich und Imgenbroich ist die sogenannte Monschauer **Heckenlandschaft** nicht mehr wegzudenken. Bis zu zehn Meter kön-

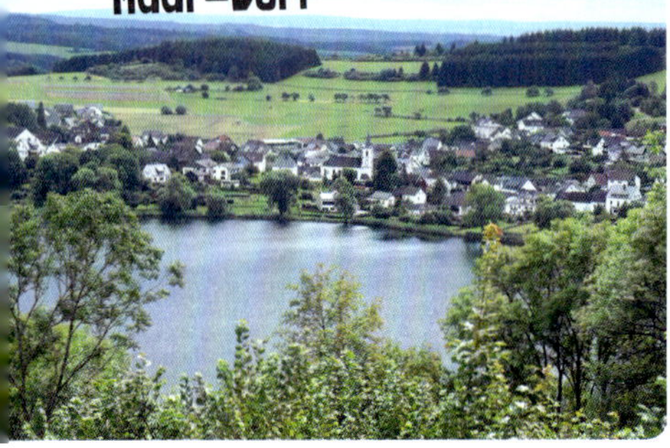

Maar-Dorf

nen die Hecken in die Höhe wachsen und ragen damit sogar weit über das Dach des vorbeifahrenden Wohnmobils hinaus. Mit einer Dicke von bis zu einem Meter und Längen, die schon mal bis zu 40 Meter betragen können, wirken sie wie eine wuchtige grüne Wand. Entstanden sind die Hecken als Windschutz. Denn die Ortschaften befinden sich auf baumlosen Hochflächen östlich des Hohen Venns, über das im Winter der starke Westwind fegt. Die Ortschaft Kalterherberg trägt ihren Namen nicht ohne Grund.

Auch viel weiter südlich zeigt sich die Eifel von einer sehr interessanten Seite. Vor 50 Millionen Jahren flossen dort blubbernde Lavaströme und Vulkanausbrüche formten die Eifel, so wie wir sie heute kennen. Die **Vulkaneifel** ist geprägt von Basaltsäulen, verschiedenen Erdschichtungen und den berühmten Maaren, die durch Gasdampfexplosionen entstanden. Die letzte davon fand vor rund 11.000 Jahren statt. Das klingt nach einer sehr langen Zeit, ist erdgeschichtlich aber weniger als ein Wimpernschlag. Daher gilt die Vulkaneifel auch heute noch als aktiv. Um über die Region zu informieren und sie erlebbar zu machen, wurde 2005 der Geopark Vulkanland Eifel eingerichtet. Er erstreckt sich von der belgischen Grenze bis zum Rhein im Osten. Eine schöne Art, die Vulkanologie und ihre Folgen kennenzulernen, bietet sich auch über die touristische Straße **Deutsche Vulkanstraße.** Sie verläuft rund 280 Kilometer durch die Eifel und beginnt am Laacher See, dem jüngsten Maar. Von der dortigen Abtei **Maria Laach** führt die Straße zu zahlreichen geologischen Erscheinungen und über den höchsten Berg der Eifel, die **Hohe Acht,** bis zu den Maaren in **Daun** und **Manderscheid.** Der Wohnmobilstellplatz am Pulvermaar bietet sich für Übernachtungen an. Hier kann man nicht nur vom Kraterrand in die Ferne blicken, sondern das fast kreisförmige Maar bei einem abendlichen Spaziergang umrunden. Auch **Gerolstein,** knapp 20 Kilometer weiter nordwestlich, besitzt einen gemütlichen Stellplatz, von dem aus man in das Stadtzentrum und zum Papenpaulkrater gelangt.

FAZIT

Die Eifel bietet eine abwechslungsreiche Landschaft mit interessanten Eindrücken und erstaunlich vielen einladenden Wohnmobilstellplätzen und Campingplätzen.

GUT ZU WISSEN

VON: Rurstausee
BIS: Gerolstein
LÄNGE: 140 Kilometer

GUTE NACHT

SP VOGELSANG 53937 Schleiden, www.eifel-wohnmobilpark-vogelsang.de (V+E, Strom)
SP PULVERMAAR Vulkanstraße, Auf der Maarhöhe, 54558 Gillenfeld (Strom)
SP GEROLSTEIN Raderstraße, 54568 Gerolstein (V+E, Strom)
CP RURSEE Seerandweg 26, 52152 Simmerath, Tel. (0 24 73) 23 65, www.camping-rursee.de
SP MONSCHAU B 258, 52156 Monschau

ABENTEUER
NATUR
FREIHEIT

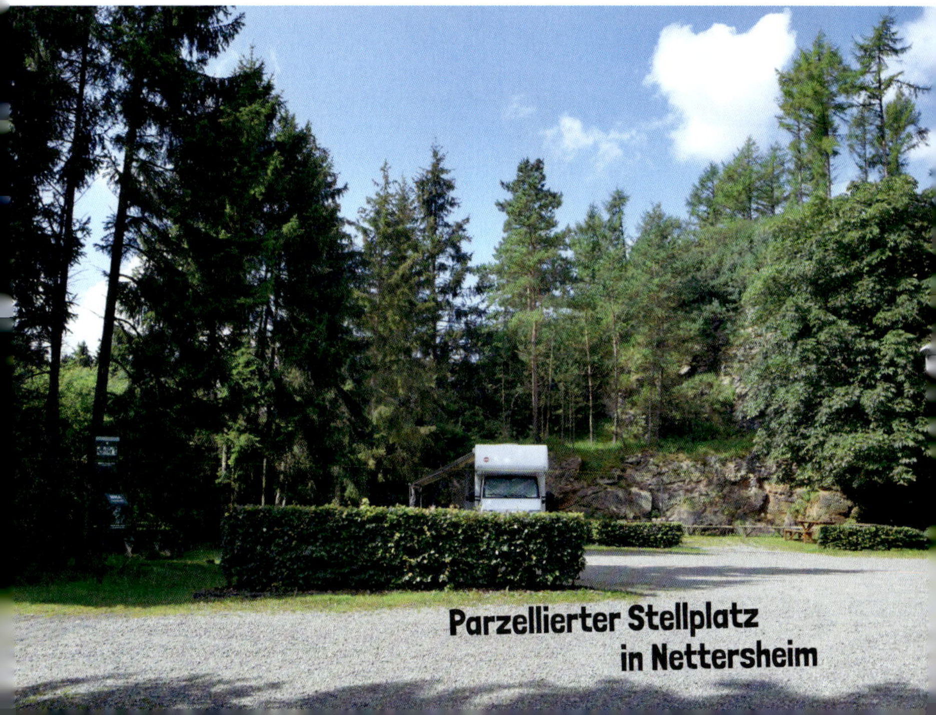

Parzellierter Stellplatz in Nettersheim

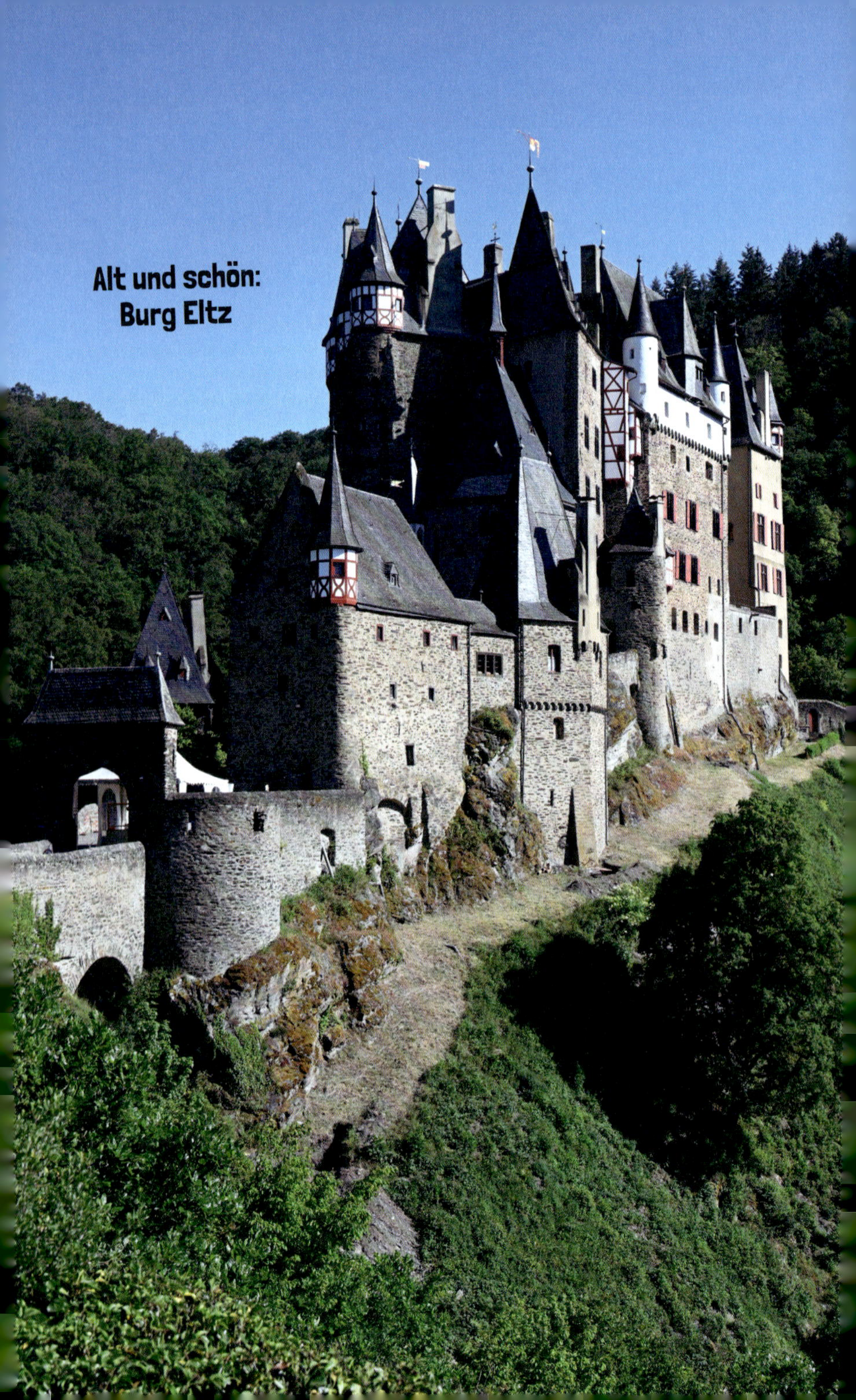
Alt und schön:
Burg Eltz

Wer Wein mag, wird das Moseltal lieben. Zwischen Koblenz und Trier windet sich der Fluss in engen Schleifen und bietet rund 80 Wohnmobilstellplätze und Campingplätze auf engstem Raum. Von jedem dieser Plätze aus ist die nächste Weinstube bzw. Straußwirtschaft schnell zu erreichen. Die Mosel ist ein wahres Eldorado für Wohnmobilisten.

Die Reise entlang der Mosel beginnt ausgerechnet dort, wo der Fluss sein Ende findet – am Deutschen Eck in **Koblenz.** In bester Lage übernachtet man an der Moselmündung entweder im Knaus Campingpark oder auf dem davorliegenden, wesentlich kleineren

Mosel

Wo weinliebhabende Wohnmobilisten weilen

Wohnmobilstellplatz. Damit hat man gleich einen wunderbaren Einstieg in die Mosel, denn der Blick vom Stellplatz reicht über die letzten Meter der Mosel direkt bis zum Reiterstandbild am Deutschen Eck. Mit der kleinen Personenfähre, die unmittelbar vor den Wohnmobilen ablegt, gelangt man schnell und unkompliziert zum südlichen Moselufer, wo man in wenigen Schritten die Koblenzer Altstadt erreicht. Einen besonders schönen Blick auf die Moselmündung hat man von weiter oben und zwar von der **Festung Ehrenbreitstein** am rechten Rheinufer. Erreichen lässt sich das Festungsplateau mit der Seilbahn, die den Rhein überspannt. Sowohl von der Terrasse der Festung als auch vom Aussichtsturm im Festungspark liegen einem beide Flüsse zu Füßen.

Die Fahrt mit dem Wohnmobil durch das Moseltal ist bezaubernd einfach. Fast durchgehend ist die Mosel bis zur Grenze bei Luxemburg auf beiden Seiten befahrbar. Zumindest an einem der beiden Ufer wird der Fluss ständig von einer breiten, gut ausgebauten Bundesstraße begleitet. Den ersten Zwischenstopp sollte man spätestens bei **Moselkern** einlegen. Dort endet das Eltztal als Seitental der Mosel direkt an einem Campingplatz. Dieser ist wiederum ein sehr guter Ausgangspunkt für eine Wanderung in das Eltztal hinein. Belohnt wird die relativ einfache Tour mit dem Ausblick auf die malerisch gelegene **Burg Eltz**. Sie präsentiert sich stolz und in abgeschiedener Lage in dem grünen Tal auf einem Felssporn, der wiederum vom kleinen Elzbach umflossen wird. Alternativ kann man übrigens auch viel näher an der Burg übernachten. Oberhalb von **Müden** ist ein Wanderparkplatz über eine Serpentinenstraße zu erreichen. Auf diesem gibt es zwar keinerlei Ausstattung, aber die Übernachtung ist kostenpflichtig erlaubt und in Waldrandlage überaus ruhig und angenehm. Auch von hier kommt man wandernd zu Burg Eltz.

INFO

Im 12. Jahrhundert erbaut, ist die Burg Eltz bis heute in Familienbesitz.

Apropos Burg: Auch die Reichsburg thront stolz in der Höhe, allerdings oberhalb der Mosel und der Stadt **Cochem**, die ein ebenfalls beliebtes Reise- und Ausflugsziel nicht nur für Wohnmobilisten ist. Den langgestreckten Wohnmobilstellplatz direkt am Moselufer muss man mögen. Direkt neben der Straße ist von Ruhe dort nichts zu spüren und er kann lediglich mit seiner Lage direkt neben der quirligen Altstadt punkten. Angenehmer wird die Nacht auf dem anderen Moselufer, wo man mit einem kurzen Fußmarsch vom Mosel Camping ebenfalls leicht in die Altstadt von Cochem gelangt. Der Platz liegt außerdem in fußläufiger Nähe zum Bundesbankbunker, wo im Kalten Krieg heimlich Geldreserven gelagert wurden.

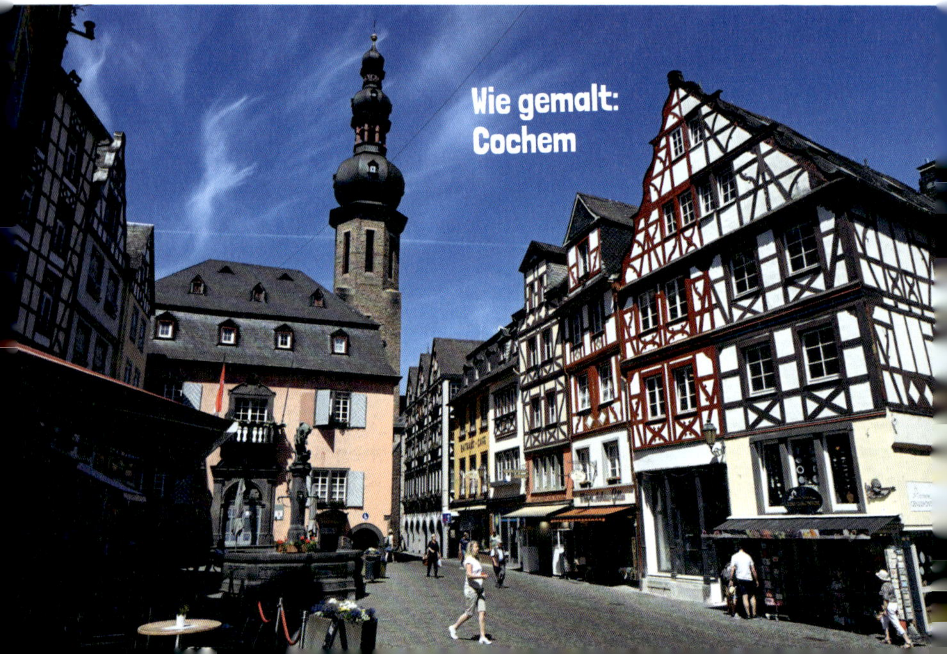

Wie gemalt: Cochem

Hinter Cochem folgt man der Bundesstraße 49 durch das Moseltal, das von nun an enge Schleifen bildet und von hohen Berghängen flankiert wird. Diese präsentieren sich mit einer Vielzahl an Weinbergen, von denen zwischen Ediger-Eller und Bremm der spannendste Weinberg in die Höhe ragt. Er liegt am nördlichen Moselufer, trägt den Namen **Calmont** und ist der steilste Weinberg in ganz Europa. Wagemutige können ab der Eisenbahnbrücke bei Ediger-Eller auf dem Calmont-Klettersteig den Weinberg noch viel näher kennenlernen. Doch Obacht, der Klettersteig wird nicht umsonst als „Rundweg Todesangst“ bezeichnet. Trittsicherheit, Schwindelfreiheit, festes Schuhwerk und gute Kondition sind zwingend notwendig. Stellenweise wandert man nur auf Metallstiften, die in die steile Schieferwand geschlagen wurden. So mancher Wanderer, der sich zu viel zutraute, musste schon von der Höhenrettung aus dem Calmont geholt werden.

Das macht die Tour einzigartig!

- Die Zwei-Flüsse-Stadt
- Europas steilster Weinberg
- Urige Straußwirtschaften

Kleine Ortschaften wie **Neef, St. Aldegund** und **Zell** folgen auf der weiteren Reise durch das Moseltal und verlocken allesamt mit Wohnmobilstellplätzen, die einen direkten Blick auf das Wasser ermöglichen. In der Regel sind Straußwirtschaften, in denen Wein verköstigt wird, nur fußläufig vom Wohnmobil entfernt. Der Wohnmobilstellplatz von **Traben-Trarbach** liegt zwar außerhalb dieses berühmten Weinortes, aber dennoch nur zehn Minuten Fußweg vom Wahrzeichen der Stadt entfernt. Das Brückentor bildet den südlichen Abschluss der Moselbrücke und ist gleichzeitig Ausgangspunkt für einen Rundgang durch die kleine Altstadt unterhalb der Ruine Grevenburg.

Zwei Moselschleifen später unterquert man mit dem Wohnmobil eines der neueren Bauprojekte im Moseltal. Auf der umstrittenen Hochmoselbrücke verbindet seit 2019 die Bundesstraße 50 die Eifel mit dem Hunsrück. Mit ihrer Höhe von 158 Metern ist sie die zweithöchste Brücke Deutschlands. Wenig später erreicht man **Bernkastel-Kues.** Das Wohnmobil stellt man hier

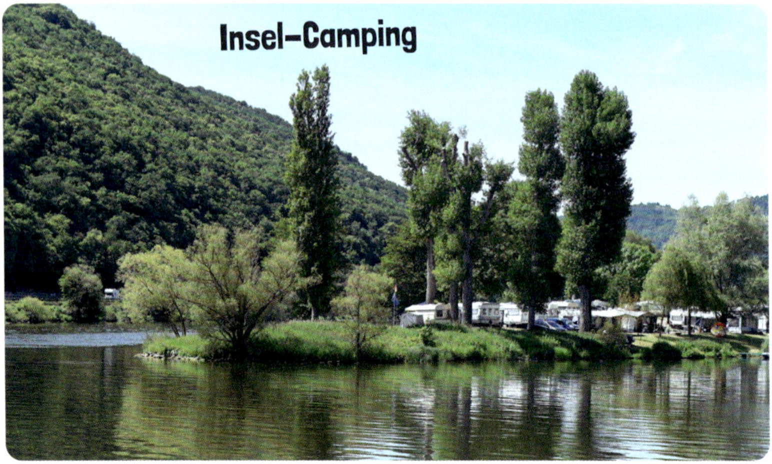

am Ortsrand auf dem Campingplatz ab, der auf einer Halbinsel gelegen ist. Danach geht es dann in die Stadt hinein, die abermals mit einem gemütlichen Zentrum und zahlreichen Einkehrmöglichkeiten lockt. Besonders der Marktplatz ist eine kleine Sehenswürdigkeit für sich. Zu Fuß oder mit dem Shuttlebus kann man schließlich zur Burg Landshut gelangen, die zwischen den Weinbergen weit oberhalb von Bernkastel-Kues thront.

Brauneberg, Wintrich, Minheim sind allesamt Ortschaften, die entlang des Flussufers großzügige Wohnmobilstellplätze anbieten, die es ermöglichen, am Abend bei einem Glas Wein gemütlich auf das vorbeiziehende Wasser zu blicken. Mit Pölich und **Mehring** lässt man so langsam das Tal der Mittelmosel hinter sich. Die engen Moselschleifen enden zwar, doch die Sehenswürdigkeiten noch lange nicht. In Mehring lässt sich zum Beispiel eine rekonstruierte römische Villa besichtigen. Auf Spuren der Römer trifft man ohnehin im gesamten Moseltal. Sie waren es immerhin, die den Wein an die Mosel brachten. Spätestens in **Trier** kommt man nicht mehr umhin, einen Blick in die römische Geschichte an der Mosel zu werfen. Die Römerbrücke, die noch heute die Mosel überspannt, gilt als die älteste Brücke Deutschlands. Mit dem Wohnmobil kann sie dennoch sicher befahren werden. Praktisch, denn so gelangt man zum Wohnmobilstellplatz Treviris. Vom Platz aus ist die Altstadt zu Fuß entlang der Mosel gut erreichbar. Die Porta Nigra und der Dom sind natürlich die Hauptsehenswürdigkeiten.

FAZIT

Mit der Mosel macht man nichts falsch. Allerdings kommt man mit dem Wohnmobil selten vom Flussufer weg. Wer die tollen Aussichten auf das Moseltal genießen möchte, sollte durch die Weinberge auch mal nach oben wandern.

GUT ZU WISSEN

VON: Koblenz
BIS: Trier
LÄNGE: 160 Kilometer

GUTE NACHT

CP KOBLENZ Schartwiesenweg 6, 56070 Koblenz, Tel. (02 61) 8 27 19, www.knauscamp.de
SP MÜDEN/ELTZ 56294 MÜDEN
SP NEEF Kloster-Stuben-Straße, 56858 Neef (V+E, Strom)
SP WINTRICH Moselstraße 24, 54487 Wintrich, Tel. (0 65 34) 86 28, www.moselstellplatz-wintrich.de (V+E, Strom)
SP TRIER Luxemburger Straße 81, 54294 Trier, Tel. (06 51) 8 69 21, www.camping-treviris.com (V+E, Strom)

ABENTEUER
NATUR
FREIHEIT

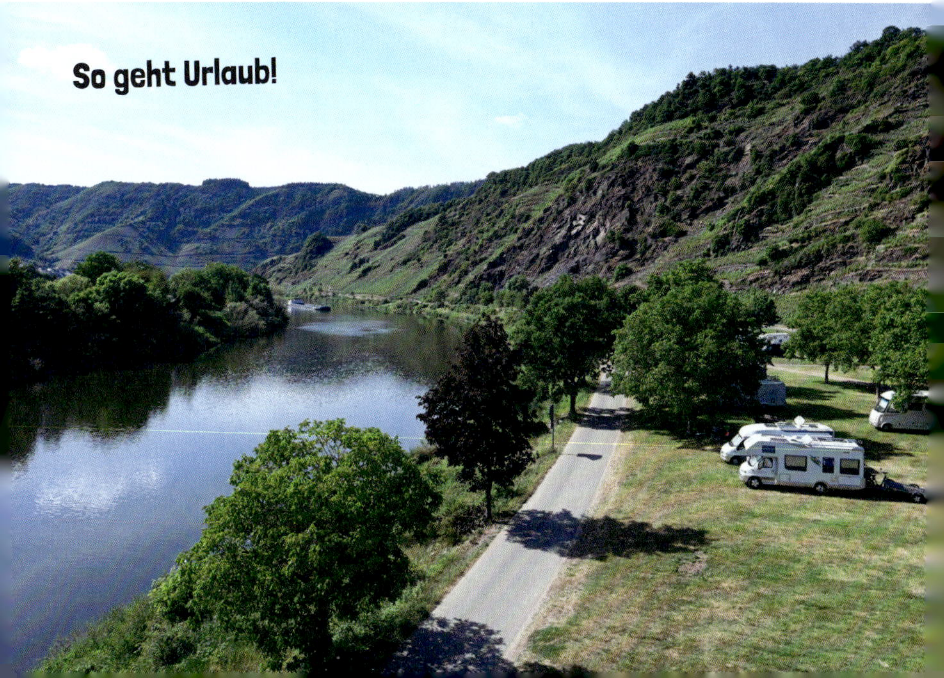

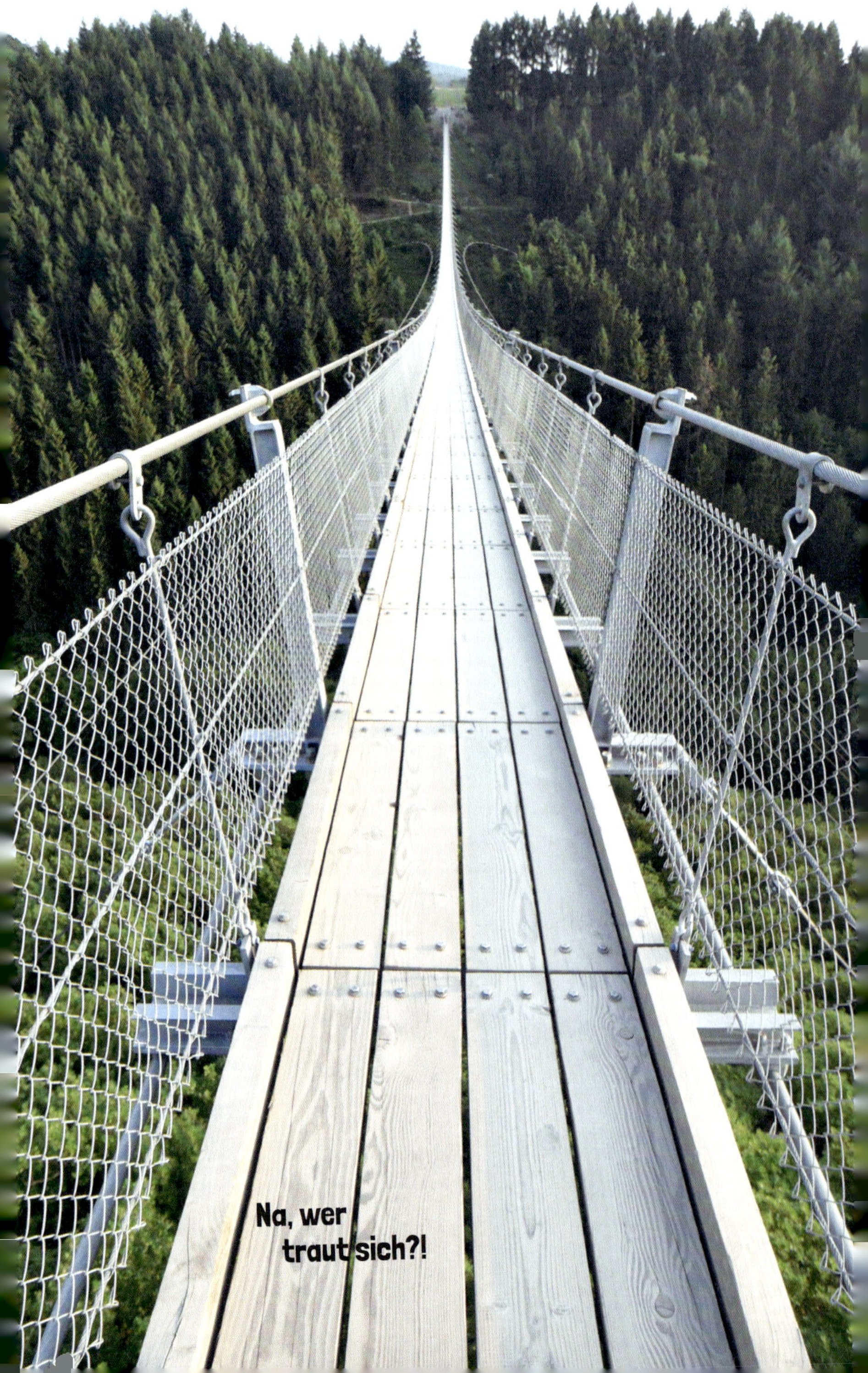
Na, wer
traut sich?!

Eines ist wohl sicher: Zwischen Hunsrück, Pfalz und Saar kommen Adrenalinjunkies voll auf ihre Kosten. Eine spektakuläre Hängebrücke und ein beeindruckender Aussichtsturm sind von einfachen Wohnmobilstellplätzen aus gut zu Fuß zu erreichen. Größere Wohnmobilparks, idyllisch gelegen an Flüssen oder in Wäldern, strahlen dagegen viel Ruhe aus.

Pfalz, Saarland und Hunsrück

Camping mit Adrenalin

Das Reisemobil steuert man zunächst in den Hunsrück, östlich des malerischen Moselortes Beilstein nach **Mörsdorf.** Dieses kleine Dorf ist fast ein wenig unscheinbar, bietet aber mehrere große Parkplätze an. Auf einem dieser Parkplätze, in ruhiger Lage am Ortsrand, darf man nicht nur tagsüber parken, sondern kann auch die Nacht im Wohnmobil verbringen. Sehr praktisch, denn so hat man die Gelegenheit, die architektonische Sehenswürdigkeit von Mörsdorf ohne großen Andrang zu besuchen.

Dort, wo der **Saar-Hunsrück-Steig** den Mörsdorfer Bach berührt, überspannt die beeindruckende **Hängeseilbrücke Geierlay** das tiefe Tal. Die Brücke ist 360 Meter lang und erfordert ein wenig Wagemut. Auf das leicht schwankende Bauwerk traut sich nicht jeder. Wer sie aber überquert, spaziert in rund 100 Metern Höhe über dem Talgrund. Nach einer aufregenden Begehung der Brücke steuert man das Wohnmobil über kleinere Landstraßen und über die Bundesstraße 327 weiter südwärts. Bei **Bärenbach** kann man einen kleinen und netten Picknickplatz besuchen, der den geografischen Mittelpunkt von Rheinland-Pfalz markiert. Danach geht es auf der Bundesstraße gleich weiter in die Hügellandschaft, die in den 816 Meter hohen **Erbeskopf** gipfelt. Die höchste Erhebung in Rheinland-Pfalz lässt sich ab dem Parkplatz am Hunsrückhaus gut erwandern. Hierfür bietet sich zum Beispiel der siebeneinhalb Kilometer lange Rundwanderweg „Traumschleife Gipfelrauschen“ an. Oben angekommen, genießt man den Ausblick von der kleinen Plattform, die zur sogenannten Windklangskulptur führt. Bis zum Jahr 2020 gab es am Hunsrückhaus unterhalb des Gipfels auch die Möglichkeit zu übernachten. Ob der Wohnmobilstellplatz zukünftig ausgebaut oder ganz geschlossen wird, bleibt abzuwarten. Bis dahin kann man aber im nahegelegenen Ort **Thalfang** auf dem relativ einfachen Wohnmobilstellplatz nächtigen.

INFO

Als letzte Fähre auf der Saar überhaupt verbindet die Welles die beiden Ufer der Saarschleife.

In der nächstgrößeren Stadt **Idar-Oberstein** wurde 2020 ein neuer Wohnmobilstellplatz eröffnet. An der sogenannten Weiherschleife, wo der Idarbach in der Tat eine ziemliche Schleife bildet, hat man 13 Stellflächen eingerichtet, die allerdings auch direkt neben der Bundesstraße 422 liegen. Im hinteren Bereich des Platzes ist der Straßenlärm aber etwas verhaltener. Dafür ist der Stellplatz ein guter Ausgangspunkt, um die Sehenswürdigkeiten des Ortes zu besuchen. Das **Deutsche Edelsteinmuseum** mitten im Stadtzentrum von Idar-Oberstein ist zum Beispiel nur zwei Kilometer entfernt. Ähnlich lange spaziert man durch die Wälder zum Besucherstollen der Edelsteinminen am Steinkaulenberg.

Deutlich größer als der Idarbach ist die Saar und größer als der Idar-Obersteiner Stellplatz ist der Reisemobilpark in **Saarburg.** Etwas über eine Stunde ist man über die Autobahn 1 und die Bundesstraße 407 unterwegs, um das sehenswerte Städtchen

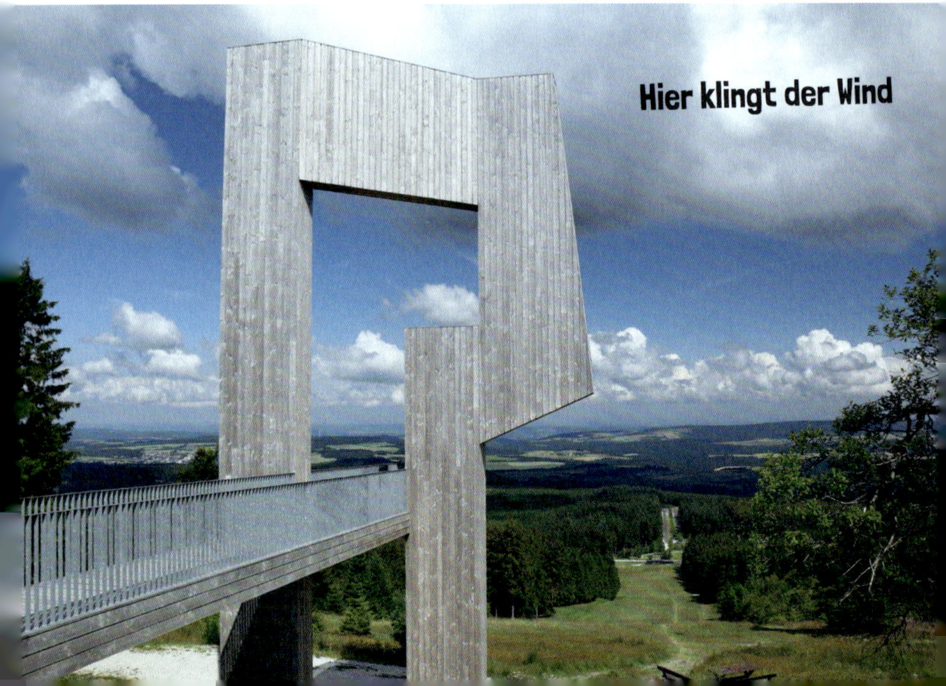

Hier klingt der Wind

zu erreichen. Der Stellplatz, der mehr als 100 Wohnmobile fasst, liegt unmittelbar am Fluss und lässt nichts vermissen. Sogar der Bäcker kommt morgens mit seinem Backmobil auf den Platz gefahren und sorgt für ein gelungenes Frühstück. Keine 15 Minuten später steht man schon mitten in der Stadt und genießt entweder den Ausblick vom Burgturm auf den Fluss und die Ortschaft bis hin zum Wohnmobilstellplatz oder erfreut sich an dem Anblick des kleinen Leukbachs, der mitten in der Altstadt als Wasserfall in die Tiefe stürzt.

Apropos Tiefe: Von Saarburg ist es nur noch eine kurze Fahrt ins Saarland. Das Nachbarbundesland überrascht gleich zu Beginn, ebenfalls an der Saar, mit einer spannenden Aussichtsplattform. Das Reisemobil kann man in **Orscholz** auf dem Parkplatz an der Cloefstraße stehen lassen – auch über Nacht. Nur sollte man keine großen Erwartungen an den Stellplatz haben. Dafür liegt er äußerst günstig, um mit einem kleinen Spaziergang durch den Wald zum Baumwipfelpfad zu gelangen, der schließlich in den Aussichtsturm mündet. Wie ein überdimensionaler, halb aufgeschnittener Baumkuchen wirkt der Aussichtsturm oberhalb der **Saarschleife.** Vorteil: Er ist komplett barrierefrei und man erreicht die oberste Plattform über zahlreiche Serpentinen.

Das macht die Tour einzigartig!

- Deutschlands längste Hängeseilbrücke
- Funkelnde Edelsteine
- Beeindruckendes Industrieerbe

Nach diesem spektakulären Erlebnis kann man mit dem Wohnmobil der Saar flussaufwärts folgen, die Stadt **Saarlouis** durchqueren und sich in Völklingen mit der Bergbaugeschichte des Bundeslandes befassen. Die **Völklinger Hütte** ist auf der Liste des UNESCO-Weltkulturerbes verzeichnet. Das 1986 stillgelegte Eisenwerk ist heute ein wichtiger Standort der europäischen Industriekultur. Wer will, darf in der stählernen Kulisse sogar mit dem Wohnmobil übernachten, doch ein Urlaubsparadies ist der einfache Parkplatz natürlich nicht. Das findet man vielmehr auf halber Strecke zwischen der Landeshauptstadt **Saarbrücken** und **Zweibrücken.** Ein sehr kleiner, aber schön angelegter Wohnmo-

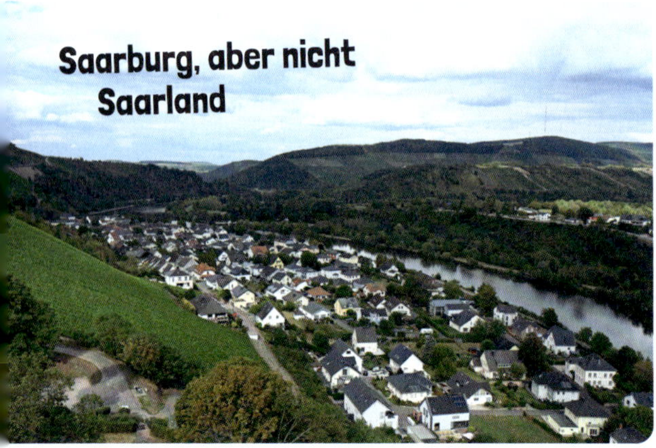

bilstellplatz am Niederwürzbacher Weiher lässt Urlaubsfreuden aufkommen. Er liegt nicht nur schön und vor allem ruhig am Wasser, sondern ist auch ein guter Ausgangspunkt, um auf dem Fahrrad die Barockarchitektur in der nahegelegenen Stadt **Blieskastel** kennenzulernen.

Wer es eine Spur größer mag, der fährt weiter nach Süden, um in **Kleinblittersdorf** den sehr gepflegten und großzügig dimensionierten Wohnmobilpark aufzusuchen. Kleine Besonderheit des Platzes: Er befindet sich auf einer Art Landzunge, die nach Frankreich hineinragt, und ist damit in drei Himmelsrichtungen vom Nachbarland umgeben. Croissants und Baguettes zum Frühstück sind daher keine große Kunst.

Doch zurück nach Rheinland-Pfalz. Über die Autobahn 8 gelangt man nach **Pirmasens,** das sich an die Westflanke des Pfälzerwalds anschmiegt. Dieses weitläufige Mittelgebirge wird als größtes zusammenhängendes Waldgebiet Deutschlands umschrieben und beherbergt nur einige kleinere Ortschaften. Klassische Wohnmobilstellplätze sind daher spärlich gesät, doch dafür kann man beispielsweise gut auf den Campingplätzen in **Dahn** oder **Trippstadt** unterkommen und in die Wanderschuhe schlüpfen. Denn der Pfälzerwald ist natürlich ein beliebtes Wandergebiet und von Dahn aus kommt man in einer leichten Tour zu einem der beliebtesten Fotomotive der Region, zum Teufelstisch. Dieser sogenannte Felspilz ist erstaunliche 14 Meter hoch. An der Ostseite des Pfälzerwalds werden die Städte mit **Neustadt an der Weinstraße** und mit **Bad Dürkheim** wieder größer und auch die Zahl der Wohnmobilstellplätze nimmt zu. Bad Dürkheim bietet einen Stellplatz am Ortsrand, von wo aus man gut in die Stadt und auch zum berühmten Bad Dürkheimer Fass gelangt, während Neustadt an der Weinstraße mit dem **Hambacher Schloss** punktet.

FAZIT

In dieser Region Deutschlands ist Campingurlaub nicht nur gut möglich, sondern auch abwechslungsreich. Allerdings sollte man wissen, dass nicht jeder Wohnmobilstellplatz so gut ausgestattet ist wie in Saarburg oder Kleinblittersdorf.

GUT ZU WISSEN

19

VON: Mörsdorf
BIS: Bad Dürkheim
LÄNGE: 390 Kilometer

GUTE NACHT

SP MÖRSDORF Windorfer Straße, 56290 Mörsdorf

SP SAARBURG Am Saarufer 18, 54439 Saarburg, Tel. (0 15 11) 5 80 20 80, www.reisemobilpark-saarburg.de (V+E, Strom)

SP KLEINBLITTERSDORF Zum Bergwald 8, 66271 Kleinblittersdorf, Tel. (0 68 05) 9 41 85 00, www.womopark-saar.de (V+E, Strom)

CP DAHN Neudahner Weiher 3–5, 66994 Dahn, Tel. (0 63 91) 13 26, www.neudahner-weiher.de

SP BAD DÜRKHEIM In der Silz, 67098 Bad Dürkheim, Tel. (0 63 22) 93 51 40 (V+E, Strom)

ABENTEUER 4/5

NATUR 4/5

FREIHEIT 4/5

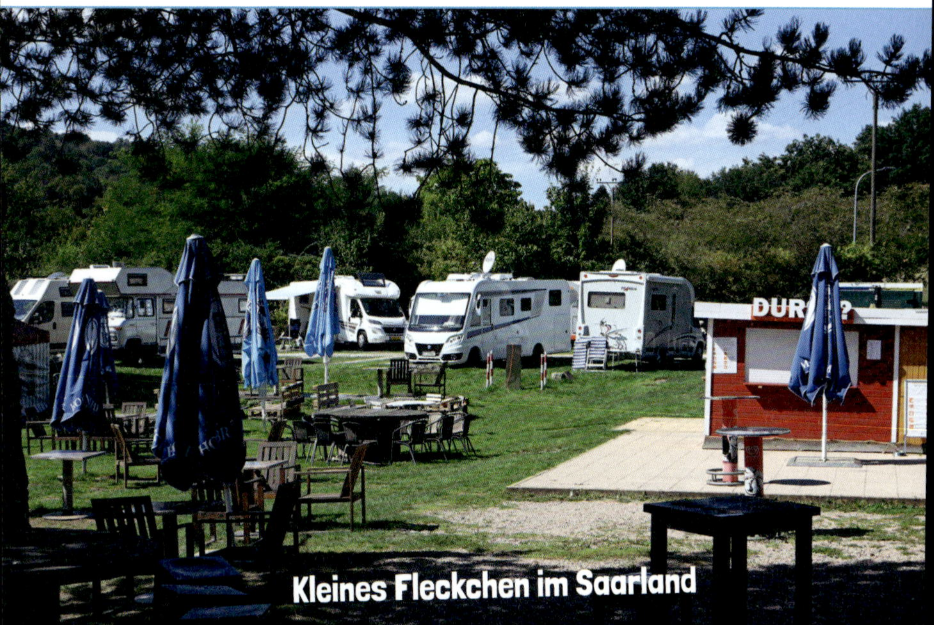

Kleines Fleckchen im Saarland

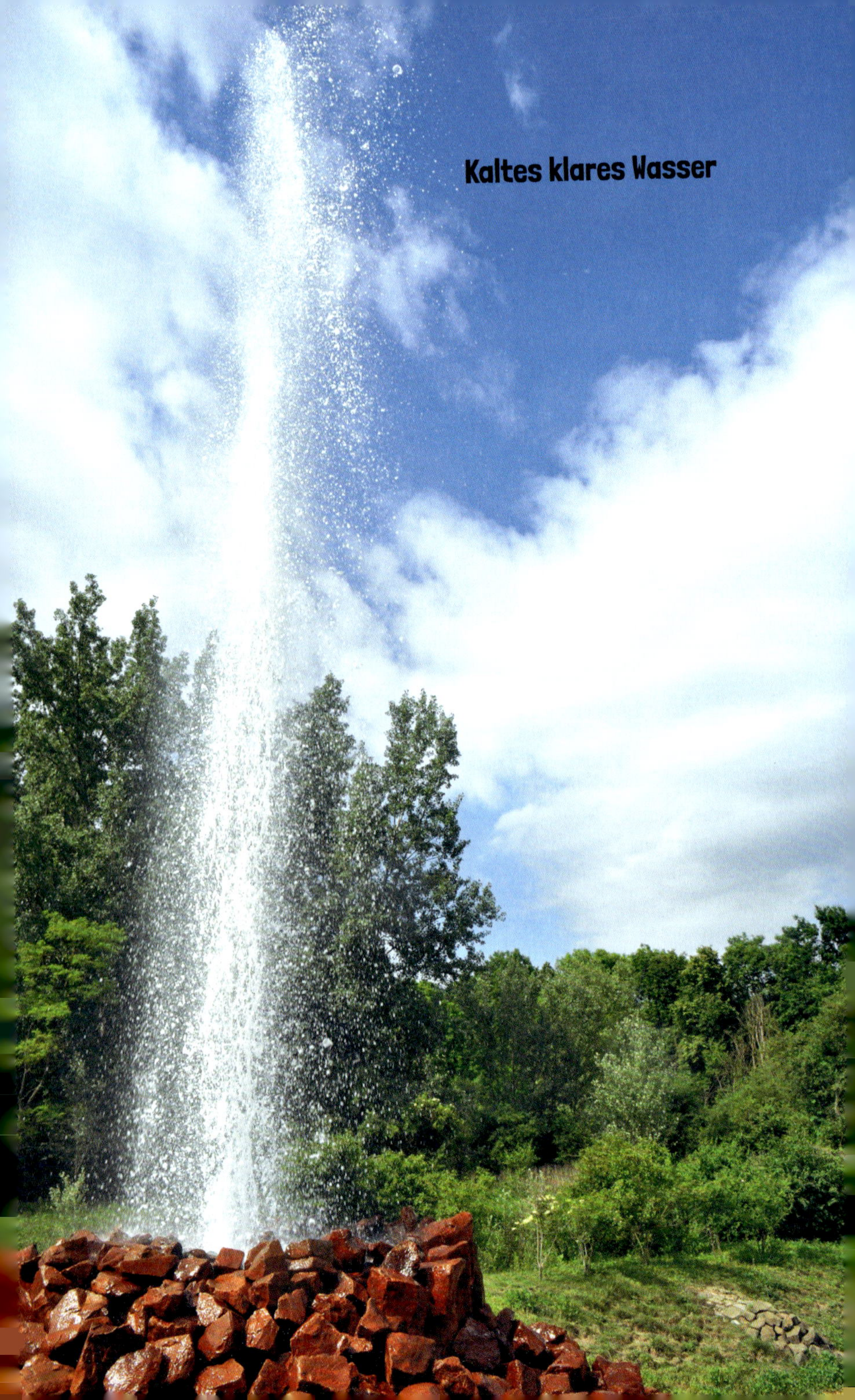

Kaltes klares Wasser

Zwischen Koblenz und Rüdesheim schlängelt sich der Rhein durch sein wohl schönstes Tal. Doch schon zuvor bietet der Fluss wunderbare Übernachtungsmöglichkeiten und zum Teil einmalige Sehenswürdigkeiten. Wer alle Burgen im Mittelrheintal besichtigen möchte, sollte viel Zeit mitbringen. Und lassen Sie sich nicht von der Loreley bezirzen.

Theoretisch könnte man die Tour schon in **Köln** beginnen, wo sich mit dem Campingplatz Berger der älteste Campingplatz Deutschlands befindet. Weiter flussaufwärts folgt rechtsrheinisch das malerische Siebengebirge rund um **Königswinter.** Eine Fahrt mit der

Mittelrhein

Mitten durch das UNESCO-Welterbe

Zahnradbahn auf den berühmten **Drachenfels** ist obligatorisch und ein guter Einstieg, um die Rheinlandschaft kennenzulernen. Leider mangelt es hier an Stellplätzen und so reist man weiter nach Remagen. Nur wenige Schritte vom linken Brückenkopf der berühmten Brücke von **Remagen** entfernt befindet sich nicht nur der Campingplatz Goldene Meile, sondern direkt daneben auch der erste Wohnmobilstellplatz auf dieser Fahrt. Er bietet ausreichend Platz zum Übernachten, doch da er quer zum Rhein angelegt ist, kommen nur zwei Wohnmobilbesatzungen in den Genuss, einen freien Blick auf das Wasser zu haben.

Die Bundesstraße 9 führt weiter in südliche Richtung am Rhein entlang, wo man spätestens in **Andernach** einen Stopp einlegen sollte. Der dortige Wohnmobilstellplatz inklusive seiner Ausweichplätze befindet sich am Rande eines großen Parkplatzes direkt am Ufer und ist nicht nur in den Sommermonaten äußerst populär. An sonnigen Sommerwochenenden eine freie Stellfläche zu ergattern, entspricht einem kleineren Lottogewinn. Denn der kleine Ort mit seiner historischen Stadtmauer ist nicht nur sehenswert, sondern bietet dem Gast auch noch eine Besonderheit: Mit dem Schiff fährt man ein kurzes Stück zur Namedyer Werth, einem Naturschutzgebiet etwas flussabwärts. Nach einem kurzen

INFO

Seit Sommer 2010 verbindet eine Seilbahn über den Rhein die Koblenzer Altstadt mit der Festung Ehrenbreitstein.

Spaziergang erreicht man dort den **Geysir** Andernach. Er ist der einzige Kaltwassergeysir Deutschlands und der höchste seiner Art in der Welt. Ziemlich pünktlich alle zwei Stunden sprudelt seine Fontäne bis zu 60 Meter nach oben.

Mit dem Ausflugsschiff geht es wieder zurück bis zum Wohnmobilstellplatz und von dort am nächsten Tag gleich weiter am Flussufer entlang. Die Ortschaft **Urmitz** ist deutlich überschaubarer als Andernach, darf sich aber auch rühmen, einen sehr beliebten Wohnmobilstellplatz zu besitzen. Hier stehen 14 Wohnmobile im Halbkreis und haben einen ungestörten Blick auf die vorbeiziehenden Schiffe. Ein zweiter, kleinerer Halbkreis für maximal zehn Fahrzeuge befindet sich dahinter und ist durch die Fahrzeuge im größeren Halbkreis im wahrsten Sinne des Wortes im Hintertreffen. Einziges Manko dieses Stellplatzes ist die Größe der Parzellen. Auf den engen Flächen ist das Ausfahren der Markise nicht möglich, von Campingbestuhlung direkt neben dem Wohnmobil ganz zu schweigen.

Mehr Platz bietet da der Knaus-Campingpark bei **Koblenz** gleich gegenüber vom **Deutschen Eck**. Auch hier wird ein Wohnmobilstellplatz vor dem eigentlichen Campingplatz angeboten und nur wenige Schritte sind es bis zur Personenfähre, mit der man in die

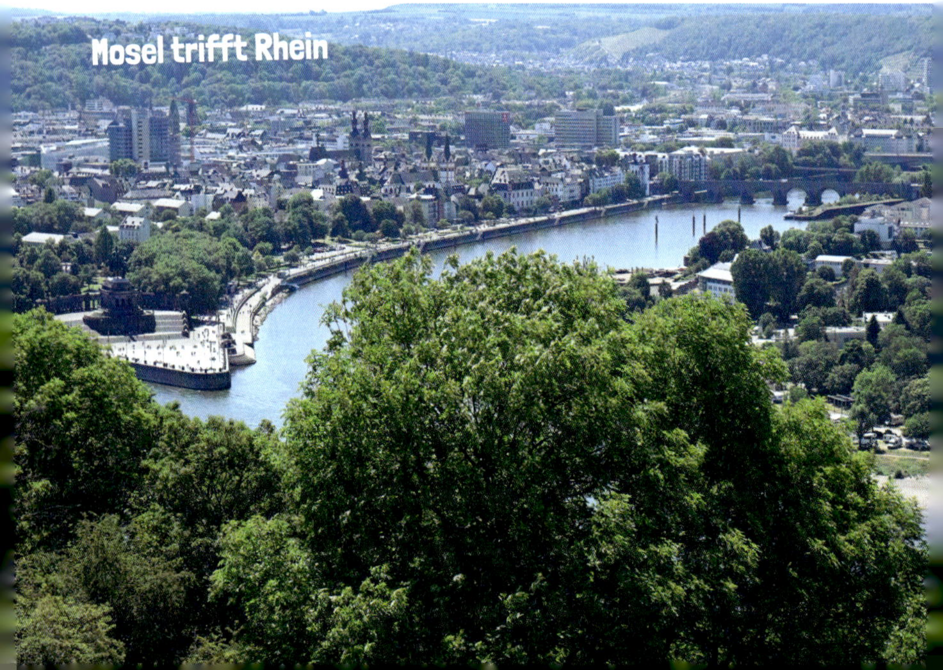

Mosel trifft Rhein

Innenstadt von Koblenz gelangt. Weitere Infos dazu gibt es bei der Beschreibung der Campingtour entlang der Mosel (Nummer 18).

Nur sechs Kilometer südlich der Moselmündung erreicht das Wasser der **Lahn** ebenfalls den Rhein. In wunderschöner Lage an der Mündung und mit Blick auf gleich zwei Burgen genießt man den Campingurlaub auf dem Wohnmobilstellplatz am Kränchen. Über einen Wanderweg gelangt man relativ einfach hinauf zur **Burg Lahneck,** die bereits seit dem 13. Jahrhundert über der Stadt thront. In Sichtweite und nur eineinhalb Kilometer entfernt, jedoch auf der anderen Seite des Rheins, erhebt sich **Schloss Stolzenfels.** Zwar gab es an dieser Stelle auch schon im 13. Jahrhundert eine Burg, die jedoch zerstört wurde. In der ersten Hälfte des 19. Jahrhunderts errichtete man am selben Ort dieses neogotische Schloss, das als Paradebeispiel der Rheinromantik gilt.

Das macht die Tour einzigartig!

- Drachenfels mit Zahnradbahn
- Ein Geysir mitten in Deutschland
- Der Loreley-Felsen

Von nun an geht es mit den Burgen im engen Mittelrheintal Schlag auf Schlag. Der Fluss windet sich ein wenig durch das Tal, doch die Infrastruktur ist sehr gut. An beiden Ufern verläuft eine Bundesstraße. Die B9 führt linksrheinisch durch das Tal, während die B42 die Städte am rechten Rheinufer miteinander verbindet. Gleichzeitig verkehren aber auch auf beiden Seiten des Flusses zahlreiche Güterzüge, die auf der Rheinschiene Nord- und Süddeutschland versorgen. Für Wohnmobilisten ohne schallisolierende Fenster kann die Nacht daher etwas unruhig werden. Dafür ist es allerdings tagsüber schön. Bei **Boppard** lohnt sich zum Beispiel die Wanderung hinauf auf den Weinberg Bopparder Hamm, von wo aus man einen tollen Blick auf die Rheinschleife hat.

Doch das Highlight im UNESCO-Weltkulturerbe Mittelrheintal ist ganz eindeutig die legendär gewordene **Loreley** bzw. der Loreleyfelsen. Für die Kapitäne auf dem Wasser erfordert die engste Stelle des gesamten Flusses auch heute noch besondere Aufmerksamkeit. Für Wohnmobilfahrer kündigt sie sich von Norden kommend mit einem wunderbaren Burgensemble rund um **St. Goar**

Sagenhaft schön

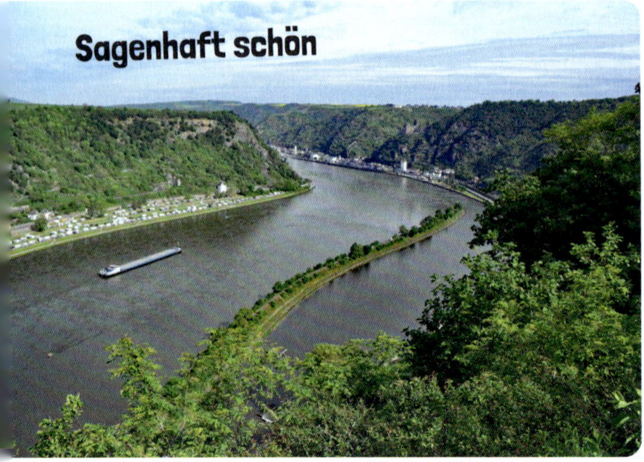

bzw. dem gegenüberliegenden **St. Goarshausen** an. Dort schaut man mit nur einem Blick auf die Burgen Maus, Katz und Rheinfels. Für sie lohnt es sich auch, das Wohnmobil abzustellen und wieder in die Wanderschuhe zu schlüpfen. Auf dem **Rheinsteig,** der weit oberhalb des Flusses verläuft, gelangt man unter anderem zum sogenannten Dreiburgenblick. Die beste Sicht auf den Loreleyfelsen hat man jedoch vom Campingplatz mit dem treffenden Namen Loreleyblick. Er erstreckt sich mit einer Länge von mehreren 100 Metern gleich gegenüber der Loreley, die besonders im Abendlicht herrlich beschienen wird.

Auch **Oberwesel** und **Bacharach** machen die Wohnmobilreise zu einem Vergnügen. Der kleine, aber feine Campingplatz in Oberwesel wird familiär geführt und in Bacharach hat man wiederum die Auswahl zwischen Camping- oder Wohnmobilstellplatz. Obendrauf gibt es bei der Weiterfahrt noch Blicke auf die Burgen Stahleck, Sooneck, Reichenstein und Rheineck. Ein besonders schöner Augenschmaus ist jedoch die Burg Pfalzgrafenstein, die einst als Zollstation auf einer kleinen Insel mitten im Rhein errichtet wurde. Sie lässt sich ab **Kaub** mit einer Personenfähre erreichen und genauer besichtigen. Ähnlich auffällig verhält sich der Binger Mäuseturm. Auch diese Festung wurde auf einer kleinen, langgestreckten Insel erbaut. Der Mäuseturm markiert zugleich das Ende des engen Mittelrheintals. Für einen gelungenen Abschluss der Wohnmobilreise sollte man zum Parkplatz weit oberhalb des Rheintals steuern, um am **Niederwalddenkmal** den Ausblick auf den Mäuseturm und auf **Bingen** an der Mündung der Nahe zu genießen. Vom Wohnmobilstellplatz Bingen erreicht man mit dem Rad die Fähre nach Rüdesheim, wo man sich in der berühmten Drosselgasse einen Schoppen gönnt.

FAZIT

Die Auswahl an Übernachtungsmöglichkeiten im Mittelrheintal ist groß. Zwar muss man in der Nacht mit deutlichem Verkehrslärm der Eisenbahn rechnen, aber dafür wird man mit zahlreichen Burgen und grandiosen Aussichten auf das Weltkulturerbe belohnt.

GUT ZU WISSEN

20

VON: Köln
BIS: Bingen
LÄNGE: 180 Kilometer

GUTE NACHT

SP REMAGEN Simrockweg 9–13, 53424 Remagen, Tel. (0 26 42) 2 22 22, www.camping-goldene-meile.de (V+E, Strom)

SP ANDERNACH Uferstraße 5, 56626 Andernach, Tel. (0 26 32) 25 36 10 (V+E, Strom)

SP URMITZ Kaltenengerser Straße, 56220 Urmitz (V+E, Strom)

SP LAHNSTEIN Johannesstraße 41, 56112 Lahnstein, Tel. (01 71) 8 30 96 46, www.wohnmobilhafen-lahnstein.de (V+E, Strom)

SP BINGEN Außerhalb 11, 55411 Bingen, Tel. (0 67 21) 15 34 21, www.wohnmobilpark-bingen.de (V+E, Strom)

ABENTEUER
NATUR
FREIHEIT

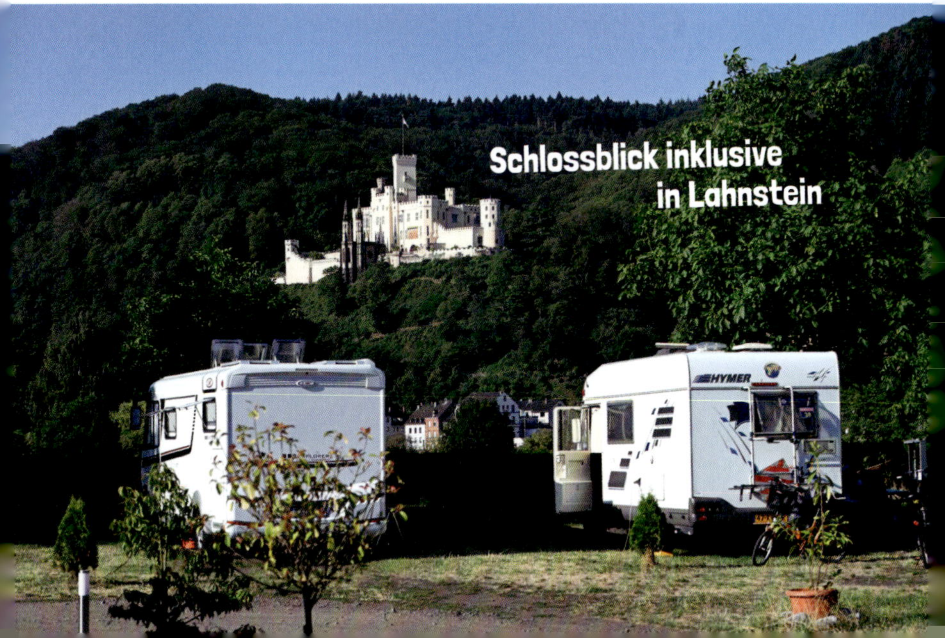

Schlossblick inklusive in Lahnstein

Zwischen Himmel und Main: Aschaffenburg

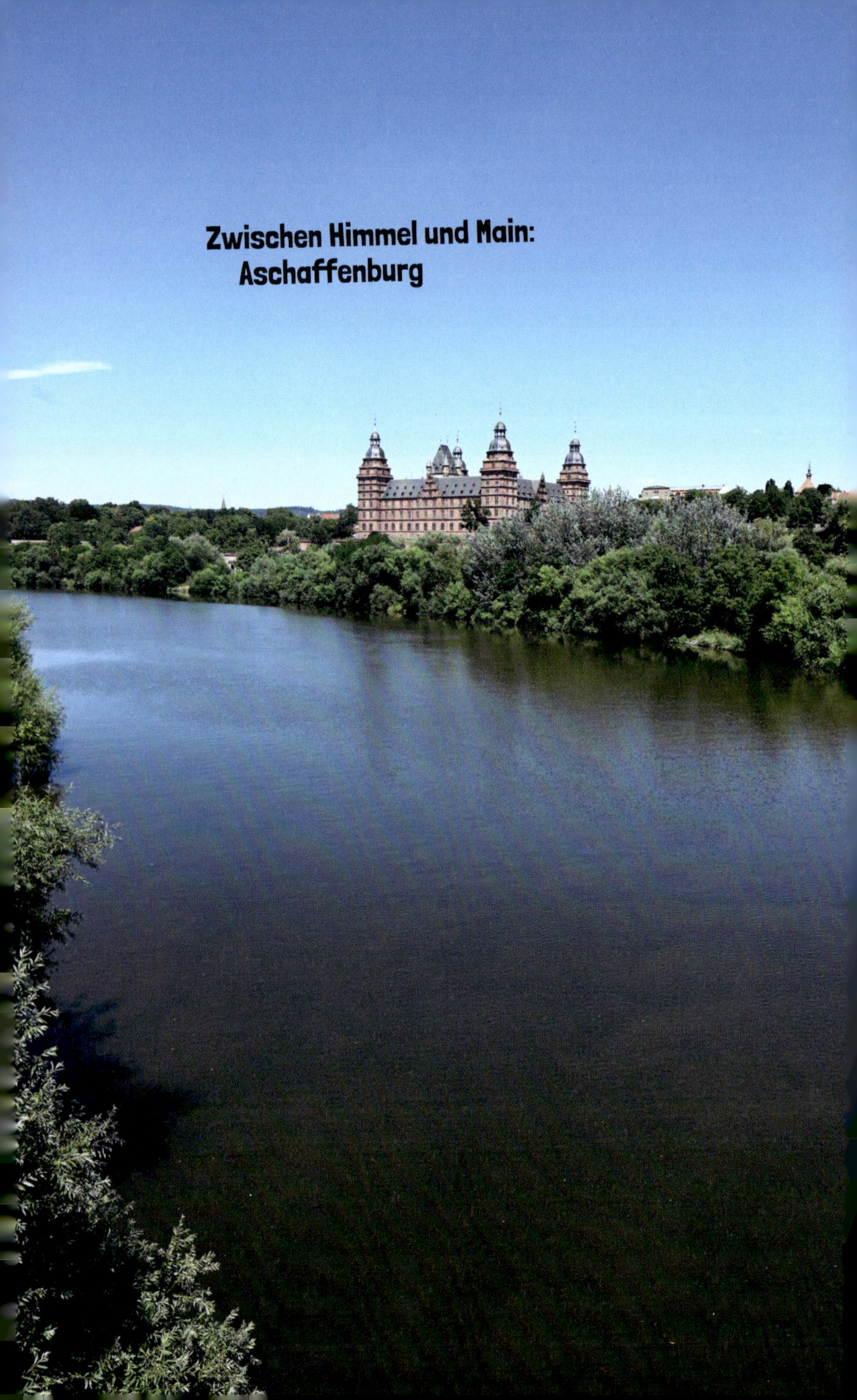

Die Mainlandschaft ist mehr als nur eine Verbindung zwischen Franken und dem Rheintal. Pittoreske Orte mit kleinen Wohnmobilstellplätzen verführen zu mehrtägigen Aufenthalten und wem das nicht genug ist, der entscheidet sich sogar noch für einen Abstecher, um eines der schönsten Ziele an einem ganz anderen Fluss, der Tauber, zu besuchen.

Zugegeben, Frankfurt ist einen Besuch wert. Nirgendwo sonst in Deutschland gibt es einen derartigen städtebaulichen Kontrast wie beim historischen Römer und den modernen Hochhausbauten im Bankenviertel, die eine beeindruckende Skyline an den

Maintal

Vom Rhein ins Frankenland

Horizont zeichnen. Weniger beeindruckend ist jedoch die Campingsituation in der Stadt. Wohnmobilstellplätze sucht man vergeblich und die Campingplätze liegen weit außerhalb. Da ist es besser, dem Main weiter flussaufwärts zu folgen und sich der Stadt **Aschaffenburg** zu widmen. Dort fühlt man sich als Camper willkommener, denn der örtliche Wohnmobilstellplatz erstreckt sich direkt am Ufer des Mains, während auf der anderen Seite des Platzes eine Kleingartensiedlung eine ruhige Nacht verspricht. Und das in zentralster Lage, denn die Willigisbrücke ist gleich nebenan und bringt den Besucher in wenigen Schritten in die Altstadt. Hier besichtigt man zum Beispiel das Naturwissenschaftliche Museum im ehemaligen Stadtpalais, das Christian Schad Kunstmuseum und das Stiftsmuseum. Auch das Museum jüdischer Geschichte und Kultur ist mehr als nur einen Blick wert. An den zahlreichen Einkehrmöglichkeiten in der Innenstadt geht es aber schließlich leicht bergauf vorbei, bis man am Schlossplatz vor dem beeindruckenden Schloss Johannisburg aus dem 17. Jahrhundert steht.

Je weiter man dem Main aber flussaufwärts folgt, umso überschaubarer und gemütlicher werden die Ortschaften. **Großwallstadt,** Sportfans durch den Handballverein bekannt, ist zum

Beispiel über die Bundesstraße 469 erreichbar. Gleich am gegenüberliegenden Ufer befindet sich das Pendant Kleinwallstadt, wo sich ein einfacher Wohnmobilstellplatz direkt am Fluss befindet. Sehenswert ist in einer **Mainschleife** die Ortschaft Miltenberg. Über die beiden angebotenen Wohnmobilstellplätze sollte man allerdings besser kein Wort verlieren. Sagen wir es so: Sie sind ein wenig zu zentral und nächtliche Unruhe ist garantiert. Da stellt man sich besser direkt auf den Campingplatz auf der rechten Mainseite, gleich gegenüber der hübschen Altstadt. Die schmalen Gassen oberhalb des Flusses lassen sich über die Mainbrücke wunderbar zu Fuß erreichen und bieten eine Vielfalt an Einkehrmöglichkeiten. Der zentral gelegene Fachwerkbau **Zum Riesen** beansprucht zum Beispiel für sich, das **älteste Gasthaus Deutschlands** zu sein. Die Geschichte reicht bis in das 12. Jahrhundert zurück, als Kaiser Barbarossa hier bereits eingekehrt sein soll. Das Who`s who der Übernachtungsgäste reicht weiter über Martin Luther, Wallenstein, Richard Strauss bis zu Elvis Presley.

INFO

An der Taubermündung stehen alte Fischerhäuser, deren untere Etagen früher wegen des häufigen Hochwassers durchgängig unbewohnt waren.

Im weiteren Verlauf bildet der Fluss die Grenze zwischen Bayern und Baden-Württemberg. Dabei streift er einige kleine Ortschaften wie Dorfprozelten, Stadtprozelten und Hasloch, wo Campingtourismus mal mehr oder weniger gut funktioniert. Vie-

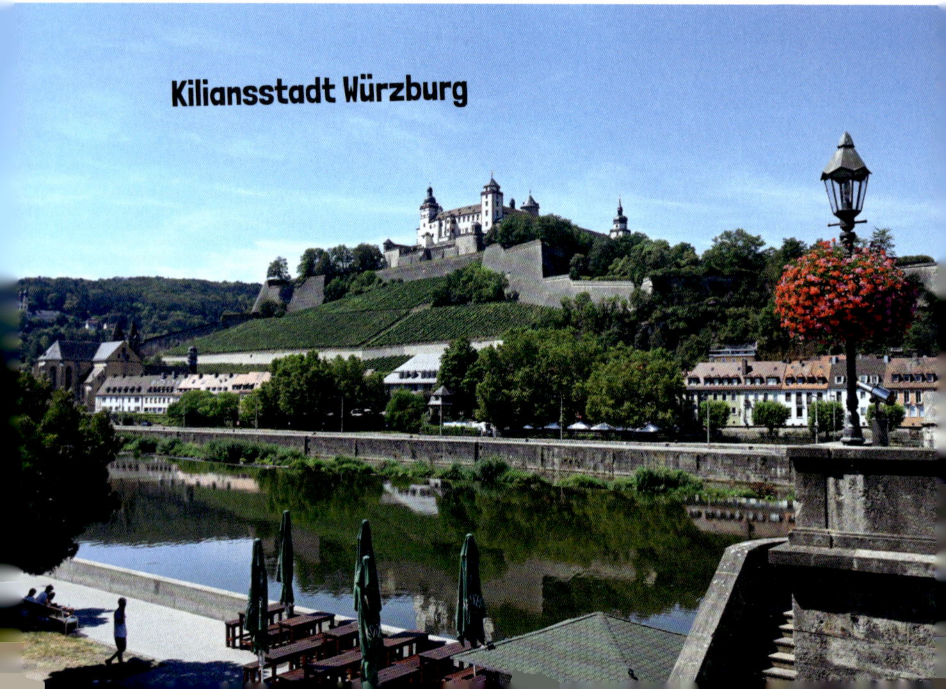

Kiliansstadt Würzburg

le Wohnmobilisten werden in dieser Gegend ohnehin dem Main den Rücken kehren und lieber in südliche Richtung nach **Walldürn** fahren. Dort befindet sich das in Wohnmobilkreisen bekannte Unternehmen Goldschmitt, das sich in Sachen Luftfederung, Hubstützen und Auflastung einen Namen gemacht hat. Wer am Mainufer bleibt, der lernt **Wertheim** kennen, unter Umständen auf eine ganz besondere Art und Weise. Denn der Wohnmobilstellplatz befindet sich unter einer Hochbrücke, auf der die Landstraße verläuft. Das ist dann doch ein wenig gewöhnungsbedürftig. Wie praktisch, dass auf der gegenüberliegenden, also der bayerischen Flussseite, in **Kreuzwertheim** ein Wohnmobilstellplatz direkt am Fluss liegt. Im Gegensatz zum Stellplatz in Wertheim bietet er am Abend nicht nur einen freien Blick nach oben auf den Sternenhimmel, sondern auch auf die Kulisse der malerischen Altstadt gleich gegenüber. Für den schönsten Blick auf Wertheim lässt man aber tagsüber das Wohnmobil stehen und begibt sich zu Fuß auf den Burgberg, um von der Terrasse der Burg hinab auf die Altstadt zu blicken, die vom Main und der Tauber eingerahmt wird.

Das macht die Tour einzigartig!

- Das älteste Gasthaus
- Barock vom Feinsten
- Spaziergang auf der Stadtmauer

Wertheim und die nächstgrößere Stadt Würzburg liegen gerade einmal knappe 30 Kilometer Luftlinie auseinander und sind über die Autobahn 3 gut miteinander verbunden. Doch wer auf den Landstraßen und Bundesstraßen dem Lauf des Flusses folgt, legt mal eben das Dreifache an Kilometern zurück. Der Main bildet eine weite Kurve nach Norden bis **Gemünden am Main**, wo es dann wieder nach Süden geht. Dazwischen kann man kleine Ortschaften wie **Lohr** oder **Karlstadt** besuchen. Besonders Letztere gefällt mit einem gepflegten Wohnmobilstellplatz gleich am Wasser, einem Campingplatz am gegenüberliegenden Ufer und einer sehenswerten Altstadt, die sich um das Historische Rathaus und um die St.-Andreas-Kirche aus dem 14. Jahrhundert erstreckt. Da will man gleich ein paar Tage länger verweilen und freut sich, dass man sich gegen die Abkürzung entschieden hat.

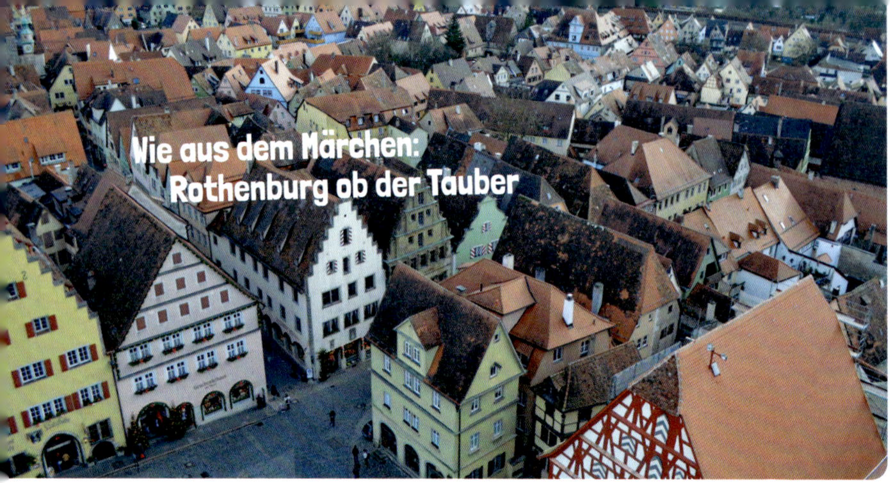

Wie aus dem Märchen: Rothenburg ob der Tauber

Der Besuch von **Würzburg** ist zweifellos ein Pflichtpunkt auf einer Wohnmobilreise am Main entlang. Aber der örtliche Wohnmobilstellplatz ist eher in die Kategorie „kann man mal machen" einzuordnen. Durchaus sehr praktisch befindet er sich direkt am Mainufer, aber durch seine zentrale Lage und als Teil eines Großparkplatzes ist er eher unruhig und kein klassischer Urlaubsort. Doch dafür ist man zu Fuß schnell in der Altstadt. Dort spaziert man natürlich zur barocken Würzburger Residenz, die auf der UNESCO-Welterbeliste verzeichnet ist. Hinter Ochsenfurt, genauer gesagt bei Marktbreit, steuert man das Wohnmobil wieder nordwärts, wenn man am Ufer des Mains bleiben möchte. Allerdings bietet sich hier auch ein sehr lohnenswerter Abstecher an. Denn **Rothenburg ob der Tauber** ist über die Autobahn 7 in südliche Richtung nur eine halbe Stunde entfernt. Gleich mehrere Wohnmobilstellplätze und Campingplätze sorgen für eine entspannte Übernachtung, teilweise direkt an der schönen Altstadt.

Besonders schön ist dabei der Spaziergang auf der kilometerlangen Stadtmauer oder der Besuch im Deutschen Weihnachtsmuseum – auch im Sommer. Wer in den sozialen Medien unterwegs ist, wird auch das **Plönlein** wiedererkennen. Das schöne Fachwerkhaus an der Unteren Schmiedegasse ist ein äußerst beliebtes Fotomotiv. Doch zurück zum Main. Aus Sicht eines Wohnmobiltouristen beginnt bei Marktbreit der wohl schönste Abschnitt des Flusses. Denn ein Wohnmobilstellplatz folgt dem nächsten, teilweise in nur sehr geringem Abstand. Auch das Angebot an Campingplätzen ist außerordentlich gut. Und die vielen kleinen Ortschaften wie **Kitzingen** oder **Dettelbach** besitzen einfach nette und malerische Altstädte, die es zu besuchen lohnt.

FAZIT

Je weiter man sich vom Rheintal aus entlang des Mains der Region Franken nähert, umso schöner und umfangreicher wird das Angebot an Übernachtungsplätzen für Camper.

GUT ZU WISSEN

VON: Aschaffenburg
BIS: Schweinfurt
LÄNGE: 300 Kilometer

GUTE NACHT

SP ASCHAFFENBURG 63741 Aschaffenburg (V+E, Strom)
SP WÜRZBURG Dreikronenstraße, 97082 Würzburg (V+E, Strom)
SP ROTHENBURG OB DER TAUBER Nördlinger Straße, 91541 Rothenburg ob der Tauber (V+E, Strom)
SP KITZINGEN Bleichwasen 12, 97318 Kitzingen, Tel. (0 93 21) 20 88 88 (V+E, Strom)

ABENTEUER
NATUR
FREIHEIT

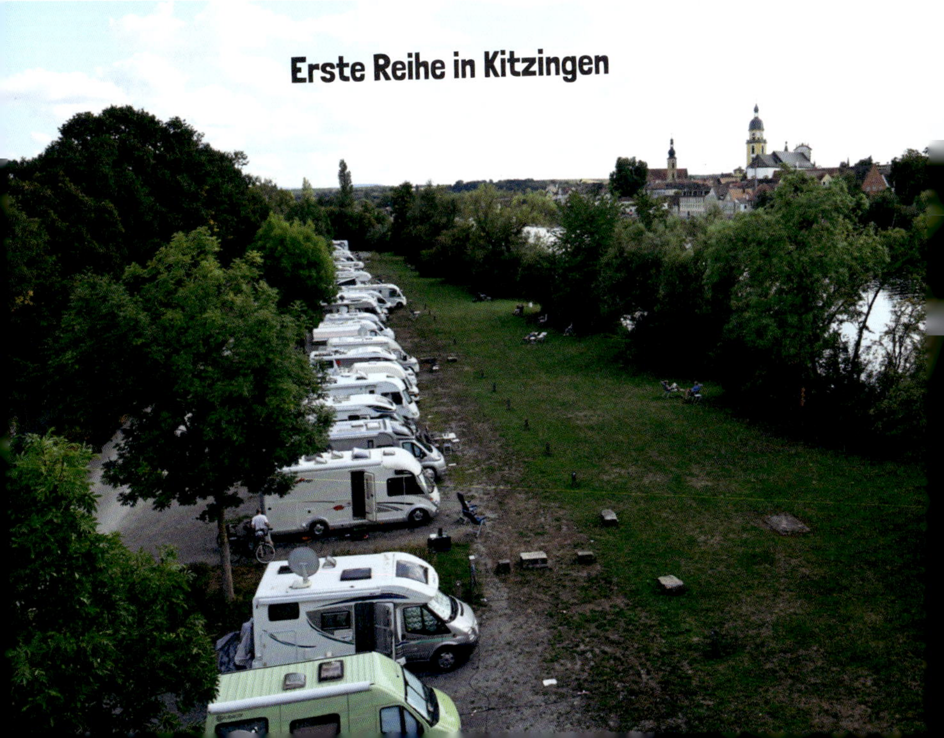

Erste Reihe in Kitzingen

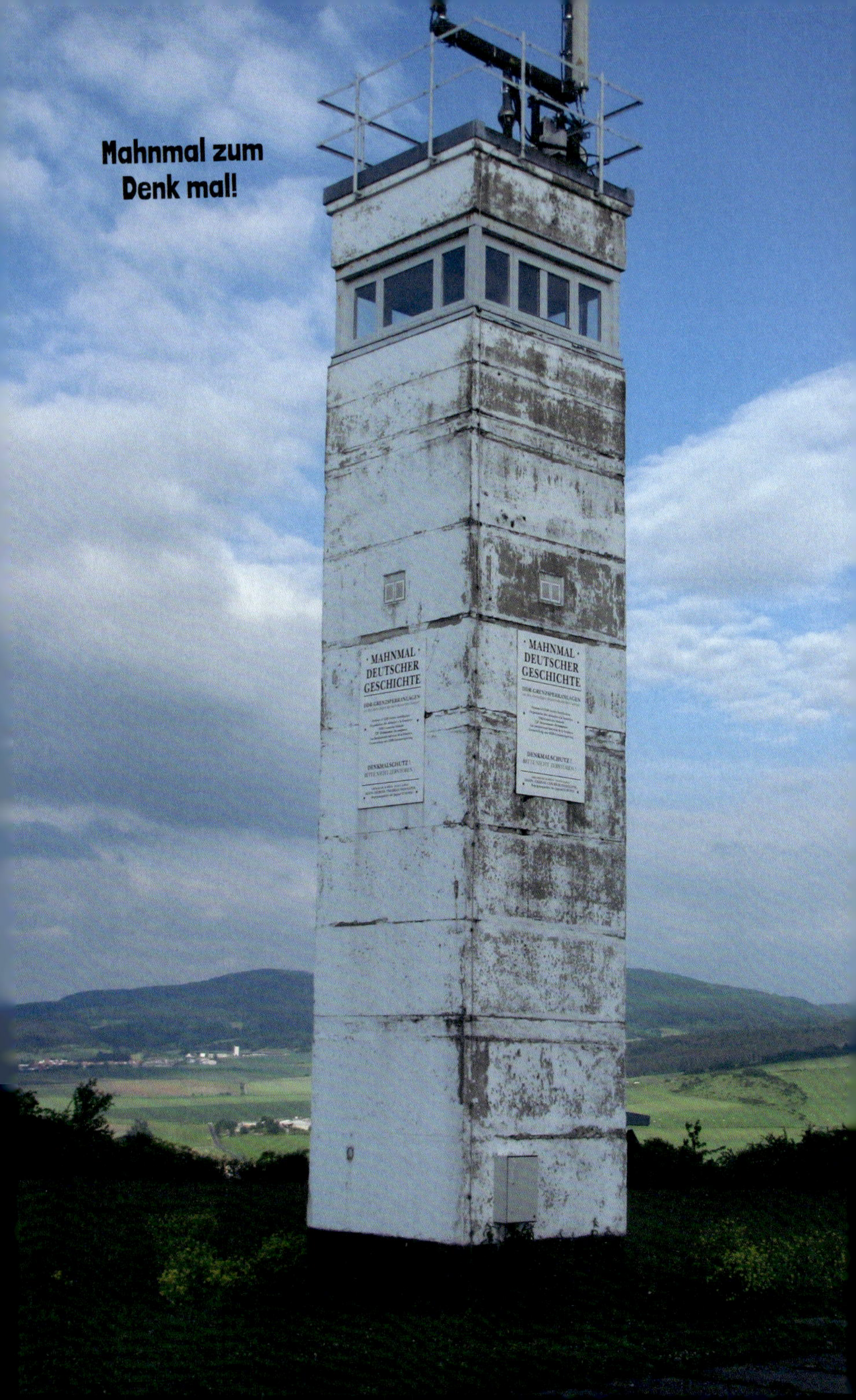
Mahnmal zum
Denk mal!
MAHNMAL
DEUTSCHER
GESCHICHTE
MAHNMAL
DEUTSCHER
GESCHICHTE

Diese Wohnmobilreise hätte man vor rund drei Jahrzehnten nicht machen können. Immer wieder trifft man zwischen Bayern, Thüringen und Hessen auf die Spuren des Kalten Krieges, wo man heute bequem im Womo von Bundesland zu Bundesland wechseln kann. Abseits des Grünen Bandes gibt es außerdem noch eine tolle Hügellandschaft, Moore und nette Ortschaften.

Die Rhön erstreckt sich als Mittelgebirge gleich über drei Bundesländer. Ausgerechnet an ihrem nördlichsten Ausläufer erhebt sich aber ein Gipfel, der nicht natürlichen Ursprungs ist, sondern von

Rhön

Grenzenloses Reisen im Hügelland

Menschenhand geschaffen wurde. Der sogenannte **Monte Kali** hat seine Bezeichnung aus dem Kalibergbau bei Heringen und ragt mittlerweile 200 Meter in die Höhe. Bestehend aus Abraumsalz ist er mit seiner weißen Optik schon aus der Ferne zu erkennen. Umgekehrt kann man von der freistehenden Halde ebenfalls einen tollen Ausblick genießen. Da es sich aber weiterhin um ein Betriebsgelände der Kaliwerke handelt, ist die Besteigung nur im Rahmen einer Führung und mit Schutzweste, Schutzbrille und Helm möglich. Nähere Auskünfte erhält man im Kalibergbaumuseum.

Am Fuße des Monte Kali fließt die Werra durch ihr Tal und passiert dort, wo bei **Philippsthal** die Ulster in die Werra mündet, noch eine weitere weiße Abraumhalde. Im Anschluss erreicht man über die Bundesstraße 62 die malerische Ortschaft **Vacha.** Ein sehr einfacher, kommunaler Wohnmobilstellplatz mit gerade einmal zwei Stellflächen ist nicht viel, doch ein Bleiben lohnt sich. Denn Vacha hat nicht nur rund um die **Burg Wendelstein** eine nette kleine Altstadt zu bieten, sondern direkt gegenüber vom Stellplatz auch noch einen Blick in die deutsche Geschichte. Die Werra bildet hier nämlich den Grenzfluss zwischen den Bundesländern Hessen und Thüringen, bis zur deutschen Einheit also die Grenze zwischen

Ost und West. Ein Grenzturm ist als Mahnmal noch erhalten geblieben und erinnert an die Zeit der deutschen Teilung. Vor der ehemaligen Grenzbrücke steht der sogenannte Einheitsmann als Kunstprojekt.

Noch mehr Grenzerfahrung erhält man, wenn man das Wohnmobil in Vacha auf die Bundesstraße 84 in südliche Richtung steuert. Wenige Kilometer später zweigt die Bundesstraße 278 ab und nun heißt es, eine Entscheidung zu treffen. Folgt man weiterhin der B84, gelangt man nach **Rasdorf** auf hessischer Seite, fährt man jedoch auf der B278, dann erreicht man **Geisa** in Thüringen. Beide Orte sind mit einer kleinen Landstraße verbunden, was natürlich im Kalten Krieg auch mal anders war. Genau an der Stelle, wo zwischen diesen beiden Orten die innerdeutsche Grenze verlief, befindet sich der **Point Alpha.** Er war einer von vier Beobachtungsstützpunkten der US-Armee entlang der innerdeutschen Grenze in Hessen und gehörte zum sogenannten Fulda Gap. Das war wiederum die Verteidigungslinie der NATO, die hier die Invasion der Warschauer-Pakt-Truppen erwartete, wenn der Kalte Krieg ein heißer geworden wäre. Der Beobachtungspunkt war für die westlichen Truppen taktisch sehr gut geeignet, denn man hatte von dem Hügel einen sehr weiten Blick in die DDR hinein. Davon kann man sich auch heute noch überzeugen, denn Point Alpha ist eine lohnenswerte Mahn- und Gedenkstätte.

INFO

Die Wasserkuppe ist ein Flugzentrum und beherbergt unter anderem die älteste Segelschule der Welt.

Um in der nördlichen Rhön einen Wohnmobilstellplatz genießen zu können, der alles bietet, was man sich auf einer Womoreise

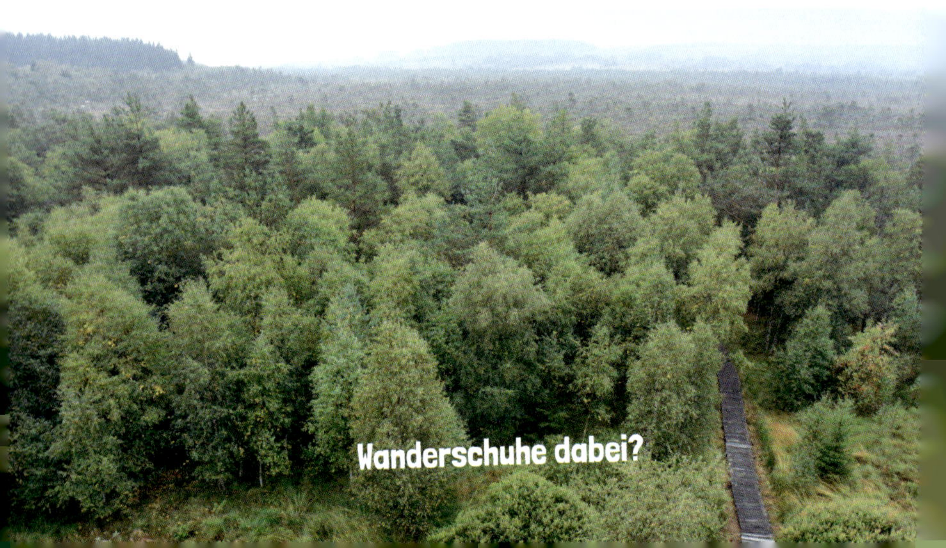

wünscht, lohnt ab Vacha die Fahrt auf der Bundesstraße 62 in das nahegelegene **Bad Salzungen**. Von Point Alpha sind es etwas mehr als 20 Kilometer über kleinere Landstraßen durch Stadtlengsfeld. Bad Salzungen bietet nicht nur eine gemütliche kleine Innenstadt und vor allen Dingen das Gradierwerk direkt am Ufer der Werra, sondern gleich daneben einen Wohnmobilstellplatz, der nichts vermissen lässt. Großzügig dimensionierte Parzellen, und davon nicht wenige, liegen direkt am Ufer der Werra, wo sogar eine kleine Insel zur Entspannung einlädt. Sie ist ausschließlich vom Stellplatz aus über eine Fußgängerbrücke erreichbar. Um eine Prise voll Salzluft einzuatmen, sind nur wenige Gehminuten notwendig. Nach dem Besuch der Kuranlagen und des Gradierwerks lohnt sich schließlich noch ein abendlicher Rundgang am Ufer des Burgsees.

Das macht die Tour einzigartig!

- Ein weißer Berg
- Geschichte am Point Alpha
- Hessens höchstes Highlight

Sowohl von Geisa über die Bundesstraße 278 als auch ab Bad Salzungen auf der B285 über Kaltennordheim gelangt man in den südlichen Teil der Rhön, in die sogenannte **Lange Rhön**. Dort dreht sich touristisch alles um die **Wasserkuppe** auf hessischer Seite.

Doch bevor man den höchstgelegenen Punkt Hessens erklimmt, sollte man noch dem dritten Bundesland auf dieser Campingtour einen Besuch abstatten. Auch der Freistaat Bayern hat Anteil an der Rhön und so befindet sich südlich des thüringischen Dorfes **Birx** das Dreiländereck aller drei Bundesländer. Es lässt sich im Rahmen einer kleinen Wanderung gut erreichen und wenn man schon die Wanderschuhe geschnürt hat, dann sollte man das Wohnmobil auf dem Parkplatz am **Schwarzen Moor** stehen lassen. Dort findet sich ein kleines Informationszentrum über die Moorlandschaft in der Rhön und gleichzeitig der Ausgangspunkt für eine schöne, kurze Tour durch das Schwarze Moor. Auf dem Naturerlebnispfad spaziert man auf einem Holzbohlenweg durch die raue Landschaft und entert einen Aussichtsturm. Folgt man dem Weg durch das Naturschutzgebiet ab dem Parkplatz in die andere Richtung, so gelangt man abermals zur ehemaligen inner-

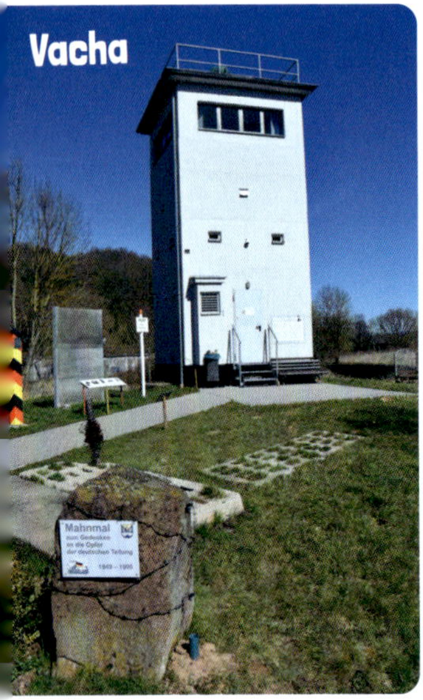

Vacha

deutschen Grenze. Dort erhebt sich noch heute ein ehemaliger Wachturm der DDR-Grenzposten, der ganz ohne museale Ausstattung auskommt und an die einstige Zeit erinnert. Weiter südwestlich fährt man mit dem Wohnmobil entweder zu einem weiteren Moor, das Wandermöglichkeiten bietet, oder zur Wasserkuppe. So oder so durchquert man auf der Bundesstraße 278 die kleine Ortschaft **Ehrenberg,** wo sich vor dem Ortseingang und direkt am Ufer der Ulster der Rhön-Campingpark befindet. Er lässt nichts vermissen und ist ein guter Halt, um den höchsten Berg Hessens zu erkunden.

Die **Wasserkuppe,** mit ihren 950 Metern Höhe gleichzeitig auch der höchste Punkt der gesamten Rhön, ist mit dem Wohnmobil leicht zu erreichen und bietet unterhalb der Kuppe eine große Anzahl an Parkplätzen. Trotzdem kann es an so manchen Wochenenden voll werden, denn durch die gute Erreichbarkeit und die vielfältigen Freizeitmöglichkeiten ist der Berg ein beliebtes Ausflugsziel. Bekannt ist er vor allem für die vielen Segelflieger, die am Segelflugzentrum abheben. Auch Paraglider haben die Wasserkuppe mittlerweile als günstigen Startpunkt für sich entdeckt. Kein Wunder also, dass es hier auch ein Segelflugmuseum gibt und ein Fliegerdenkmal besichtigt werden kann. Auffällig ist auf der Wasserkuppe die weiße Kugel des Radoms, also die einstige Radarkuppel der NATO. Diese beherbergt heute eine kleine Ausstellung über ihre Geschichte und eine Aussichtsplattform, von der bei geeigneter Wetterlage der Schneeberg im Fichtelgebirge und der Brocken im Harz erblickt werden können. Beide Berge sind immerhin rund 150 Kilometer entfernt. Nach dem Rundgang auf der weitläufigen Kuppe des Berges, bei dem man auch an der Quelle der Fulda vorbeikommt, steuert man sein Wohnmobil wahlweise zu dem kleinen Wohnmobilstellplatz in **Poppenhausen** oder zum Campingplatz in **Gersfeld.** Letzterer bietet ebenfalls einen Wohnmobilstellplatz an, der durch seine terrassenförmige Lage einen wunderbaren Blick über die Hügellandschaft ermöglicht. Für eine Tour durch die Rhön wird das zum gelungenen Abschluss.

FAZIT

Das Grüne Band Deutschlands als Überbleibsel der innerdeutschen Grenze bietet heute einen tollen Naturraum, in dem auch komfortable Campingplätze anzutreffen sind.

GUT ZU WISSEN

VON: Philippsthal
BIS: Gersfeld
LÄNGE: 70 Kilometer

GUTE NACHT

SP VACHA KIRCHPLATZ 6, 36404 VACHA (STROM)
SP BAD SALZUNGEN Am Flößrasen 5, 36433 Bad Salzungen, Tel. (0 36 95) 69 34 34, www.sole-reisemobilhafen.de (V+E, Strom)
CP RHÖNPARK An der Ulster 1, 36115 Ehrenberg, Tel. (0 66 83) 12 68, www.rhoen-camping-park.de
SP POPPENHAUSEN Sebastian-Kneipp-Weg 6, 36163 Poppenhausen/Wasserkuppe (V+E, Strom)
CP GERSFELD Schachen 13, 36129 Gersfeld (Rhön), Tel. (0 66 54) 78 36, www.rhoenline.de

ABENTEUER 3/5
NATUR 4/5
FREIHEIT 4/5

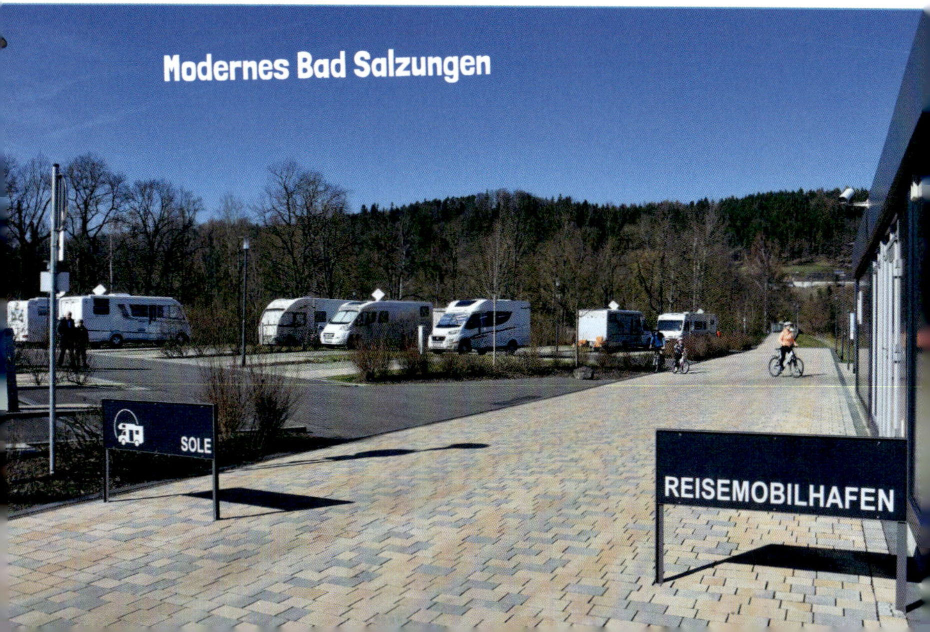

Modernes Bad Salzungen

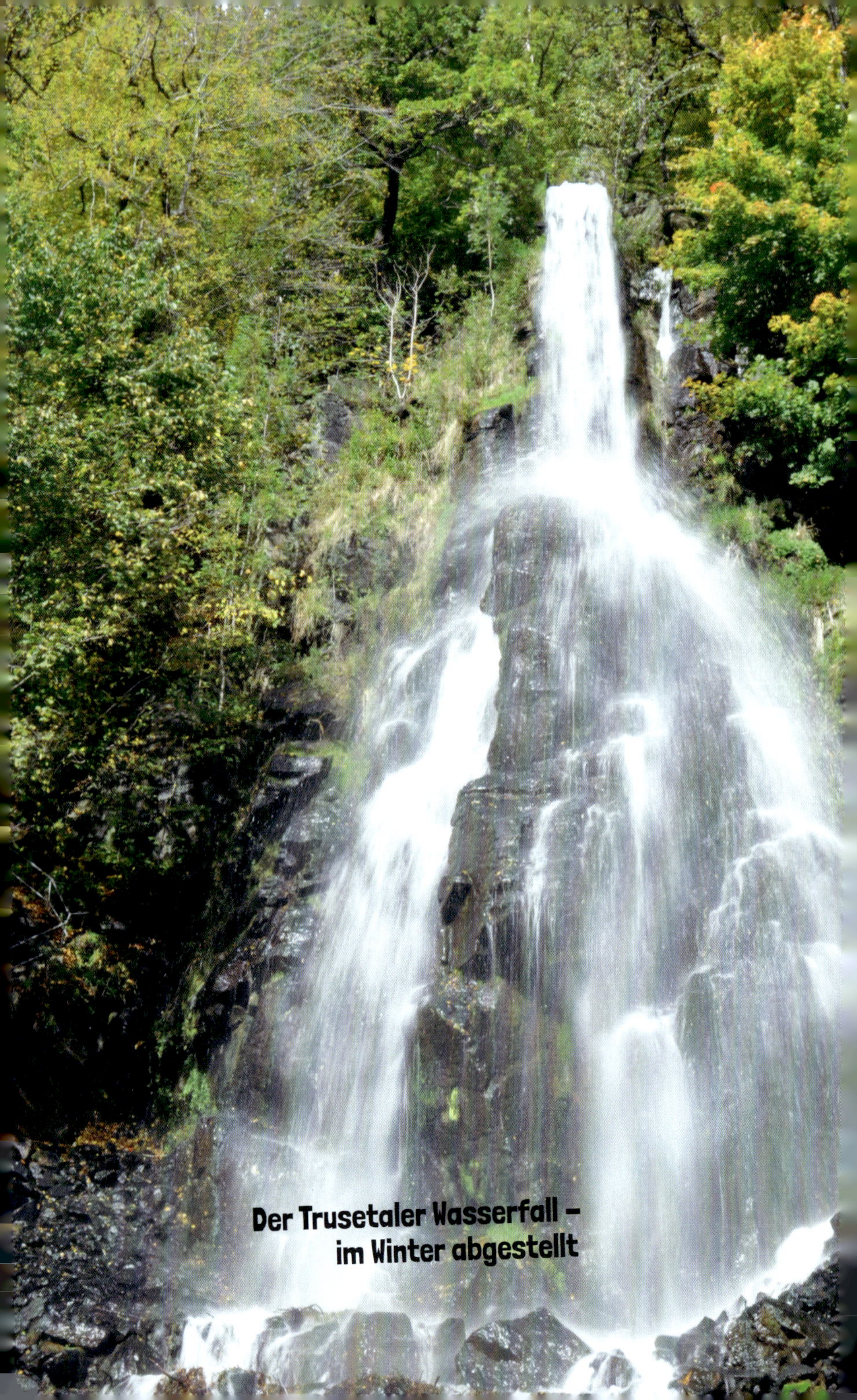
Der Trusetaler Wasserfall – im Winter abgestellt

Der Thüringer Wald steht natürlich vor allen Dingen bei Wanderern ganz hoch im Kurs. Aber einzelne Wanderziele oder sogar der komplette Rennsteig lassen sich auch erleben, wenn man mit dem Wohnmobil zu einem der Stellplätze und Campingplätze in dem Mittelgebirge reist.

Von Nordwest nach Südost verläuft das Gebirge des Thüringer Waldes durch den Freistaat und bildet dabei eine natürliche Barriere zwischen der Rhön im Westen und der Thüringer Tiefebene östlich des Mittelgebirges. In gleicher Richtung verläuft oben über die Berge und Kuppen der **Rennsteig** als ältester Fernwanderweg Deutschlands. Mit dem Wohnmobil ist er natürlich nicht zu erreichen, aber es gibt jede Menge Ausgangspunkte, von wo aus man den wunderschönen Wanderweg betreten kann. Zum nördlichen Startpunkt oder auch Zielort des Rennsteigs gelangt man aber auch mit dem Reisemobil. Dort, wo bei **Eisenach** die Kleine Hörsel in die Werra mündet, nimmt der Wanderweg über den Höhenzug seinen Anfang. Gleich hinter einer Brücke blickt man auf die Gaststätte mit dem klangvollen Namen „Tor zum Rennsteig". Da will man am liebsten erst einmal einkehren, bevor man in die Wanderschuhe schlüpft. Hinter dem Innenhof des Gasthauses steht ein typischer Zwiesel – so heißen im Thüringer Wald die Schilderbäume –, der mit unzähligen ausgelatschten Wanderschuhen geschmückt ist.

Thüringer Wald

Im Schatten des Rennsteigs

Aber Eisenach ist natürlich noch bekannter für sein UNESCO-Welterbe, die **Wartburg.** Die aus dem 11. Jahrhundert stammende Burganlage erhebt sich stolz oberhalb der Stadt. Im frühen 13. Jahrhundert lebte die heilige Elisabeth von Thüringen auf der Wartburg und 300 Jahre später übersetzte Martin Luther hier die Bibel. Um Eisenach und die Wartburg mit dem Wohnmobil zu erleben, stellt man das rollende Heim am sinnvollsten auf dem kleinen kommunalen Wohnmobilstellplatz in der Karl-Marx-Straße ab. Es ist ein bisschen schade, dass eine Stadt wie Eisenach nur diese einfachen fünf Stellflächen gegenüber einem Discounter zur Verfügung stellt, aber immerhin sind diese nah am Stadtzentrum gelegen. So kann man ab hier in wenigen Gehminuten den Marktplatz, das Bachhaus oder auch das **schmale Haus von Eisenach** erreichen. Es befindet sich in der Johannisstraße 9 und ist gerade einmal 2 Meter breit. Und 5 Zentimeter. Die sollte man bei der ohnehin schon geringen Breite nicht noch unterschlagen.

INFO

An ihrer engsten Stelle ist die Drachenschlucht gerade einmal 68 Zentimeter breit.

Von wem oder warum dieses schmale Haus gebaut wurde, ist unklar. Fragen kann man auch niemanden mehr, denn das Alter des Gebäudes wird auf rund 250 Jahre geschätzt. Es gibt Archivaufnahmen aus dem Jahr 1900, auf dem das Haus freistehend zu sehen ist. Allerdings hatte es damals noch eine ganz andere Fassade und musste zudem gestützt werden. Heute ist keine Stütze mehr notwendig, denn das Gebäude ist zwischen zwei hohen Bürgerhäusern eingeklemmt, die im Jahr 1903 fertiggestellt wurden.

Wandermöglichkeiten bestehen ab dem Eisenacher Wohnmobilstellplatz natürlich auch, so zum Beispiel zur legendären **Drachenschlucht.**

Die rund drei Kilometer lange Klamm kann man aber auch erreichen, wenn man mit dem Wohnmobil der Bundesstraße

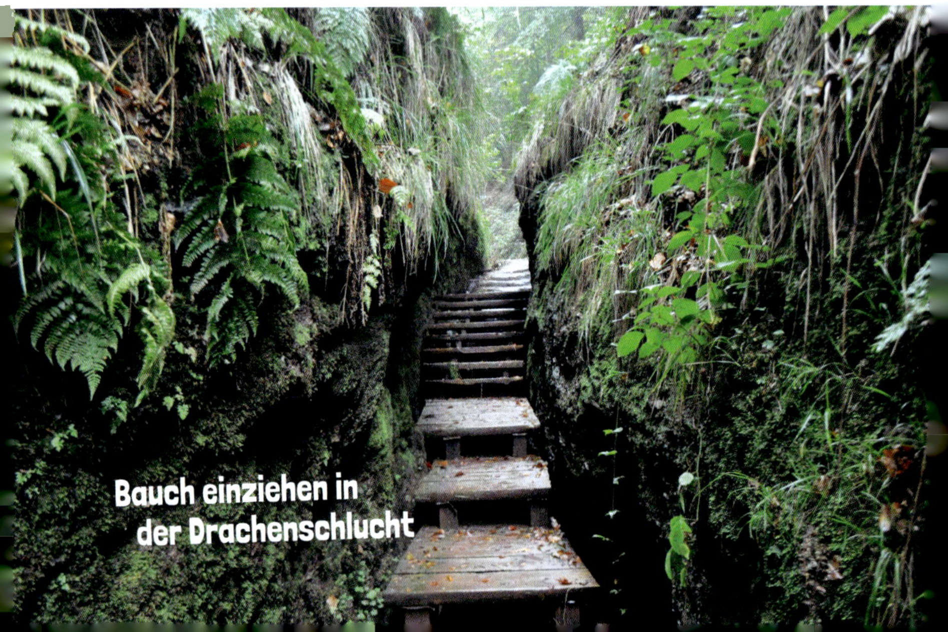

Bauch einziehen in der Drachenschlucht

19 tiefer in den Thüringer Wald folgt. In **Etterwinden** biegt man dann links ab, um den Hauptkamm des Gebirges zu überqueren und nach **Ruhla** zu gelangen. Leider bietet Ruhla keine Campingmöglichkeiten, doch ein Zwischenstopp in der einstmals geteilten Stadt lohnt sich aus mehreren Gründen. Geteilt war sie nicht etwa während des Kalten Krieges, sondern als der Ruhlabach mitten im Ort die offizielle Grenze zwischen Sachsen-Eisenach und Sachsen-Coburg bildete. Ein nachempfundener Grenzstein am Ruhlaer Bach mitten im Ort erinnert daran.

Bekannter ist Ruhla aber im gesamten Bundesland für seinen kleinen Freizeitpark **mini-a-thür** in dem Ruhlaer Nebental Lappengrund, wo die Hauptsehenswürdigkeiten Thüringens maßstabsgerecht 1:25 nachgebaut wurden. Es gibt also keine stolze New Yorker Freiheitsstatue und auch kein Brandenburger Tor in Miniaturausgabe zu sehen. Dafür steht dort der Altvaterturm aus Lehesten, das Grenzmuseum Point Alpha bei Geisa und das Schloss Friedenstein aus Gotha. Außerdem gibt es in Ruhla noch das Tabakpfeifenmuseum und das Uhrenmuseum, allerdings im Original und nicht als Modell.

Das macht die Tour einzigartig!

- **Luthers Bibel-Burg**
- **Kleines ganz groß**
- **Sportlicher Pistenspaß**

Eine sehr ruhige Nacht verbringt man auf dem Wohnmobilstellplatz in **Bad Tabarz.** Einst war das ein Geheimtipp und man nächtigte ohne Strom und Ver- und Entsorgungsmöglichkeit auf dem Parkplatz des beliebten Freizeitbads Tabbs. Doch seit Pfingsten 2020 handelt es sich um einen sehr gut ausgebauten Wohnmobilstellplatz mit modernem Sanitärgebäude inklusive Fußbodenheizung und allem erdenklichen Komfort.

Bad Tabarz ist außerdem ein guter Ausgangspunkt, um in die Thüringer Waldbahn einzusteigen, eine Überlandstraßenbahn, die sogar bis **Gotha** pendelt. Mit dem eigenen Wohnmobil kann man aber auch hoch hinaus reisen, nämlich bis zum Großen Inselsberg, einem markanten Punkt im Thüringer Wald. Mit den Türmen, die sich auf der Kuppe des 916 Meter hohen Berges befinden, ist der **Große Inselsberg** auch aus der Ferne gut erkennbar.

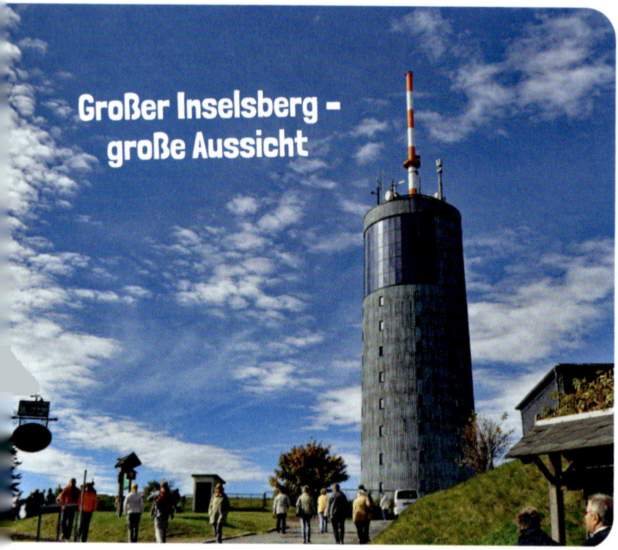

Großer Inselsberg – große Aussicht

Von Bad Tabarz ist es nur eine kurze Fahrt auf der Landstraße bis zum Parkplatz unterhalb des Gipfels. Der Rest ist eine kurze Wanderung. Alternativ kann man auch eine längere Wanderung zu den zahlreichen Freizeiteinrichtungen auf dem Gipfel erleben, wenn man zum Beispiel das Wohnmobil auf dem Campingplatz Valentinsteich abstellt. Hier wird man nicht nur sehr freundlich in Empfang genommen, sondern steht auch sehr ruhig und abseits am Waldrand bei **Finsterbergen.**

Der wohl bekannteste Ort im Thüringer Wald dürfte aber wohl **Oberhof** sein. Dort steht ganz klar der Wintersport im Vordergrund und ein jeder Wintersportfan hat schon Wettkämpfe im Biathlon, Skilanglauf oder im Bob gesehen. Für einen Aufenthalt in der kalten Jahreszeit weist der Wohnmobilstellplatz in Oberhof dringend daraufhin, dass Winterreifen oder besser noch Schneeketten notwendig sind. Selbst M+S-Reifen reichen unter Umständen nicht aus, um mit dem Wohnmobil die kleine Steigung an der Ausfahrt zu überwinden. Und winterfest sollte das Wohnmobil natürlich auch sein.

Im Sommer ist Oberhof ein toller Ausgangspunkt für Wanderungen. Man gelangt spielend einfach auf den Rennsteig und kann diesem bis zum höchsten Berg des Thüringer Waldes, sogar des gesamten Bundeslandes, folgen. Der **Große Beerberg** ist 982 Meter hoch. Seine Kuppe besteht aus einem Regenmoor und ist daher als Schutzgebiet mit Betretungsverbot ausgewiesen. Die Natur freut's und die Besucher blicken an der Plänckner Aussicht in die Ferne.

FAZIT

Der Thüringer Wald hat viel Sehenswertes zu bieten. Die Natur steht hier zwar eindeutig im Vordergrund (gut so!), aber es mangelt dennoch nicht an Campingangeboten, die gleichmäßig verteilt sind.

GUT ZU WISSEN

VON: Eisenach
BIS: Oberhof
LÄNGE: 80 Kilometer

GUTE NACHT

SP EISENACH Karl-Marx-Straße 40, 99817 Eisenach (Strom)
SP BAD TABARZ Schwimmbadweg 6, 99891 Bad Tabarz (V+E, Strom)
CP VALENTINSTEICH Friedrichrodaer Weg 3 a, 99894 Friedrichroda, Tel. (0 36 23) 31 07 75, www.rennsteig-caravaning.de
SP OBERHOF Jahnstraße 7, 98559 Oberhof, Tel. (03 68 42) 57 50 12, www.wohnmobilstellplatz-oberhof.de (V+E, Strom)

ABENTEUER
NATUR
FREIHEIT

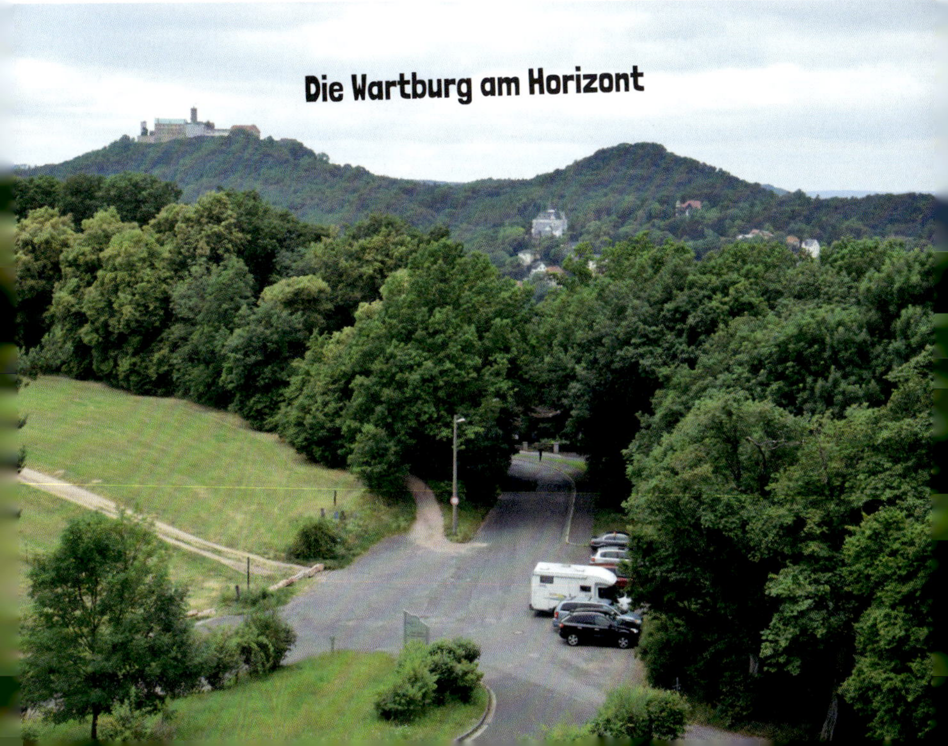

Die Wartburg am Horizont

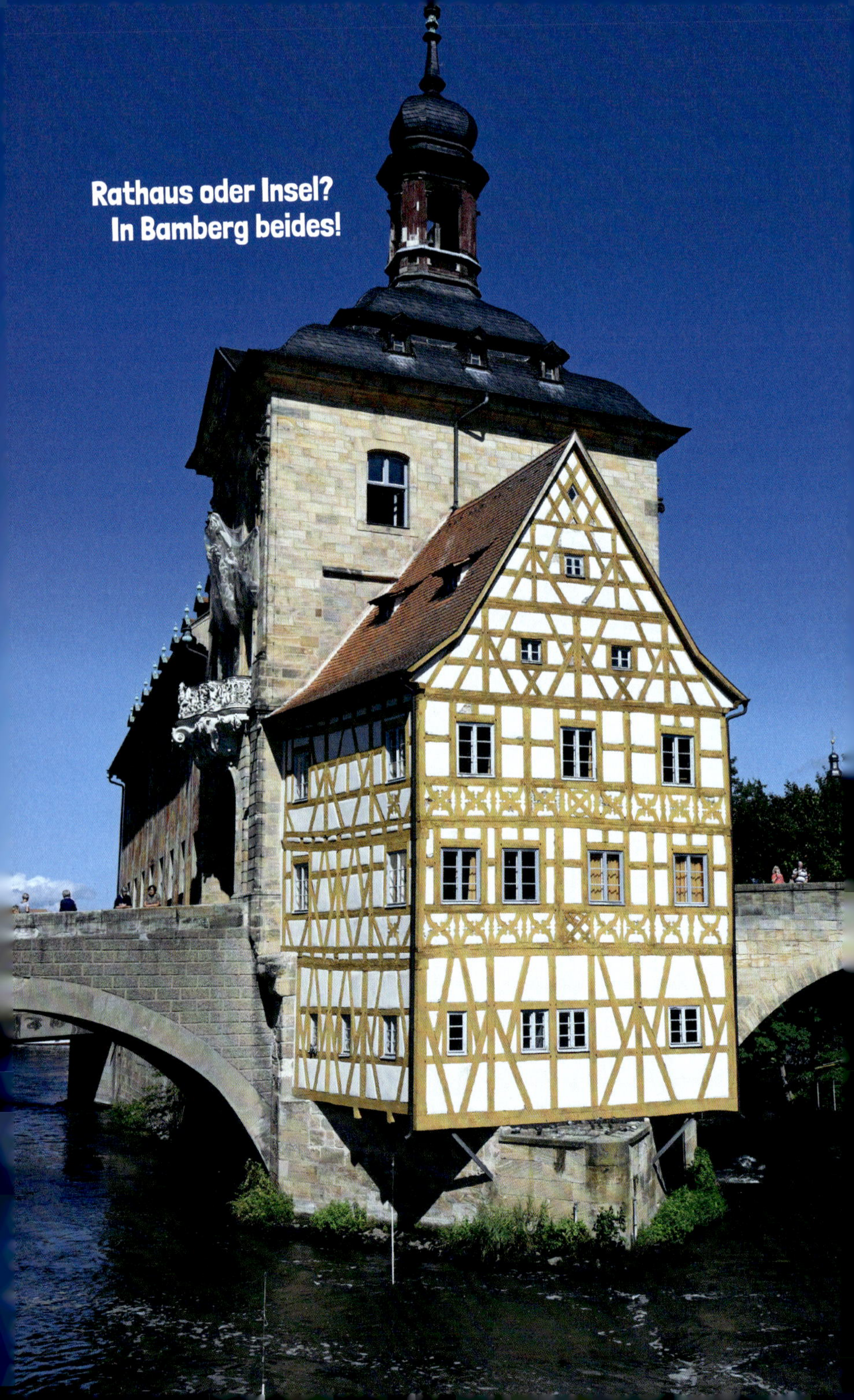
Rathaus oder Insel?
In Bamberg beides!

Oberfranken, Unterfranken, Mittelfranken – wer nicht im Norden des Freistaats Bayern lebt, verliert da schnell einmal den Überblick, zumal man die Franken ja auch besser nicht als Bayern bezeichnet. Aber mit dem Wohnmobil bereisen sollte man die Region auf jeden Fall. Bezaubernde Ortschaften machen hier den Reiz aus.

Noch bevor man sich mit den Orten in Franken beschäftigt, kann man gleich drei Sehenswürdigkeiten an der ehemaligen Grenze zwischen DDR und Bundesrepublik Deutschland besuchen. **Mödlareuth** ist nämlich ein kleines Dorf, das genau auf der heutigen

Franken

Von Oberfranken nach Mittelfranken

Grenze zwischen den Bundesländern Thüringen und Bayern liegt. Das bedeutet, dass die einstige Grenze zwischen den beiden deutschen Staaten genau durch das Dorf verlief. Hier zeigte sich der Eiserne Vorhang Europas genauso wie im geteilten Berlin, nämlich auch mit einer Mauer. Daher hat der Ort unfreiwillig den Beinamen **Little Berlin** erhalten. Die Zeiten sind zum Glück heute vorbei, doch geblieben sind Mauerreste und Grenzbefestigungen als Mahnmal, die im Deutsch-Deutschen Museum Mödlareuth zu sehen sind.

Passend zum Thema befindet sich nur drei Kilometer Luftlinie vom heutigen Museum ein Grenzstein, den es so in der Form während des Kalten Krieges nicht gegeben hat. Denn der Drei-Freistaaten-Stein markiert das Zusammentreffen der drei Bundesländer bzw. in diesen Fällen der Freistaaten Sachsen, Bayern und Thüringen. Es gibt zwar einen netten Picknickplatz und einen Parkplatz, doch Übernachtungsplätze sind rund um Mödlareuth eher Mangelware. Wenn man schon als campender Grenzgänger unterwegs ist, dann sollte man auch dem zweiten **Dreiländereck** im Nordosten Frankens einen Besuch abstatten. Es liegt malerisch an einem kleinen Bachlauf mitten im Wald und markiert das Zusammentreffen der beiden Bundesländer Sachsen und Bayern mit dem Nachbarstaat Tschechien.

Nur eine kurze Fahrt ist es bis zur drittgrößten Stadt in Oberfranken, nach **Hof.** Das Stadtzentrum ist zwar sehenswert, kann aber mit anderen fränkischen Ortschaften wie Amberg oder Bamberg nur schwer mithalten. Für Wohnmobilfahrer kommt erschwerend hinzu, dass es weder Camping- noch Wohnmobilstellplatz gibt. Schade. Einen Womo-Stellplatz findet man dafür aber südlich von Hof in Oberkotzau und der kann sich ganz nebenbei auch noch sehen lassen. Bis zu neun Fahrzeuge fasst der Platz am Ufer der schmalen Schwesnitz und bietet dabei sogar genug Fläche, um es sich auch noch neben dem Stellplatz bequem zu machen. Daneben erhebt sich ein kleines Servicegebäude mit Sanitärbereich und einer Küche inklusive Waschmaschine, zugänglich durch die Chipkarte, die man bei der Einfahrt erhält.

INFO

1951 wurde Erika Fuchs Chefredakteurin der deutschen „Micky Maus" und übersetzte bis 1988 die Geschichten der Comic-Ikonen.

Nur vier Kilometer weiter südlich befindet sich ein weiterer Stellplatz. Dieser ist jedoch deutlich kleiner, bietet kaum Ausstattung und je nach Größe des Reisemobils passt auch kein zweites mehr dorthin. Dennoch sollte man der Ortschaft Schwarzenbach an der Saale einen Besuch abstatten. Denn eigentlich handelt es sich um **Entenhausen an der Gumpe.** Wer über die Autobahn 9 an-

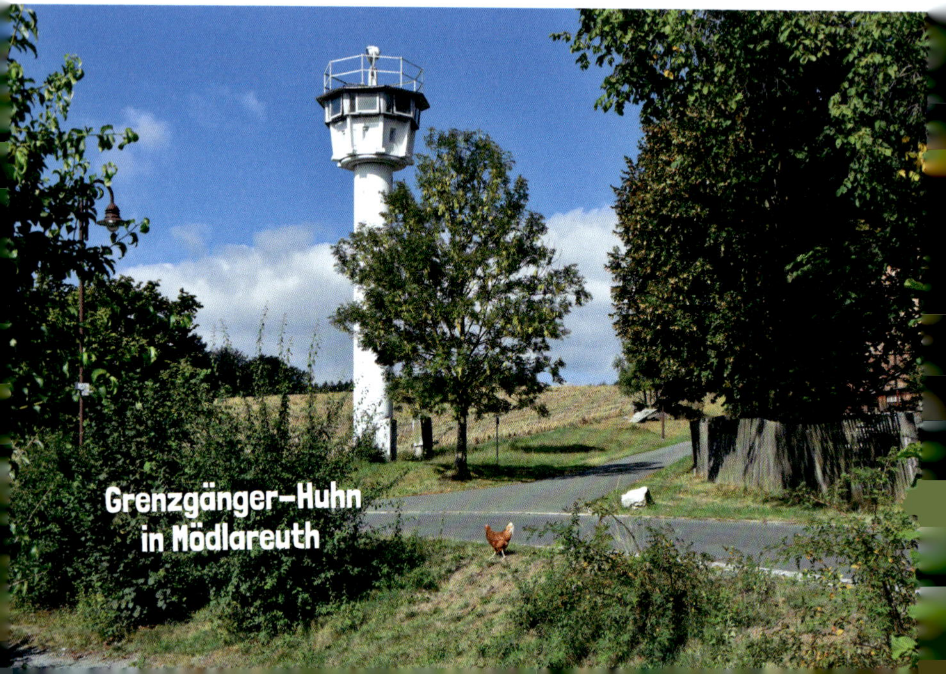

Grenzgänger-Huhn in Mödlareuth

gereist ist, wurde schon dort auf die vielleicht berühmteste Comicfigur der Welt aufmerksam gemacht. Doch was hat Schwarzenbach an der Saale mit der Familie rund um Donald Duck zu tun? Die Übersetzerin Erika Fuchs, die die Comics von Carl Barks ins Deutsche übertrug, lebte im Ort und liegt auf dem kleinen Friedhof begraben. Sie wurde für ihren Erikativ bekannt, mit dem sie Begriffe wie „Ächz“ und „Stöhn“ schuf. Auch mit etlichen Zitaten und literarischen Anspielungen hauchte sie den deutschen Übersetzungen einen ganz besonderen Charme ein. Während in der Saale eine Skulptur von Emil Erpel steht, dem Gründer von Entenhausen, ist nur wenige Schritte entfernt das Museum für Comic und Sprachkunst im Erika-Fuchs-Haus einen Besuch für Groß und Klein wert.

Das macht die Tour einzigartig!

- **Klein-Berlin**
- **Sympathische Comic-Enten**
- **Klein-Venedig**

Die Autobahn 9 ist es auch, über die man in die Festspielstadt Bayreuth gelangt. Ein Wohnmobilstellplatz befindet sich dort zwar außerhalb der Stadt, dafür aber ruhig gelegen direkt neben der Therme, die passenderweise den Namen Lohengrin trägt. Bei einem gemütlichen Abendspaziergang kommt man von dort außerdem direkt zum Alten und zum **Neuen Schloss** und zur **Eremitage**, wo sich der gepflegte Barockgarten erstreckt. Es gibt im Land der Franken natürlich noch viele andere Ortschaften, die mit ihren Altstädten zum Verweilen einladen. Amberg wäre zum Beispiel zu nennen, wo die Basilika St. Martin direkt bis an das Ufer der Vils gebaut wurde. Diesen ungewöhnlichen Anblick kann man schnell erleben, wenn man innerhalb weniger Gehminuten vom Stellplatz am Altstadtrand in das Zentrum spaziert.

Wer mehr Abgeschiedenheit bei der Campingübernachtung bevorzugt, der sollte zwischen Bayreuth und Amberg über die Bundesstraße 85 Kurs auf **Auerbach** in der Oberpfalz nehmen. Dort, etwas außerhalb der Stadt, befindet sich die Gaststätte Schlupfloch. Der Name ist in dieser ruhigen Idylle einfach nur treffend. Der nette ältere Herr, der die Gaststätte betreibt, hat auch ein Herz für Wohnmobilisten und bietet diesen auf der an-

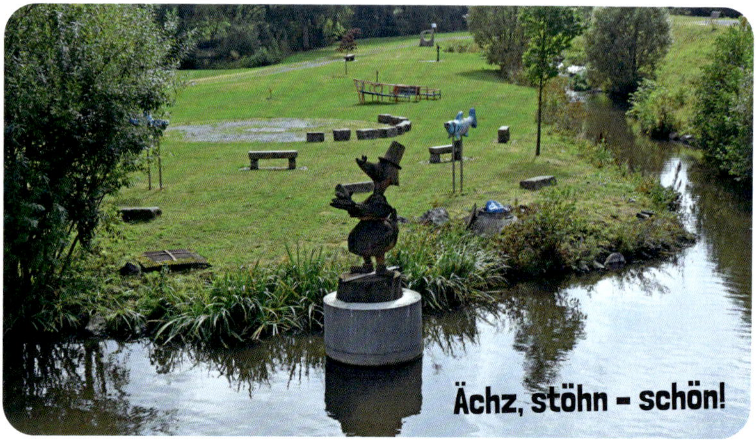

grenzenden Wiese besagtes Schlupfloch an. Ohne Parzellen steht man hier mit sehr viel Platz um sich herum und es gibt kaum ein weiteres Gebäude in der näheren Umgebung. Einfach herrlich.

Ganz anders wird es wiederum, wenn man auf der Bundesstraße 470 und anschließend über die Autobahn 73 zu einer der beliebtesten Städte in Franken reist. **Bambergs** Wohnmobilstellplatz ist eigentlich schon wieder zu klein für die Stadt. Knappe 30 Reisemobile passen auf die Fläche, die mit einer Schallschutzwand vom Rhein-Main-Donau-Damm abgetrennt ist. Auf der anderen Seite des Stellplatzes fließt ein Arm der **Regnitz** Richtung Altstadt, die wiederum ein wahres Bündel an Sehenswürdigkeiten ist. Ob das nun die Neue Residenz ist, die von ihrem Rosengarten einen schönen Blick über die Dächer der Altstadt bietet, oder der sehenswerte Dom und natürlich das Alte Rathaus. Das historische Bauwerk steht mitten in einem anderen Arm der Regnitz und ist das wohl beliebteste Fotomotiv der Stadt. Dahinter wird der Fluss etwas breiter und präsentiert sein Ufer in ganz besonderer Weise, denn die Wohnhäuser, die direkt bis zum Wasser der Regnitz gebaut wurden, werden auch als Klein Venedig bezeichnet. Kein Wunder, dass die gesamte Altstadt von Bamberg auf der UNESCO-Weltkulturerbeliste als schützenswert eingestuft wurde. Viele möchten diese Attraktionen besuchen, deshalb kann es auch schon einmal zu Wartezeiten vor dem Wohnmobilstellplatz kommen. Alternativ befindet sich außerhalb der Stadt, ebenfalls direkt an der Regnitz, ein ruhig gelegener Campingplatz.

FAZIT

Franken ist so groß und vielfältig, dass man jede Menge Zeit einplanen sollte. Erst recht, wenn man bedenkt, dass in dieser beschriebenen Campingtour nur Oberfranken bereist wird. Mit dem Wohnmobil nicht immer einfach, aber dennoch lohnenswert.

GUT ZU WISSEN

VON: Mödlareuth
BIS: Bamberg
LÄNGE: 140 Kilometer

GUTE NACHT

SP OBERKOTZAU Fabrikstraße 12, 95145 Oberkotzau (V+E, Strom)
SP SCHWARZENBACH AN DER SAALE Fleischgasse 3, 95126 Schwarzenbach an der Saale
SP AMBERG Schießstätteweg 13, 92224 Amberg (V+E, Strom)
SP SCHLUPFLOCH Hohe Tanne 4 a, 91275 Auerbach in der Oberpfalz (Strom)
SP BAMBERG Heinrichsdamm 33, 96047 Bamberg (V+E, Strom)

ABENTEUER
NATUR
FREIHEIT

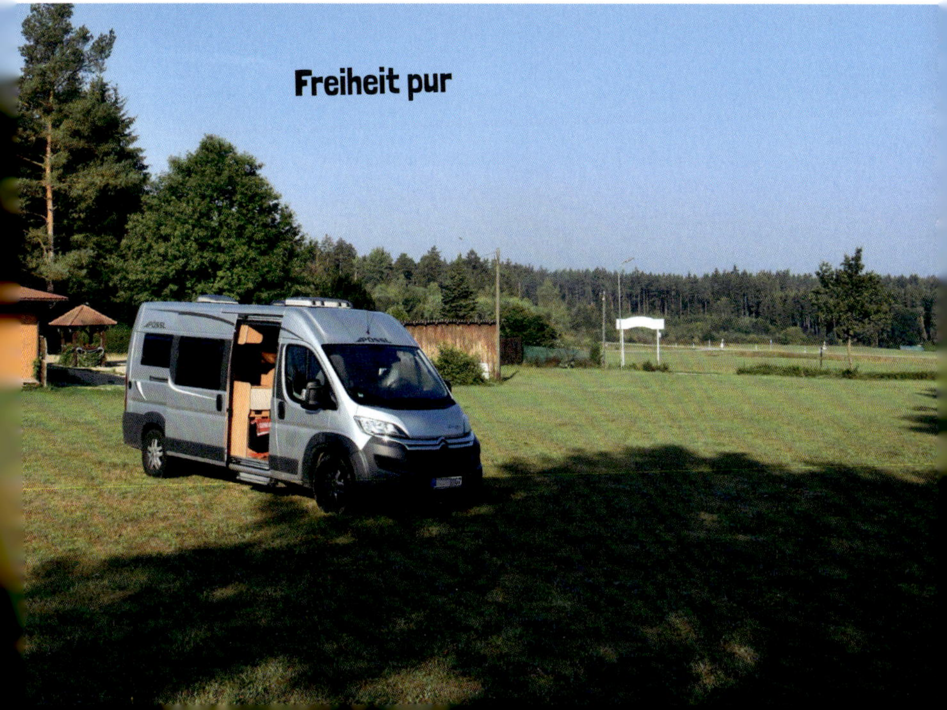

Freiheit pur

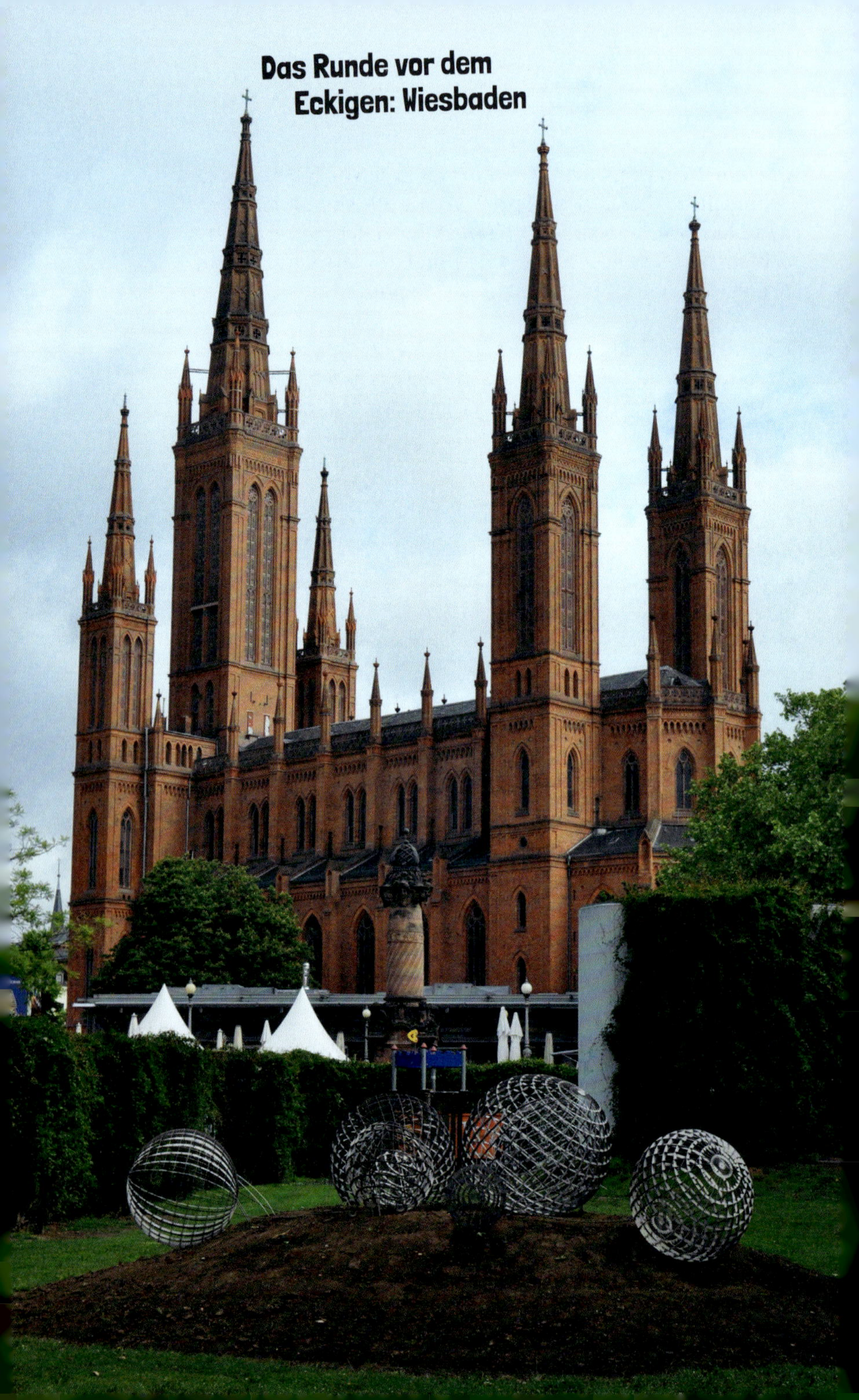

Das Runde vor dem Eckigen: Wiesbaden

Die von Wein geprägte Landschaft am Oberrhein beherbergt zahlreiche kleine und größere Orte, die allesamt ihren eigenen Charakter haben. Das Reisemobil steuert man zwischen Schwarzwald und Vogesen daher immer wechselweise auf beiden Seiten des Flusses durch die Region.

Hat man das Weltkulturerbe Mittelrhein bei **Bingen** verlassen, dann kann man die Reise entlang des Flusses gleich in Richtung Schweiz fortsetzen. Das Tal ist zwar nun deutlich weiter und es gibt keine spektakulären Felswände mehr zu sehen, doch dafür reist man gemütlich von Ort zu Ort. Den Anfang macht dabei

Oberrhein

Wein, Worms und Wald

Wiesbaden. In der hessischen Landeshauptstadt steht man auf halber Strecke zwischen Rhein und Innenstadt, gleichzeitig aber auch nahe einem Autobahnkreuz. Doch für die Besichtigung des Zentrums rund um Stadtschloss und Schlossplatz spielt das keine Rolle. Dafür hat man nach seinem Aufenthalt kurze Wege und eine schnelle Fahrt, um direkt zur nächsten Landeshauptstadt zu wechseln. Auf der anderen Rheinseite wartet in Rheinland-Pfalz **Mainz** darauf, besucht zu werden. Trotz seiner zentralen Lage bietet der Platz eine überraschend ruhige Nacht und noch dazu ist man in gut einer Viertelstunde in der sehenswerten Altstadt, wo ein Besuch im Gutenberg-Museum und im Mainzer Dom zum Pflichtprogramm gehört.

Im weiteren Verlauf des Rheins wird es deutlich ruhiger. Die Ortschaften liegen entlang der Bundesstraße 9 weiter auseinander und man fährt an einer weitläufigen **Weinlandschaft** entlang. Doch die Städte sind es, die aus dieser Campingtour einen Augenschmaus werden lassen. Als Nächstes folgt nämlich **Worms,** wo alles im Zeichen der Nibelungensage steht und man einen Blick in das dazu passende Nibelungenmuseum werfen sollte. Den Nibelungenturm kann man nicht verpassen, wenn man sich in der Nähe des Rheinufers zum leider etwas einfachen Wohnmobilstellplatz begibt.

Bei **Mannheim** und **Ludwigshafen** lohnt es sich, dem Rhein für kurze Zeit untreu zu werden. Es ist nur ein kurzer Abstecher am Neckar entlang, um zum Beispiel nach **Ladenburg** zu gelangen. Auf dem dortigen privat geführten Wohnmobilstellplatz schläft es sich nach einem freundlichen Empfang ruhig und in idyllischer Lage. Der beliebte Platz wurde wegen des großen Erfolgs in den letzten Jahren um einen Ausweichplatz erweitert. Der Erfolg begründet sich aber auch darin, dass die vielbesuchte Stadt Heidelberg nur eine kurze Radtour entfernt ist. Und **Heidelberg** hat im Jahr 2020 nachgelegt. Auch dort gibt es nun viel Fläche, um mit dem Reisemobil in zentraler Lage die Altstadt und natürlich das Schloss zu besichtigen.

INFO

Schloss, Alte Brücke und Philosophenweg machen Heidelberg zu einem der beliebtesten Reiseziele.

Durch **Schwetzingen** hindurch gelangt man wieder zurück zum Rhein, wo man auf der Salierbrücke in **Speyer** von Baden-Württemberg zurück nach Rheinland-Pfalz wechselt. Der Wohnmobilstellplatz, der von einem Hotel betrieben wird, ist preislich im höheren Segment angesiedelt. Das überrascht, weil er eigentlich am Ende der Start- und Landebahn vom Flugplatz Speyer liegt. Doch dafür lässt er nichts vermissen und man steht mit dem Wohnmobil mitten im Geschehen. Denn die Fliegerei ist ein großes Thema rund um das Areal. Nicht nur wegen des Flugplatzes, sondern vor allen Dingen auch durch das **Technik Museum Speyer**.

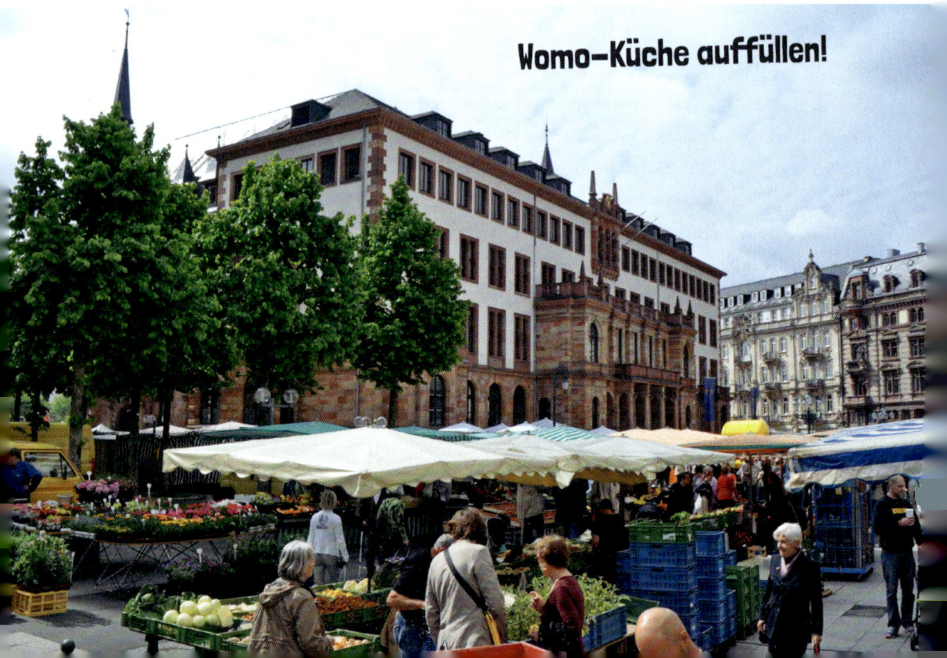

Hier gibt es nicht nur jede Menge Autos, Motorräder und Schiffe zu sehen, auf dem Außengelände hat man auch die Möglichkeit, eine ausgediente Boeing 747 zu besteigen, die in luftigen Höhen aufgestellt wurde. Sie ist selbstverständlich nur eines von vielen Fluggeräten und Fortbewegungsmitteln, die im Museum präsentiert werden. Nur historische Wohnmobile fehlen noch.

Mit einer kurzen Überquerung der Bundesstraße gelangt man zu Fuß außerdem sehr einfach in die Altstadt von Speyer, wo der Dom das Stadtbild prägt. Das Gotteshaus, im 11. Jahrhundert errichtet, ist die größte erhalten gebliebene Kirche im romanischen Stil. Gut neun Jahrhunderte später, im Jahr 1981, wurde der **Speyerer Dom** in die Liste des Weltkulturerbes aufgenommen. Nach dem Besuch der Stadt reist es sich sehr leicht durch die Landschaft des Oberrheins. Entweder lässt man es gemütlich auf der Bundesstraße 3 angehen oder man entscheidet sich für das sogenannte Kilometerfressen auf der Autobahn 5. Denn bis zur Schweizer Grenze ist es noch ein ordentliches Stück und es folgen weitere Stadtbesichtigungen. Karlsruhe scheidet dabei mangels Übernachtungsmöglichkeit aus und auch der Stellplatz in Rastatt ist eher etwas für Wohnmobilisten, denen es nichts ausmacht, auf Großparkplätzen zu übernachten. Auch der Stellplatz in Baden-Baden ist etwas ungünstig direkt an der Bundesstraße 500 gelegen. Und zum sehenswerten Stadtzentrum mit Kurpark, Fabergé Museum und historischer Badekunst sind es noch fast vier Kilometer.

Das macht die Tour einzigartig!

- Romantische Bilderbuchstädte
- An Bord einer Boing 747
- Ausflug nach Frankreich

Weiter südlich bietet sich in **Kehl** wiederum die Auswahl zwischen Campingplatz und Wohnmobilstellplatz. Da Kehl relativ überschaubar ist, zieht es vermutlich die meisten mit dem Fahrrad über die Europabrücke nach Frankreich, wo Straßburg mit einer beeindruckenden Innenstadt aufwartet. Nun muss man entscheiden, auf welcher Straße man weiter nach Süden reist. Bleibt man auf der deutschen Seite, lockt der **Europapark Rust** zu einem Tagesausflug, insbesondere, wenn noch Kinder mit an Bord sind.

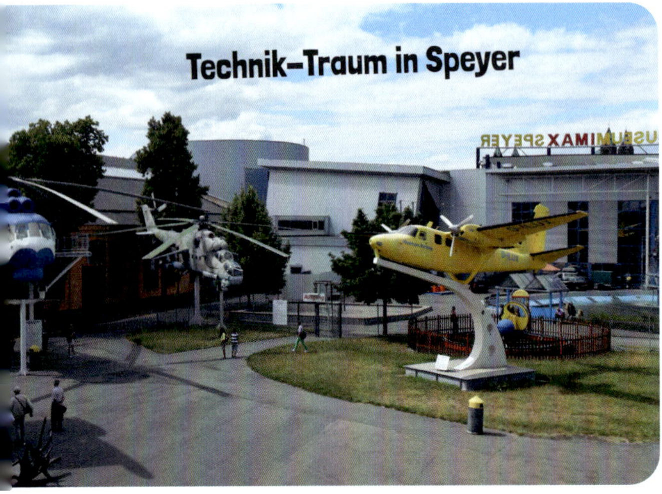

Technik-Traum in Speyer

Entscheidet man sich für die französische Rheinseite, dann ist überlegenswert, ob man nicht noch einen Zwischenstopp in **Colmar** einlegt. Immerhin hat die Stadt im Elsass eine ganz besonders schöne Altstadt zu bieten. Und mit einem Wohnmobilstellplatz und einem Campingplatz ist auch die Übernachtung gesichert.

Wie auch immer man sich entscheidet, am Ende landet man in **Breisach.** Hier übernachtet man direkt neben dem Rhein, auch wenn man den Campingstuhl auf den kleinen Deich stellen muss, um den Fluss sehen zu können. Doch die Altstadt, über der sich das Breisacher Münster erhebt, ist nur einen Katzensprung entfernt. Nachteil der guten Lage: In den Sommermonaten kann der einfache Stellplatz schnell voll sein. Wenn man auf das Rheinwasser verzichten kann, dann schadet es nicht, fünf Minuten weiterzufahren und den Bohrerhof zwischen Hartheim und Bad Krozingen aufzusuchen. Dort steht man auf einem Schotterplatz mit etwas mehr Abstand zum Nachbarn nicht nur ruhig, sondern auch gleich neben dem Hofladen, der allerhand Köstlichkeiten zu bieten hat. Am Abend kann man seinen Gaumen aber auch direkt im dazugehörigen Restaurant verwöhnen lassen.

Zum Abschluss der Oberrhein-Tour sollte man sich noch ein wenig dem Schwarzwald nähern, wo natürlich noch die Stadt **Freiburg** zu einem längeren Aufenthalt einlädt. Der im Jahr 2020 neu errichtete Wohnmobilstellplatz bietet guten Komfort und ist fußläufig von der Altstadt entfernt. Ähnlichkeiten mit Speyer sind nur rein zufällig, denn auch dieser Platz befindet sich gleich neben einer kleinen Start- und Landebahn.

FAZIT

Es gibt viele Städte entlang des Oberrheins, doch nicht jede hat die Möglichkeiten des Wohnmobiltourismus für sich entdeckt. Wie schön, dass es zwischendurch dann doch ein paar Perlen an Übernachtungsmöglichkeiten gibt.

GUT ZU WISSEN

25

VON: Bingen
BIS: Freiburg
LÄNGE: 330 Kilometer

GUTE NACHT

SP WIESBADEN Wörther-See-Straße 29, 65187 Wiesbaden, www.reisemobilhafen-wiesbaden.de (V+E, Strom)

SP LADENBURG Heidelberger Straße 56, 68526 Ladenburg, Tel. (01 73) 2 75 87 10, www.wohnmobilstellplatz-ladenburg.de (V+E, Strom)

SP SPEYER Am Technik Museum 1, 67346 Speyer, Tel. (0 62 32) 6 71 00, www.hotel-speyer.de (V+E, Strom)

CP COLMAR 1 Allée du Camping, 68180 Horbourg-Wihr, Frankreich, www.campingdelill.fr

SP BOHRERHOF Zum Bohrerhof 1, 79258 Hartheim am Rhein, Tel. (0 76 33) 92 33 20, www.bohrerhof.de

ABENTEUER
NATUR
FREIHEIT

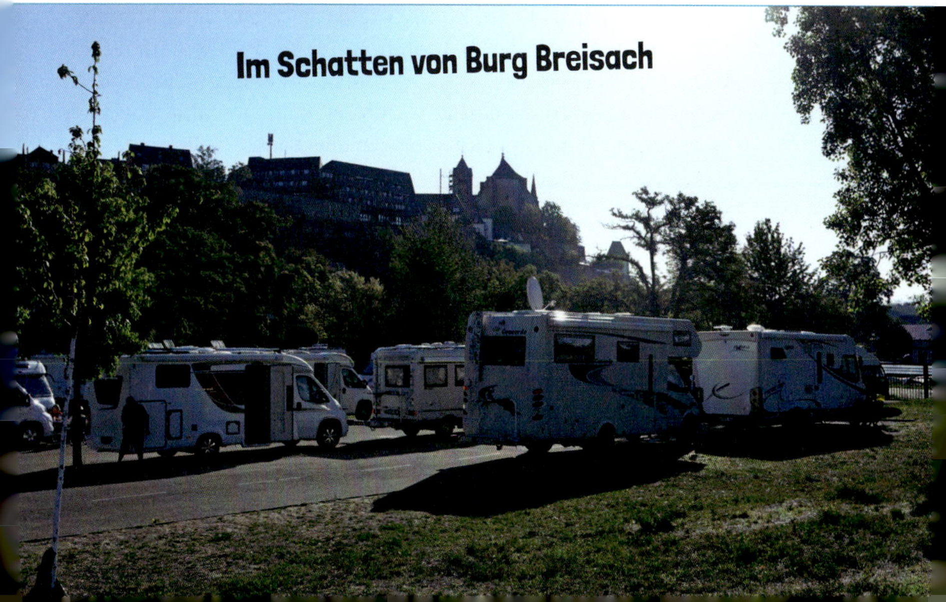

Im Schatten von Burg Breisach

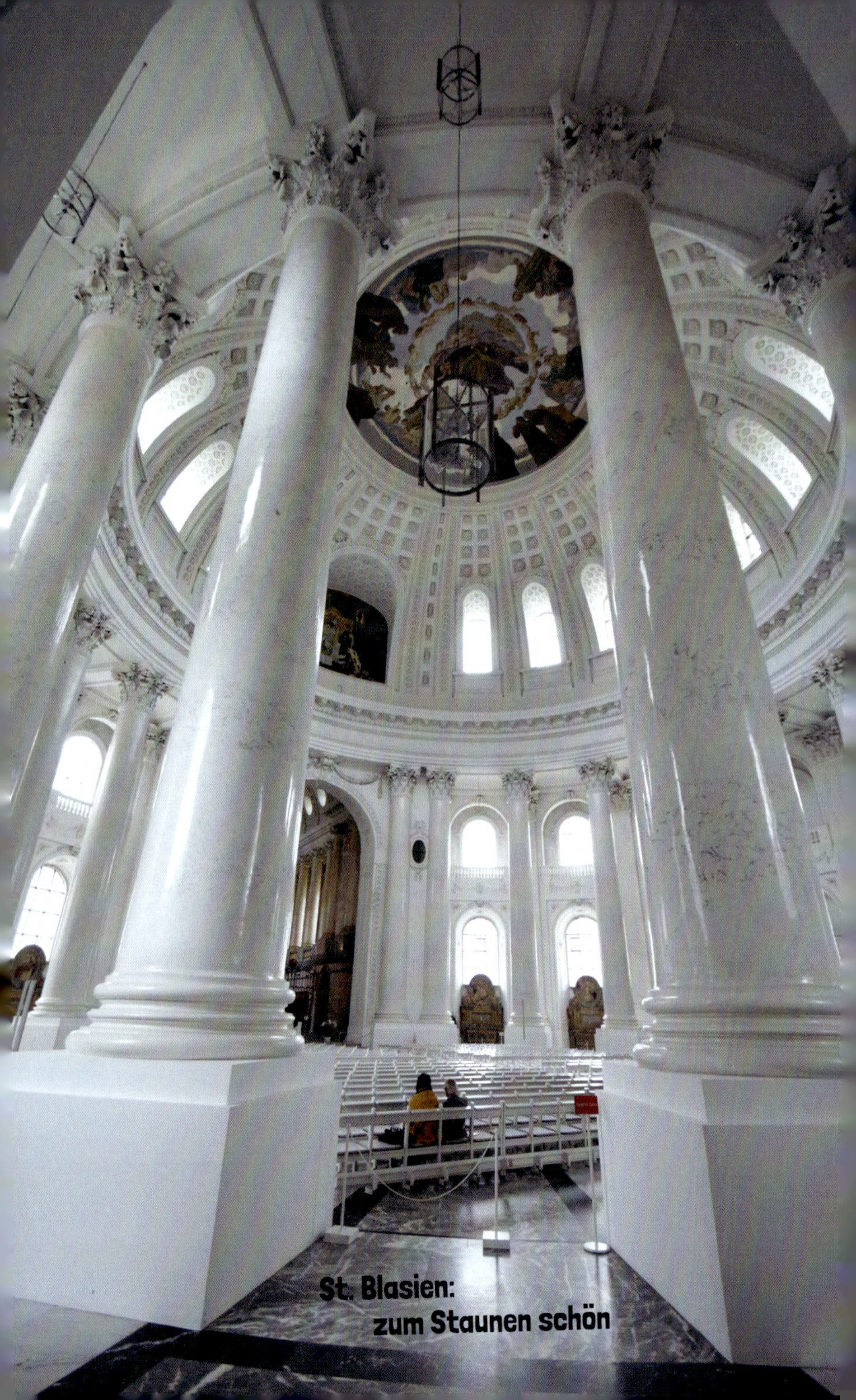

St. Blasien:
zum Staunen schön

Auf Naturerlebnisse braucht man mit dem Wohnmobil im Schwarzwald ganz sicher nicht zu verzichten. Die Bandbreite an Stellplätzen und Campingplätzen ist groß und von fast jedem Platz aus ist man in wenigen Minuten auf einem der vielen Wanderwege des Mittelgebirges unterwegs. Viele Aussichtspunkte erreicht man aber sogar direkt mit dem Reisemobil.

Autobahnen sucht man auf diesen fast 150 Kilometern Luftlinie vergebens. Sie dienen lediglich zur An- und Abreise. Innerhalb des beliebten Mittelgebirges bewegt man sein Wohnmobil aus-

Schwarzwald

Zum höchsten Berg Deutschlands außerhalb der Alpen

schließlich auf Land- und Bundesstraßen. So verlässt man die Autobahn 8 am nördlichen Rand des Schwarzwaldes bei **Pforzheim,** wo die Flüsse Enz und Nagold zusammentreffen und von Süden kommend zwei Täler in das Mittelgebirge formen. Da ist es nicht leicht, eine Auswahl zu treffen, welche Ziele man im Schwarzwald ansteuern soll. Folgt man zum Beispiel der Enz, so gelangt man nach **Bad Wildbad,** einem malerischen Kurort, der jedoch nur über einen relativ einfachen Wohnmobilstellplatz verfügt. Dafür gibt es aber etwas weiter westlich, im parallel verlaufenden Tal der Kleinen Enz, einen Campingplatz. Dieser dient dann ebenso gut als Startpunkt für Ausflüge rund um die Stadt. Zu den Attraktionen gehört zweifellos der **Sommerberg,** auf dem ein Baumwipfelpfad das Spazieren zwischen den Baumkronen ermöglicht. In luftiger Höhe ist man aber gleich daneben auch noch auf der **Wildline Hängebrücke** unterwegs. Mit einer Spannweite von 380 Metern und einer Höhe von 60 Metern braucht es ein wenig Wagemut, um sie zu überqueren.

Hoch hinaus geht es auch auf dem **Hohlohturm** auf dem gleichnamigen Berg. Hier zeigt der Schwarzwald bereits, was er so zu bieten hat, denn fast 1000 Meter ragt der Hohloh in die Höhe.

INFO

Der Titisee hat eine Wasserfläche von etwa einem Quadratkilometer und ist bis zu 40 Meter tief. Der Schluchsee kann mit rund fünf Quadratkilometern und einer Tiefe von rund 60 Metern aufwarten.

Entsprechend weit ist die Aussicht, die man vom Turm aus genießen kann. Naturgenuss gibt es aber bereits zwischen Parkplatz und Turm, wenn man auf Holzbohlenwegen durch die Moorlandschaft spaziert. Westlich vom Hohloh schneidet der Fluss Murg ein Tal in den Nordschwarzwald. Dort übernachtet man gerne auf dem kleinen Wohnmobilstellplatz in **Forbach.** Eigentlich sind es nur eine Handvoll Parzellen eines Malermeister-Betriebs, doch hat dieser Handwerker auch ein Händchen für seine Gäste. Spaziert man bei dunkler Bewölkung in das kleine Ortszentrum, so kommt er bei einsetzendem Regen mit dem Auto hinterhergefahren und reicht einem Regenschirme zum Schutz. Was für ein Service! Natürlich gibt er seinen Gästen auch gleich noch Tipps für die Ortsbesichtigung. Gesehen haben sollte man zum Beispiel die malerische Holzbrücke, die die Murg überspannt, und am Bahnhof das **längste Holzbrett der Welt.** Was es nicht alles gibt.

Auf eine Übernachtung im Wohnmobil muss man entlang der Bundesstraße 500 verzichten. Rund um die Hornisgrinde gibt es weder Stellplatz noch Campingplatz. Hier handelt es sich um ein Naturschutzgebiet, aber dafür kommt man in Deutschland nur an wenigen Stellen noch höher mit dem Wohnmobil. Denn die **Hornisgrinde** markiert mit ihren 1164 Metern Höhe den höchsten Punkt des Nordschwarzwaldes. Für einen Zwischenstopp auf jeden Fall ein Muss.

Dafür gibt es aber weiter südlich, an der Bundesstraße 28 bei **Bad Peterstal-Griesbach,** einen netten und etwas ungewöhnlich

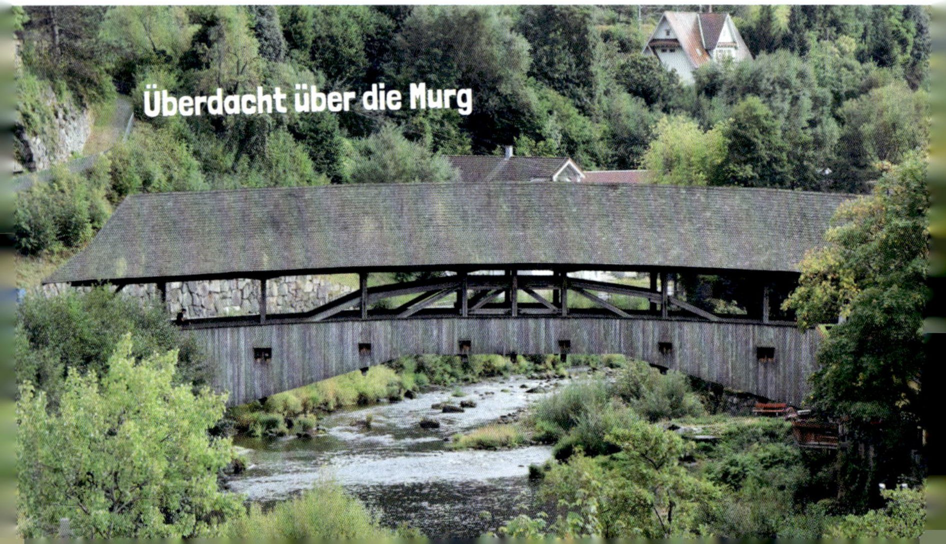

Überdacht über die Murg

angelegten Wohnmobilstellplatz. Bis zu zehn Reisemobile stehen dort in einem Kreisrund mit einem Durchmesser von 40 Metern. So hat jeder jeden im Blick oder man schaut einfach auf das leise plätschernde Wasser der Rench, die direkt am Platz vorbeifließt. Die Kinzig durchzieht den mittleren Schwarzwald und gilt für viele immer noch als die Grenze zwischen Nordschwarzwald und Südschwarzwald. Letzterer ist unter anderem dafür bekannt, dass die Donau hier ihren Ursprung hat und nach Osten hin ihren Weg durch Süddeutschland bis an das Schwarze Meer findet. Auch im südlichen Bereich des Mittelgebirges reihen sich in den Tälern kleine, malerische Ortschaften aneinander. Doch nur manche von ihnen bieten Übernachtungsmöglichkeiten für Camper.

Das macht die Tour einzigartig!

- **Nervenkitzel und Höhenrausch**
- **Das längste Brett der Welt**
- **Der Schwarzwälder Dom**

Natürlich gilt auch im Schwarzwald die Devise, je touristischer es wird, umso mehr Übernachtungsmöglichkeiten stehen für Reisemobilisten bereit. Und die altbekannte Weisheit, Wasser zieht immer, kommt auch in einem Mittelgebirge wie dem Schwarzwald zum Tragen. Allein rund um den bekannten, aber flächenmäßig eigentlichen kleinen **Titisee** erstrecken sich gleich vier Campingplätze und zwei Wohnmobilstellplätze. Ähnliches gilt auch für den nahegelegenen und langgestreckten **Schluchsee,** wo man sich terrassenförmig auf einem der beiden Stellplätze niederlassen kann – schöner Ausblick auf das Wasser inklusive. Alternativ steht auch hier noch ein Wohnmobilstellplatz bereit.

Aber die beiden Seen sind nicht die einzigen Gründe, warum das Angebot an Campingmöglichkeiten ein wenig ausgebauter ist als in anderen Regionen des Schwarzwaldes. Denn es sind jeweils nur wenige Kilometer bis zum Wahrzeichen des Mittelgebirges, dem Feldberg. Der ist mit seinen 1493 Metern Höhe der höchste Berg Deutschlands außerhalb der Alpen. Die kann man bei gutem Wetter sehen, wenn man oben auf der beinahe baumlosen Kuppe steht. Zu erreichen ist der **Feldberg** ab den Campingplätzen am besten im Rahmen einer schönen Tageswanderung oder

Wer höher möchte, muss in die Alpen

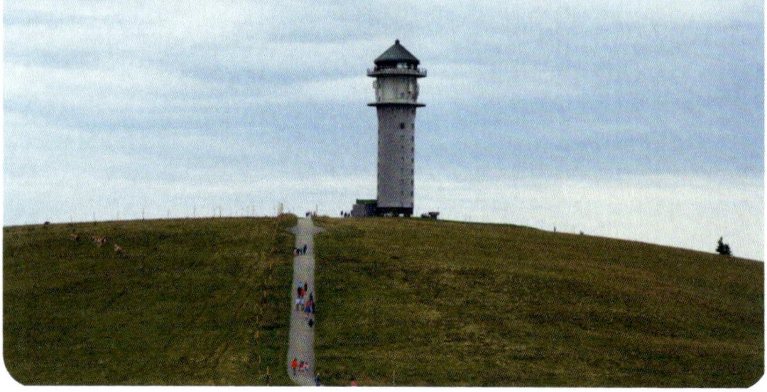

auch mit dem E-Bike. Wer es weniger sportlich mag, kann mit dem Wohnmobil aber auch direkt zu den Parkplätzen an der Talstation fahren und sich ganz bequem auf den Berg hinaufbefördern lassen.

Apropos Lift: Im nicht weit entfernten Dorf **Menzenschwand** gibt es auch einen Skilift. An dessen Talstation übernachtet man auf dem kommunalen Wohnmobilstellplatz in absolut ruhiger Lage auf einem Schotterplatz. Bezahlt wird ganz klassisch per Einwurf mittels Briefumschlag. Und wenn man schon einmal dort ist, dann kann man am nächsten Tag gleich auf der Landstraße weiter südwärts reisen, um in **St. Blasien** den dortigen sogenannten **Schwarzwälder Dom** zu besichtigen. Die ehemalige Abteikirche stammt aus der zweiten Hälfte des 18. Jahrhunderts und beeindruckt von außen mit ihrer großen Dachkuppel und im kreisrunden Inneren mit einem Marmorfußboden sowie einer zum Teil aus Marmor bestehenden hellen Ausstattung.

Wieder einmal leer geht man in Sachen Übernachtungsplatz aus, wenn man im südwestlichen Schwarzwald einen weiteren Aussichtsberg besuchen möchte. Der **Blauen** ist über 1100 Meter hoch und bietet einen tollen Ausblick über den Oberrhein bis hin zu den französischen Vogesen und in Richtung Dreiländereck. Sein Vorteil: Er lässt sich auch mit dem Wohnmobil erreichen. So ist zumindest ein Tagesausflug möglich. Übernachten kann man anschließend auf dem Campingplatz oder Wohnmobilstellplatz in **Schönau** im Schwarzwald.

FAZIT

Jede Menge Übernachtungsplätze gibt es im Schwarzwald. Manche sind von eher einfacher Natur, andere wiederum befinden sich in großer Zahl dort, wo es die meisten Touristen hinzieht.

GUT ZU WISSEN

26

VON: Pforzheim
BIS: Schönau
LÄNGE: 220 Kilometer

GUTE NACHT

SP BAD WILDBAD Kernerstraße 135, 75323 Bad Wildbad (V+E, Strom)
SP FORBACH Murgtalstraße 1, 76596 Forbach, Tel. (01 72) 7 42 06 14 (Strom)
SP BAD PETERSTAL-GRIESBACH Schwarzwaldstraße 40, 77740 Bad Peterstal-Griesbach, Tel. (0 78 06) 98 66 00, www.an-den-heilquellen.de (V+E, Strom)
CP BANKENHOF Bruderhalde 31 a, 79856 Hinterzarten, Tel. (0 76 52) 13 51, www.camping-bankenhof.de
SP MENZENSCHWAND Rehbachweg 4, 79837 St. Blasien (V+E, Strom)

ABENTEUER
NATUR
FREIHEIT

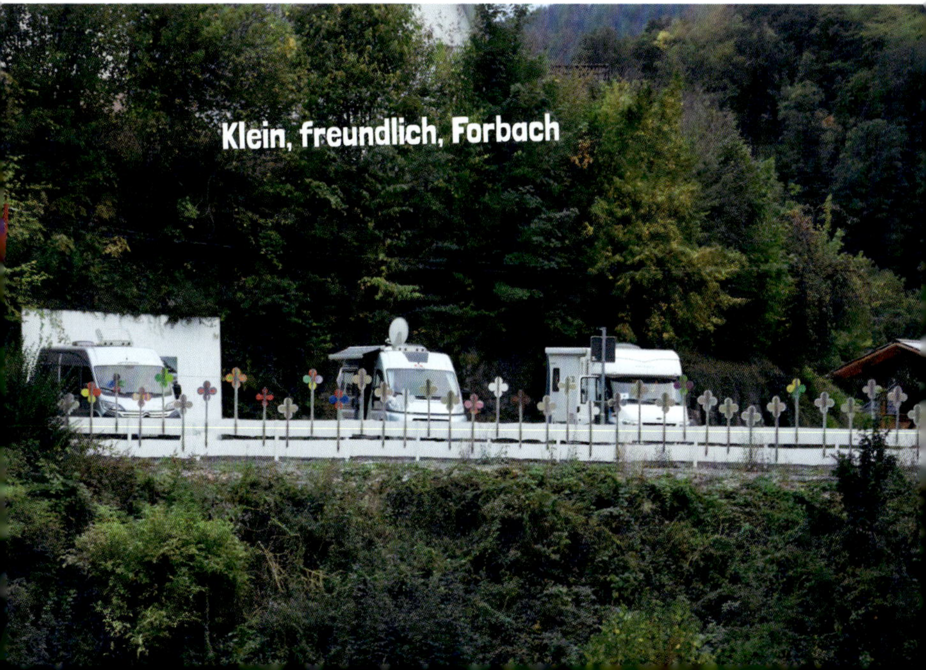

Klein, freundlich, Forbach

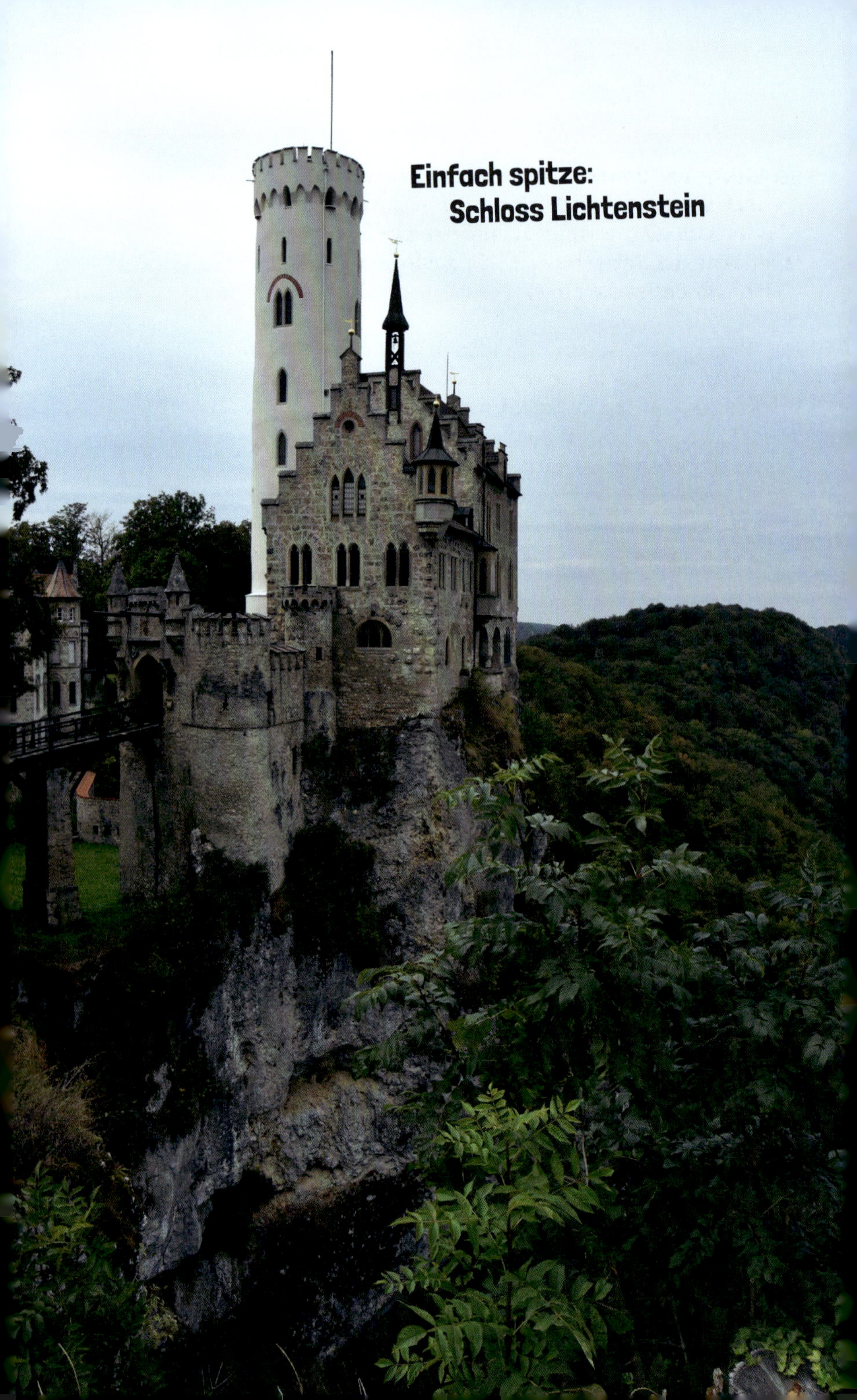

Einfach spitze:
Schloss Lichtenstein

Zwischen der Donauquelle und der Donaustadt Ulm kann man einerseits den noch jungen Strom bereisen und gemütlich am Flussufer campieren. Andererseits bieten sich an der Nordseite der Schwäbischen Alb zahlreiche Sehenswürdigkeiten zur Besichtigung an.

Die Wohnmobilreise durch die Schwäbische Alb sollte man dort beginnen, wo auch die Donau offiziell ihren Anfang nimmt. Der Wohnmobilstellplatz in **Donaueschingen** ist zwar nur ein einfacher Parkplatz am Sportplatz, doch nach einem kurzen Spaziergang durch den Fürstlich Fürstenbergischen Park erreicht man das

Schwäbische Alb

In Ulm, um Ulm und um Ulm herum

Schloss Donaueschingen, zwischen dem im Stil des Historismus erbauten Schloss und der angrenzenden Stadtkirche St. Johann befindet sich außerdem die gefasste Quelle der Donau. Die liebevoll konstruierte Brunnenanlage lohnt auf jeden Fall einen Besuch.

Wer mit dem Wohnmobilstellplatz in Donaueschingen etwas unzufrieden ist, der kann in Windeseile über die Bundesstraße 27 ein Stück weiter nach Norden reisen und im Kurort **Bad Dürrheim** unterkommen. Einen Stellplatz wie diesen findet man in Deutschland wohl kaum ein zweites Mal. Denn wer kennt schon einen Wohnmobilstellplatz, der aus fünf einzelnen Arealen besteht? Als würde man zu einem Messegelände fahren, folgt man hier den Wegweisern zu P1, P2 bis P5. Vor P4 befindet sich die Anmeldung und das Service-Center für den großen Wohnmobilpark. Dort ist außerdem eine der beiden Ver- und Entsorgungsstationen eingerichtet. Die zweite findet man zwischen P2 und P5. Parkfläche 2 ist übrigens mit sieben parallel verlaufenden Parkspuren die größte Stellplatzfläche der gesamten Anlage. P3 ist nur für Gruppentreffen vorgesehen. Sehr praktisch auch für Einzelreisende. So kommt man sich nicht gegenseitig ins Gehege.

Und zu bieten hat Bad Dürrheim als Stadt auch so einiges: Neben dem trapezförmig angelegten Kurpark und seinem großen Brunnen in der Mitte befindet sich ein Adventure-Golfparcours, ein Fastnachtsmuseum und, nicht zu vergessen, das Wellness- und Gesundheitszentrum mit gesunder Atemluft im Gradierwerk. Nördlich von Bad Dürrheim erstreckt sich die Doppelstadt **Villingen-Schwenningen.** Die hübsche Altstadt von Villingen besucht man aber am besten mit dem Fahrrad ab Bad Dürrheim, da es in Villingen-Schwenningen an Wohnmobilstellplätzen mangelt. Diese findet man aber wiederum bei **Rottweil.** Die älteste Stadt Baden-Württembergs ist ebenfalls einen Aufenthalt wert. Geradezu ideal bietet sich dafür der Wohnmobilstellplatz im Nachbarort **Dietingen** an. Er nennt sich „Reisemobilpark Turm und Kristalle", weil er sich gleich neben dem Museum „Welt der Kristalle" befindet. Mit dem Turm im Stellplatznamen ist der Testturm im nördlichen Gewerbegebiet von Rottweil gemeint. Die Firma Thyssenkrupp (heute TK Evelator) ließ den Turm 2014–17 errichten, um in ihrer Fahrstuhlsparte angemessene Tests vornehmen zu können. Zur Freude der Besucher ist die Turmspitze für die Öffentlichkeit zugänglich und bietet mit über 230 Metern die **höchste Besucherplattform Deutschlands.** Sie ist

INFO

Die Burg Hohenzollern ist allein schon durch ihre herausragende Lage auf einem einzelnen Berg eine echte Augenweide.

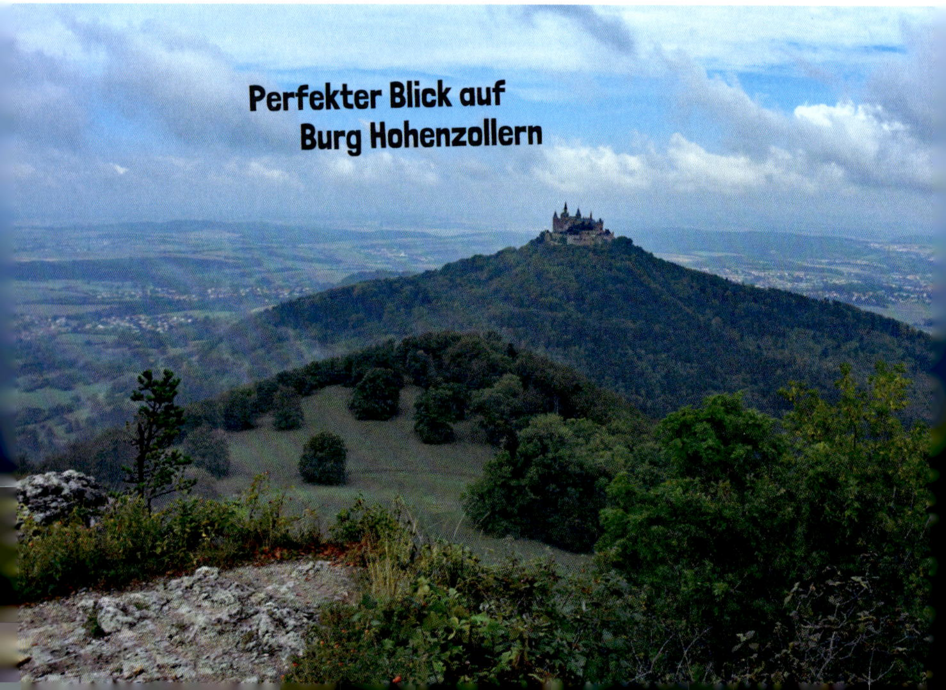

Perfekter Blick auf Burg Hohenzollern

zwar verglast, ermöglicht aber trotzdem den besten Ausblick auf die Schwäbische Alb.

Apropos Schwäbische Alb. So richtig drin sind wir noch nicht. Und dabei gibt es noch jede Menge zu entdecken. Über die Bundesstraße 27 fährt man ab Rottweil an der Nordwestflanke der Schwäbischen Alb entlang und gelangt bei Bisingen und Hechingen zur **Burg Hohenzollern.** Diese lässt sich am schönsten bei einer Wanderung auf die Zellerhornwiese betrachten.

Das Wohnmobil kann man in der Zeit auf dem Wanderparkplatz Am Raichberg oder am Zollersteighof stehen lassen. Nur das Übernachten fällt hier flach. Gleiches gilt leider auch für das **Schloss Lichtenstein,** das sich malerisch auf einem Bergsporn erhebt. Trotz der fehlenden Campingmöglichkeiten sollte man diese Anblicke jedoch nicht verpassen. Der nächstgelegene Wohnmobilstellplatz ist über die Bundesstraße 313 zu erreichen und befindet sich in **Reutlingen.** Eine Schönheit ist er nicht, doch bietet er gute Möglichkeiten, die nette Altstadt zu besuchen. Allerdings sollte man dabei den Bauch einziehen, denn sonst hat man Probleme, die **engste Straße der Welt** zu durchqueren. Mit ihrer Breite von 31 Zentimetern steht die Spreuerhofstraße sogar im Guinnessbuch der Rekorde.

Das macht die Tour einzigartig!

- **Die höchste Besucherplattform**
- **Die engste Straße**
- **Der höchste Kirchturm**

In die entgegengesetzte Richtung reist man auf der Bundesstraße 313 einmal quer über die Schwäbische Alb an ihren südlichen Rand. Einerseits lohnt sich die Fahrt schon alleine wegen der gemütlich und beruhigend wirkenden Landschaft. Andererseits kommt man bei **Sigmaringen** wieder an die Donau zurück und kann das Wohnmobil direkt am Ufer des noch jungen Flusses auf dem Campingplatz oder Wohnmobilstellplatz abstellen. Nur ein kurzer Spaziergang ist es von dort flussabwärts bis in die pittoreske Altstadt, die vom beeindruckenden Hohenzollernschloss überragt wird. Wer aber einen wirklich ruhigen Übernachtungsplatz sucht und dennoch an der Donau bleiben möchte, der sollte nach **Beuron** fahren. Das schmale Band der Donau bildet

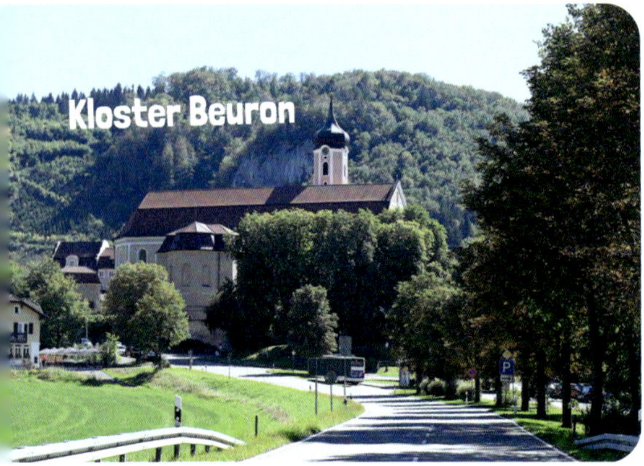

dort im Naturpark Obere Donau ein eng gewundenes, malerisches Tal. Es wird von hohen, dicht bewachsenen Hängen dominiert, aus denen hin und wieder schroffe Felsen herausragen. Vom Wohnmobilstellplatz in Beuron aus genießt man die beste Aussicht auf diese Naturschönheit. Gleichzeitig kann man in dieser Abgeschiedenheit einen Blick auf das nicht minder beeindruckende Benediktinerkloster werfen.

Einen weiteren Fluss bietet die Schwäbische Alb westlich von **Ulm.** Wesentlich einfacher als über die schmalen Straßen nach Beuron ist **Blaubeuren** über Bundesstraßen zu erreichen. Die Blau bildet hier ebenfalls ein schmuckes Tal. Dort findet sich nicht nur die kleine Altstadt von Blaubeuren, wo sich am Rande der einfache, aber praktische Wohnmobilstellplatz befindet. Auch der Blautopf, nur 500 Meter vom Wohnmobil entfernt, liegt hier in malerischer Lage. Dabei handelt es sich um eine Karstquelle, die je nach Einfall des Sonnenlichts bläulich schimmert. Diese Blaufärbung entsteht durch winzige Kalkpartikel, die im Wasser das Licht entsprechend streuen. Der Quelltopf hat einen Durchmesser von rund 40 Metern und kann bei einem kurzen Spaziergang gemütlich umrundet werden.

Zu guter Letzt lässt man die Schwäbische Alb hinter sich und steuert sein Wohnmobil wieder in Richtung Donautal. Auf bayerischer Seite, in **Neu-Ulm,** befindet sich am Hallenbad der noch relativ neue, aber schon sehr beliebte Wohnmobilstellplatz, der auf dem vorgelagerten Parkplatz zusätzliche Ausweichplätze bietet. Auch von hier ist es nur ein kurzer Fußweg entlang der Donau zur Überquerung des Flusses auf der Fußgängerbrücke, bis man wieder in Baden-Württemberg steht und die Altstadt von Ulm besichtigen kann. Passend zum Einstieg in diese Campingtour mit der Besichtigung des Testturms in Rottweil lässt sich hier der **höchste Kirchturm** der Welt besteigen.

FAZIT

Die Schwäbische Alb erfordert zwar einige Zickzack-Fahrten, doch diese lohnen sich. Zahlreiche Sehenswürdigkeiten und herausragende Wohnmobilstellplätze lassen hier eine wunderbare Campingtour erwarten.

GUT ZU WISSEN

VON: Donaueschingen
BIS: Neu-Ulm
LÄNGE: 190 Kilometer

GUTE NACHT

SP BAD DÜRRHEIM Huberstraße 24, 78073 Bad Dürrheim, www.womo-badduerrheim.de (V+E, Strom)
SP DIETINGEN Fronstraße 7, 78661 Dietingen, Tel. (0 15 78) 0 79 78 11, www.reisemobilpark-turm-und-kristalle.de (V+E, Strom)
SP BEURON Abteistraße 24, 88631 Beuron, Tel. (0 75 79) 9 21 00 (V+E, Strom)
SP BLAUBEUREN Dodelweg 20, 89143 Blaubeuren, Tel. (0 73 44) 96 69 90, www.tw-blaubeuren.de (V+E, Strom)
SP ULM Öschweg 6, 89231 Neu-Ulm, Tel. (07 31) 9 85 99 20, www.donaubad.de (V+E, Strom)

ABENTEUER
NATUR
FREIHEIT

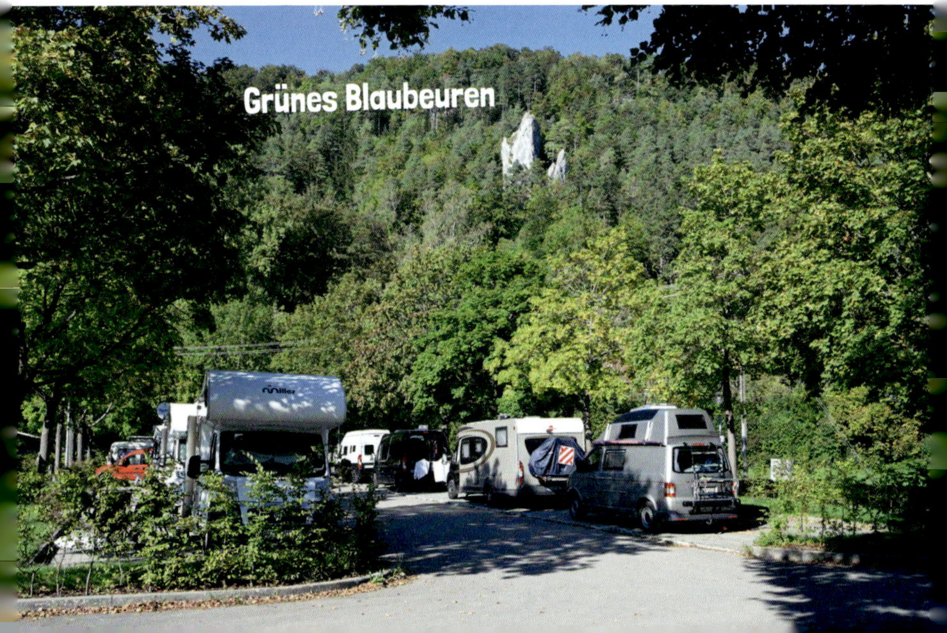

Grünes Blaubeuren

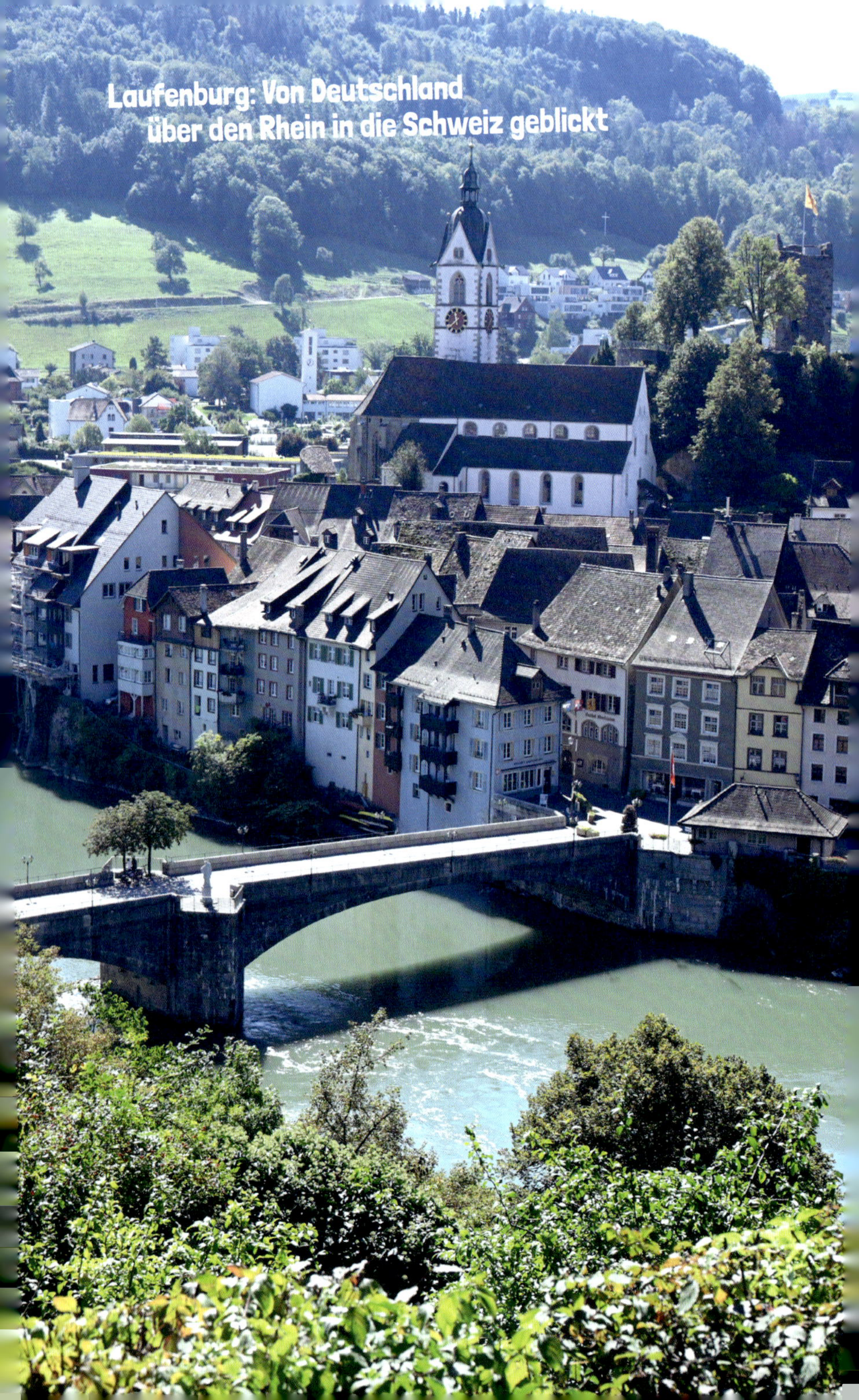

Laufenburg: Von Deutschland über den Rhein in die Schweiz geblickt

Vom Dreiländereck bei Basel führt die Reise den Hochrhein entlang mit einigen Abstechern in die Schweiz. Über den Rheinfall geht es zum Bodensee, wo sich die Campingangebote an den Ufern überschlagen. Doch auch das nördliche Umland hat jede Menge Interessantes für Campingfans zu bieten.

Diese Womotour startet am Dreiländereck von Deutschland, Frankreich und der Schweiz. So kann man bei **Lörrach** vom Campingplatz aus bequem mit dem Fahrrad in die Nachbarstadt **Basel** auf Schweizer Seite radeln oder man besucht die Franzosen in **Saint-Louis** auf der anderen Seite des Rheins. Oder man macht

Bodensee

Von Dreiländereck zu Dreiländereck

gleich beides, denn rund um das Dreiländereck, das mitten im Wasser des Rheins liegt, kann man eine schöne Rundtour drehen und einen Ausflug in beide Länder kombinieren. Während man auf der weiteren Campingtour in Richtung Bodensee Frankreich dauerhaft hinter sich lässt, wird man das südliche Nachbarland entlang der Fahrt am Rhein immer wieder einmal berühren. Manchmal auch zu Fuß, was zum Beispiel wunderbar in Bad Säckingen funktioniert. Der Wohnmobilstellplatz der Stadt besitzt zwar den Charme eines Parkplatzes und liegt auch gleich neben einem solchen, doch Strom sowie Ver- und Entsorgung sind vorhanden. Nur zweimal im Jahr sollte man vor der Anreise nach **Bad Säckingen** einen Blick auf die Webseite der Stadt werfen, da der Platz für den Frühjahrs- und Herbstmarkt geschlossen wird. In der anderen Zeit kann man aber die Ortschaft genießen und in wenigen Gehminuten die sehenswerte Holzbrücke erreichen. Sie ist mit über 203 Metern die **längste überdachte Holzbrücke Europas** und verbindet die Stadt mit der schweizerischen Gemeinde Stein.

Dort ist man zwar in der Schweiz, doch zu sehen gibt es in Stein recht wenig. Anders dagegen sieht es gut acht Kilometer weiter flussaufwärts aus. In **Laufenburg** stellt man das Reisemobil auf einer von sechs Parzellen des kleinen Wohnmobilstellplatzes ab. Etwas ungewöhnlich übernachtet man hier direkt vor den Balkonen eines Altenpflegeheims. Man genießt den Blick auf den Rhein, der langsam nach rechts zur Laufenbrücke zieht. Sie verbindet als Fußgängerbrücke die beiden gleichnamigen Orte, die beide mit einer kleinen, aber gemütlichen Altstadt zum Aufenthalt einladen. Einen besonders schönen Blick auf den Rhein, die Brücke und die beiden sehenswert bebauten Ufer hat man von der Terrasse vor der weiter oben gelegenen Heiliggeistkirche auf deutscher Seite.

INFO

Im Schnitt stürzen jede Sekunde 373 Kubikmeter Wasser den Rheinfall hinab. Damit gehört er zu den drei größten Wasserfällen in ganz Europa.

Der Rhein bleibt weiter Grenzfluss, auch bei **Waldshut-Tiengen,** wo, aus der Schweiz kommend, die Aare in den Rhein mündet und der Rhein-Campingplatz direkt bis zum Wasser reicht. Der dazugehörige Wohnmobilstellplatz liegt etwas davor, aber es sind nur wenige Schritte vom Wohnmobil bis zum Ufer. Auf der Bundesstraße 314 kann man ab Waldshut-Tiengen dem Rhein den Rücken kehren und auf deutscher Seite bleiben. Aber dann würde man sowohl den berühmten **Rheinfall von Schaffhausen** verpassen als auch den Wohnmobilstellplatz in Lottstetten.

Dieser Platz ist nun wahrlich keine herausragende Schönheit. Er bietet acht Stellflächen auf Asphalt, aber seine Lage ist schon etwas ungewöhnlich, denn die Ortschaft ragt wie eine Halbinsel

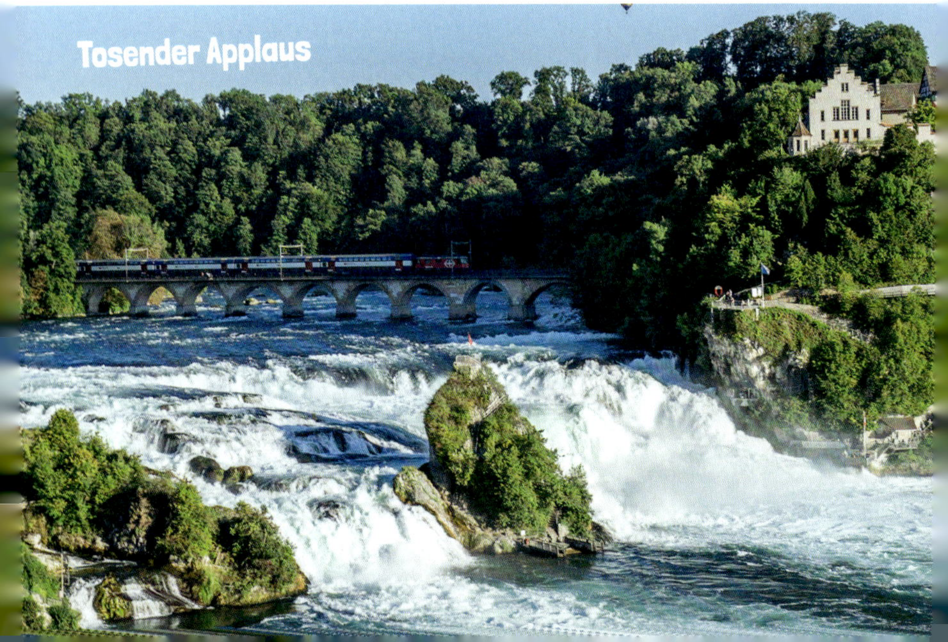
Tosender Applaus

in das Staatsgebiet der Schweiz hinein, sodass man bis auf eine kleine Zufahrtsmöglichkeit komplett vom Alpenland umgeben ist. Noch ungewöhnlicher wird es mit **Büsingen** am Hochrhein. Diese Ortschaft ist eine deutsche Exklave bzw. aus Sicht der Schweizer eine Enklave, die komplett von der Schweiz umgeben ist. Leider gibt es keine Campingmöglichkeit in Büsingen. Daher fällt eine Übernachtung mit dem Wohnmobil im deutschen Teil innerhalb der Schweiz aus.

Dafür gibt es aber weiter östlich jede Menge Campingangebote, denn vom Rheinfall in Schaffhausen und von Büsingen aus ist es nur noch eine kurze Fahrt bis zum Bodensee, der sich zunächst einmal mit dem Untersee zwischen **Radolfzell** und **Konstanz** zeigt. Sogar die Insel Reichenau bietet die Möglichkeit, mit dem Wohnmobil oder Wohnwagen auf einem Campingplatz zu übernachten. Zu erreichen ist das Eiland ab der Bundesstraße 33 über einen Damm. Der Platz ist, wie fast alle Plätze rund um den Bodensee, natürlich ein guter Ausgangspunkt, um die Landschaft, Städte und Sehenswürdigkeiten rund um das Gewässer zu erkunden. Zu nennen wäre da die Altstadt von Konstanz oder auch die **Insel Mainau,** die nahe dem Ufer am Übergang zwischen Obersee und Überlinger See vor allen Dingen Blumenfreunde begeistert.

Das macht die Tour einzigartig!

- **Ein Holzbrücken-Rekord**
- **Der Rheinfall**
- **Der südlichste Leuchtturm**

Natürlich muss man eine Entscheidung treffen, ob man sich lieber dem Südufer des Bodensees auf Schweizer Seite widmet oder lieber die nördliche Variante durch Deutschland wählt, um weiter gen Osten zu fahren. Die Auswahl an Campingplätzen ist enorm, lediglich auf Wohnmobilstellplätze trifft man seltener. Und auch die Sehenswürdigkeiten reihen sich auf wie Perlen an einer Kette. Zu den beliebtesten Zielen entlang des Bodensees zählt sicherlich **Friedrichshafen** bzw. das dortige **Zeppelinmuseum,** das einen guten Einblick in die Geschichte der Hindenburg und weiterer Luftschiffe gibt. Wer Kinder dabeihat, wird das Ravensburger Spieleland ansteuern.

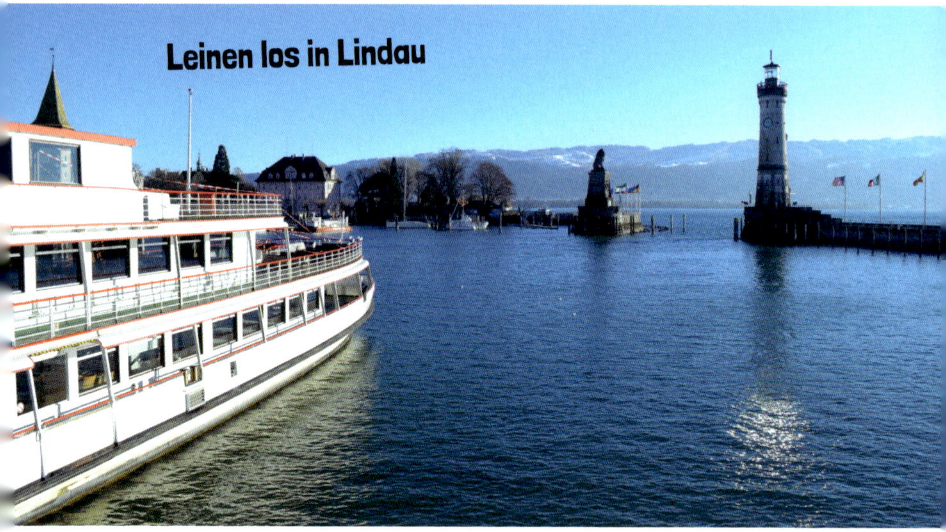

Leinen los in Lindau

FAZIT

Der Bodensee ist die Küste Süddeutschlands in Miniatur. Zahlreiche Sehenswürdigkeiten und Campingmöglichkeiten wechseln sich wie an Nordsee und Ostsee ab. Allerdings ist es in den Sommermonaten ähnlich voll und man muss auch mal mit längeren Staus rechnen.

Der Freizeitpark des berühmten Puzzle- und Spieleherstellers bietet jede Menge Spaß und Unterhaltung für Jung und Alt. Praktisch ist dabei der Wohnmobilstellplatz direkt vor den Toren des Freizeitparks, der auch von diesem betrieben wird. Wer sich mit dem Ravensburger Museum befassen möchte, fährt noch ein Stück weiter nördlich, denn dieses befindet sich mitten in der Altstadt. Übrigens, die Bundesstraße 30 ist auch dabei behilflich, noch weiter nach Norden zu gelangen, wo sich in der Ortschaft **Bad Waldsee** das Erwin-Hymer-Museum befindet – für Wohnmobilinteressierte natürlich fast schon ein Muss. Es liegt gleich neben dem Hymer-Werk, in dem die berühmten Campingfahrzeuge hergestellt werden, und befasst sich mit der Geschichte des Campingtourismus. Übernachten lässt es sich mit dem Wohnmobil auf dem großzügig eingerichteten Stellplatz im Südteil der Stadt gegenüber der Therme.

Zurück zum Bodensee bliebe noch die Erkundung von **Lindau** und dessen Altstadt, die auf einer kleinen Insel liegt. An der Hafeneinfahrt erhebt sich der **südlichste Leuchtturm Deutschlands.** Wer nun nach Frankreich, der Schweiz und Deutschland noch ein viertes Land besuchen möchte, steuert sein Wohnmobil nach **Bregenz** am Ostufer des Bodensees.

GUT ZU WISSEN

VON: Lörrach
BIS: Bregenz
LÄNGE: 280 Kilometer

GUTE NACHT

CP LÖRRACH Grüttweg 8, 79539 Lörrach, Tel. (0 76 21) 8 25 88, www.dreilaendercamp.de

SP LAUFENBURG Andelsbachstraße, 79725 Laufenburg (V+E, Strom)

CP REICHENAU Bradlengasse 24, 78479 Reichenau, Tel. (0 75 34) 73 84, www.sandseele.de

SP RAVENSBURG Hangenstraße, 88074 Meckenbeuren, Tel. (0 75 42) 40 00, www.spieleland.de (V+E, Strom)

SP BAD WALDSEE Unterurbacher Weg 26, 88339 Bad Waldsee (V+E, Strom)

ABENTEUER
NATUR
FREIHEIT

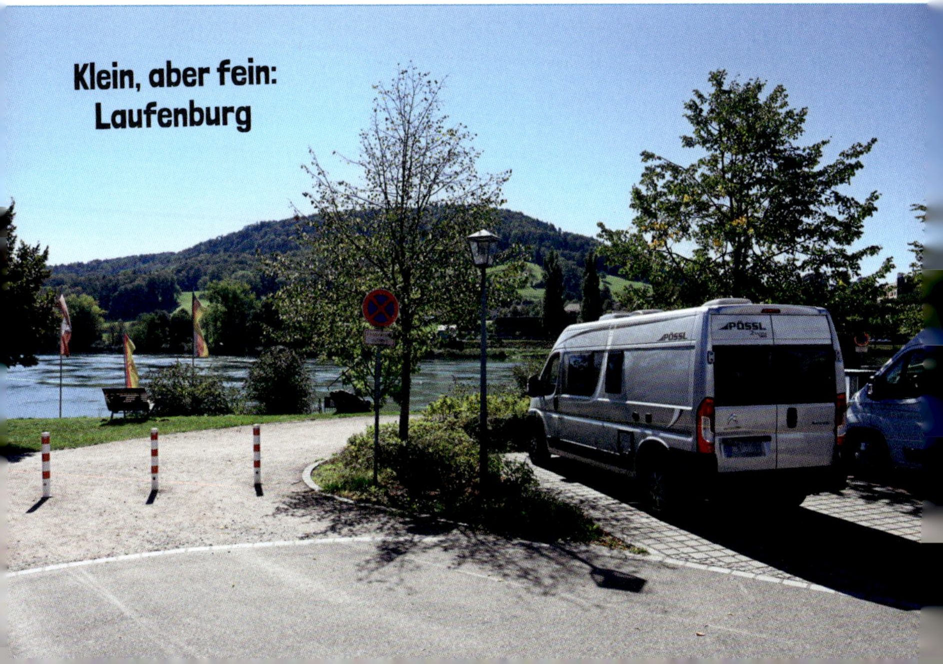

Klein, aber fein: Laufenburg

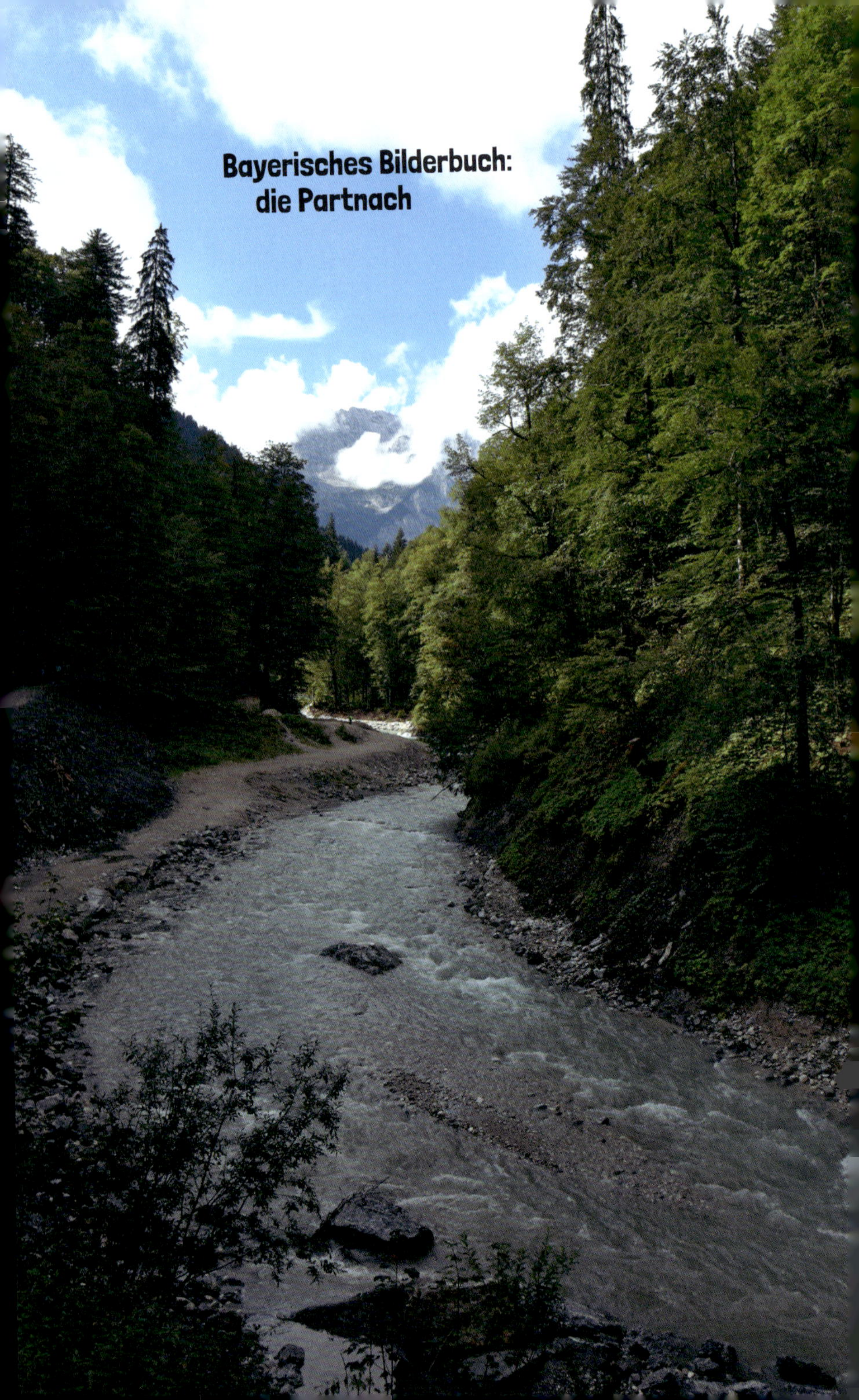

Bayerisches Bilderbuch:
die Partnach

Um das Allgäu mit dem Wohnmobil zu erleben, bietet es sich geradezu an, der sogenannten Deutschen Alpenstraße zu folgen. Erste Überlegungen, eine solche touristische Straße einzurichten, gab es bereits lange vor dem Start des Wohnmobiltourismus in den 1920er-Jahren. Heute ist sie mehr als hilfreich, um umgeben von tollen Landschaftsbildern vom Bodensee nach Berchtesgaden zu gelangen.

Oberstaufen besticht mit seinem Zentrum, das sich rund um die Pfarrkirche St. Peter und Paul ausbreitet. Das Gotteshaus mit seinem 65 Meter hohen Turm entstand im neogotischen Stil im 19.

Allgäu

Womotour im Voralpenland

Jahrhundert. Es ersetzte eine Vorgängerkirche, die vermutlich schon im 13. Jahrhundert bestand. Sehenswert sind im Inneren auch die Malereien der Decke aus dem Jahr 1913. Ein Wohnmobilstellplatz befindet sich jedoch weit außerhalb und südlich des Ortes. Doch wer will schon in den Ort, wenn er so einen Ausblick genießen kann wie am Wohnmobilstellplatz Hochgratblick. Betrieben wird der Platz von der Kfz-Werkstatt, die nur 150 Meter entfernt liegt. Dort gibt es auch Frischwasser, Entsorgungsmöglichkeiten und Toiletten. Aber das Schönste ist eben die Sicht auf den über 1800 Meter hohen Hochgrat und auf Oberstaufen.

Auf der Bundesstraße 308 geht es über **Immenstadt** nach **Sonthofen,** wo man natürlich einen Abstecher nach **Oberstdorf** einplanen sollte. Grund dafür sind die zahlreichen Sehenswürdigkeiten wie die **Breitachklamm,** aber auch die Sportmöglichkeiten im und um den Ort herum. Skispringen gehört dabei zu den Klassikern, die aus **Oberstdorf** nicht mehr wegzudenken sind. Die **Heini-Klopfer-Skiflugschanze** ist Austragungsort für den Auftakt der Vier-Schanzen-Tournee, die immer rund um den Jahreswechsel stattfindet. Zwei Tage vor Silvester herrscht dann in Oberstdorf Ausnahmezustand.

Mit seiner Lage gehört Oberstdorf außerdem zu den sogenannten Extrempunkten Deutschlands. Denn das Haldenwanger Eck, ein Bergsattel auf über 1900 Metern Höhe, ist der **südlichste Punkt Deutschlands.** Die drei anderen Extrempunkte Deutschlands liegen im Selfkant, auf Sylt und in Görlitz. Die vier Gemeinden haben sich zum Zipfelbund zusammengeschlossen und bieten eine Überraschung, wenn man innerhalb von vier Jahren in allen vier Orten eine Nacht verbracht hat. Nachweisen kann man dies über den **Zipfelpass,** der von den jeweiligen Tourismusbüros ausgegeben und abgestempelt wird.

INFO

In Nesselwang gibt es nicht nur ein Skimuseum, sondern auch eines für Ostereier.

Die **Deutsche Alpenstraße** erreicht im weiteren Verlauf einen kleinen Parkplatz am rechten Straßenrand der Bundesstraße 309, von wo aus man einen weiteren tollen Ausblick über die kleine Ortschaft **Nesselwang** genießen kann. Hier muss man einfach kurz anhalten und die Kamera zücken.

Nesselwang lädt zu einem längeren Aufenthalt ein und bietet dafür einen großzügig dimensionierten Wohnmobilstellplatz an

Nesselwang im Schnee

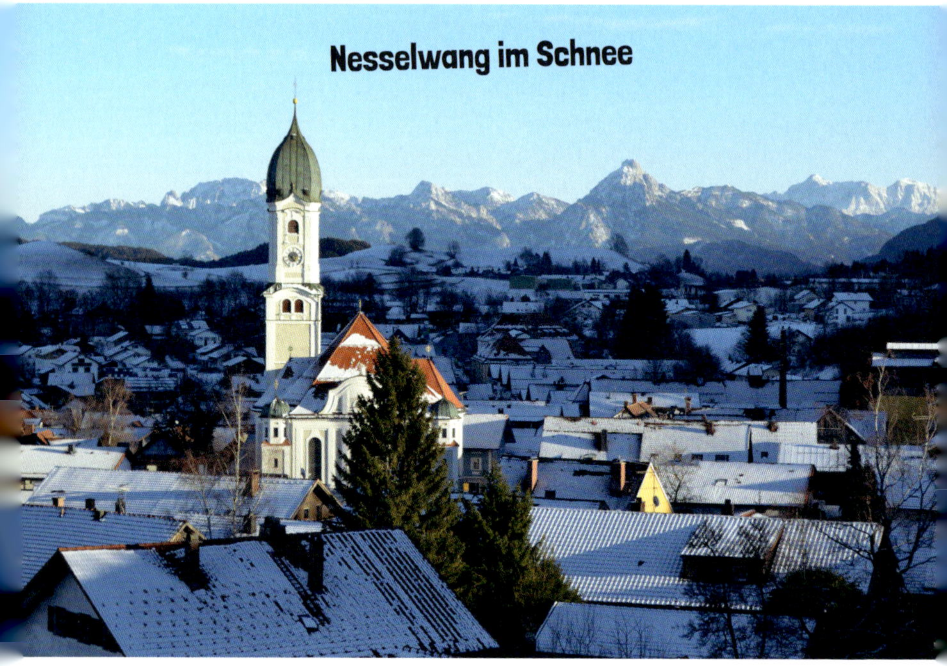

der Talstation der Alpspitzbahn. Gleich vom Wohnmobil aus geht es also hinauf in die Berge. **Pfronten,** mit einem sehr freundlichen Stellplatzbetreiber, und Füssen sind die nächsten Zwischenziele im Voralpenland. Um die Hauptattraktion von Füssen zu besichtigen, sollte man das Wohnmobil auf jeden Fall auf einem der Wohnmobilstellplätze im nördlich gelegenen Gewerbegebiet abstellen. Denn die Parkplätze am **Schloss Hohenschwangau** und an Deutschlands Wahrzeichen, dem **Schloss Neuschwanstein,** sind nicht viel günstiger als die Übernachtung. So kann man die restliche Strecke bis zu den Schlössern besser mit dem Fahrrad oder auf Schusters Rappen zurücklegen.

Das macht die Tour einzigartig!

- Deutschlands südlichster Punkt
- Schloss Neuschwanstein
- Die Zugspitze im Blick

König Ludwig II., der Schloss Neuschwanstein errichten ließ, wünschte ein Bauwerk, das seiner Vorstellung einer mittelalterlichen Ritterburg entsprechen sollte. 1869 wurde mit dem Bau begonnen, der ursprünglich nur drei Jahre dauern sollte. Doch streng genommen ist Schloss Neuschwanstein nie fertig gestellt worden. Ludwig II. konnte zwar 1884 die ersten Räumlichkeiten beziehen, übernachtete aber gerade einmal 172 Tage im Schloss – also noch nicht einmal ein halbes Jahr.

Das nächste Ziel auf der touristischen Trasse ist **Oberammergau,** bekannt für seine Passionsspiele, die bereits im Jahr 1634 stattfanden. Sie finden seit 1680 alle zehn Jahre statt. Unweit von Oberammergau befindet sich das sehenswerte Kloster Ettal, das bereits 1330 als gotische Klosterkirche gegründet wurde. In den ersten Jahrhunderten des Bestehens war es recht still um das Kloster. Das änderte sich, als Kurfürst Maximilian II. Emanuel ein Marienbild nach Ettal brachte und der Ort damit zu einer Wallfahrtsstätte wurde. Mitte des 18. Jahrhunderts wurde die komplette Klosteranlage durch einen verheerenden Brand vernichtet. Der Wiederaufbau erfolgte im Stile des Barocks, was man besonders im farbenfrohen Inneren der Klosterkirche zu sehen bekommt. Höhepunkt ist besagte Marienstatue im Altar sowie die Kuppel der Kirche, die mit einem Fresko reichhaltig verziert

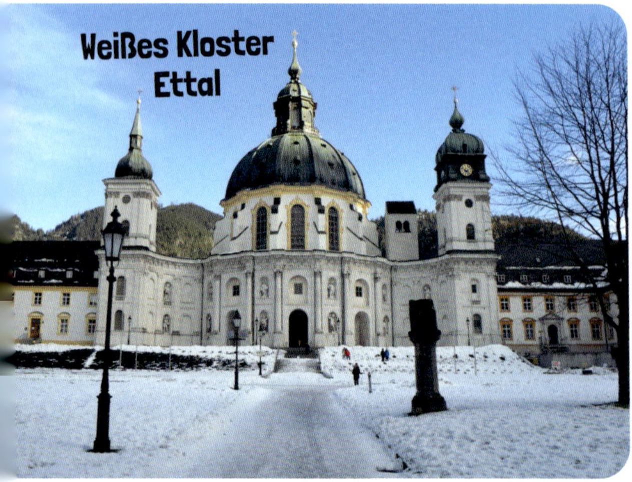
Weißes Kloster Ettal

ist.

Garmisch-Partenkirchen als nächster Ort entlang der Alpenkette bietet einen großen Wohnmobilstellplatz an der Talstation des **Wank.** Hier kann man entweder auf den Berg Wank fahren oder schlicht die Aussicht auf den höchsten Berg Deutschlands genießen. Wer mit dem Wohnmobil noch näher an die **Zugspitze** heran möchte, der entscheidet sich für einen der Campingplätze im benachbarten **Grainau.** Auch **Mittenwald** zeigt sich etwas umtriebiger. Dort übernachtet man im Wohnmobil zwar direkt neben dem Bahnhof, dennoch ist der Platz sehr ruhig gelegen. Hier genießt man den Blick auf das **Karwendelgebirge** und einen Spaziergang durch den kleinen Ort, der vor allen Dingen mit seinen detailreichen und liebevoll gestalteten Lüftlmalereien verzaubert. Bis zum östlichen Ende der Deutschen Alpenstraße ist es nun an **Bad Tölz** und dem **Chiemsee** vorbei ein etwas größerer Sprung, doch **Berchtesgaden** und den dortigen Nationalpark sollte man auf keinen Fall auslassen. Für Wohnmobilfahrer dürfte die Rossfeldhöhenringstraße von besonderem Interesse sein. Die Privatstraße ist zwar mautpflichtig und sicherlich die überflüssigste Straße Deutschlands, doch eine Fahrt auf ihr ist geradezu ein Genuss. Denn es handelt sich um die **höchstgelegene durchgängige Straße Deutschlands,** die uns auf einer Höhe von 1560 Metern zu einem schmalen Bergkamm bringt. Oben stehen mehrere Parkplätze, ein Kiosk und ein kleiner Rundwanderweg bereit, während rechts und links der Straße der Berg steil abfällt. Ein weiteres Kuriosum der Straße ist die Tatsache, dass sie auf dem Bergrücken österreichischen Boden berührt. Doch von österreichischer Seite aus ist sie nicht erreichbar.

FAZIT

Die Deutsche Alpenstraße mit dem Wohnmobil zu befahren ist ein Muss. Zahlreiche sehenswerte Orte präsentieren sich in einer wundervollen Kulisse und zu allem Überfluss gibt es eine Fülle von Wohnmobilstellplätzen und Campingplätzen. Hier macht man nichts verkehrt.

GUT ZU WISSEN

VON: Oberstaufen
BIS: Berchtesgaden
LÄNGE: 340 Kilometer

GUTE NACHT

SP OBERSTAUFEN Am Hößl 10, 87534 Oberstaufen, Tel. (0 83 86) 81 80, www.womo-hochgratblick.de (Strom)
SP PFRONTEN Am Wiesele 7, 87459 Pfronten, Tel. (0 83 63) 64 37, www.wohnmobilstellplatz-pfronten.de (V+E, Strom)
SP GARMISCH-PARTENKIRCHEN Wankbahnstraße 2, 82467 Garmisch-Partenkirchen, Tel. (0 88 21) 9 67 78 05, www.alpencamp-gap.de (V+E, Strom)
SP MITTENWALD Albert-Schott-Straße 35, 82481 Mittenwald, Tel. (0 88 23) 52 16, www.karwendelstellplatz.de (V+E, Strom)
SP BERCHTESGADEN Renothenweg 15, 83471 Berchtesgaden, Tel. (0 86 52) 31 61 (V+E, Strom)

ABENTEUER
NATUR
FREIHEIT

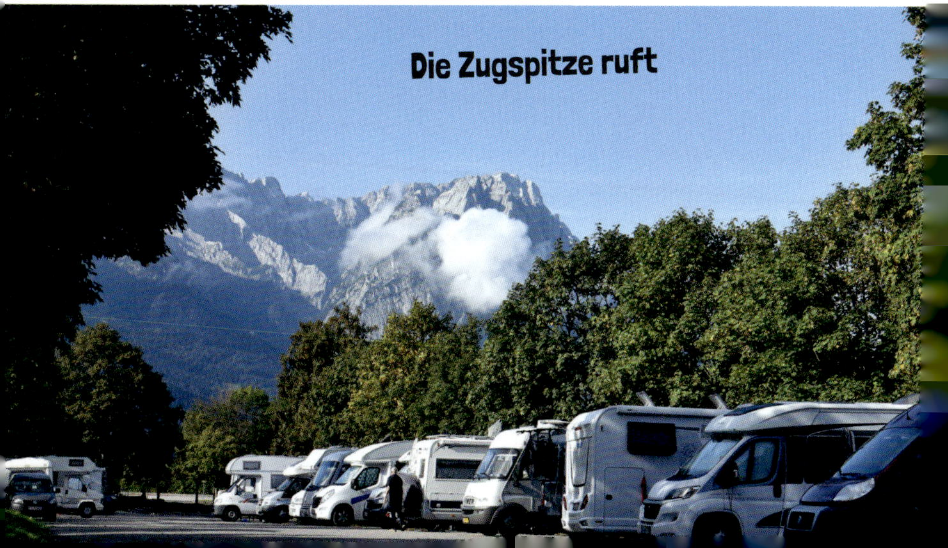
Die Zugspitze ruft

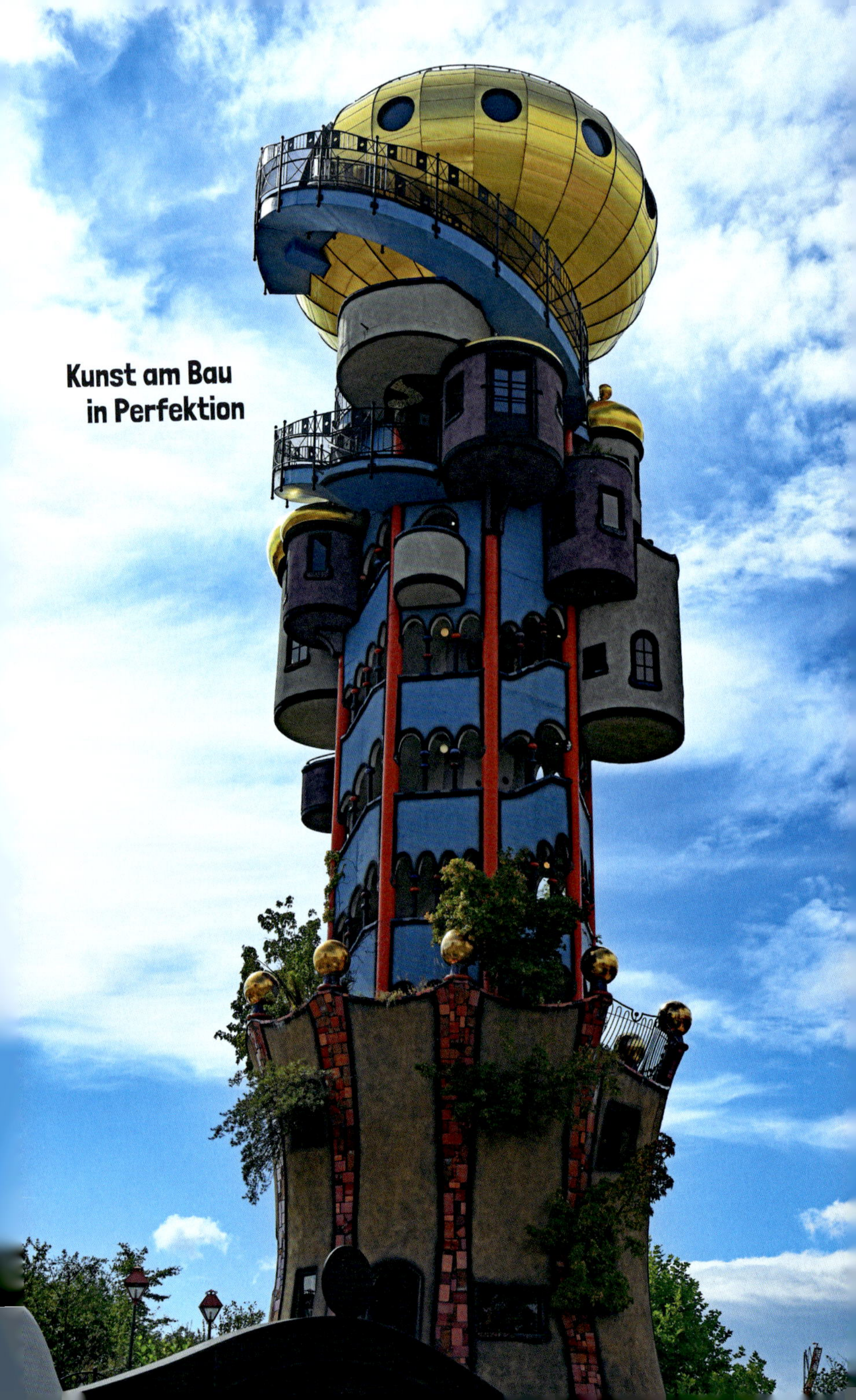

Kunst am Bau
in Perfektion

Von der Donau bis zur Donau führt die Tour – und gönnt sich dabei einen ausschweifenden Umweg durch das Nachbarland Tschechien. Die Vielfalt dieser Campingtour mit tollen Wandermöglichkeiten und Ausblicken im Nationalpark Bayerischer Wald ist im wahrsten Sinne des Wortes grenzenlos.

Die Region rund um **Kelheim** ist ein guter Ausgangspunkt für eine Campingtour in den Osten Bayerns mit Besuch im Bayerischen Wald. Gut zu erreichen über die Autobahn 3 oder 9 wartet sie gleich einmal mit einer ganz besonderen Sehenswürdigkeit auf.

Bayerischer Wald

Camping an der Donau und im Nationalpark

Denn die kleine Ortschaft **Abensberg** macht schon mit einem braunen touristischen Hinweisschild auf sich aufmerksam und neugierig. Die Brauerei Kuchlbauer wäre mit ihrem Werksgelände am Rande der kleinen Altstadt wohl weniger spektakulär, wenn hier nicht der österreichische Künstler Friedensreich **Hundertwasser** einen Turm geschaffen hätte, der im Stil des Künstlers die Aufmerksamkeit auf sich zieht. Er besitzt eine Aussichtsterrasse und beherbergt eine Sammlung von Weißbiergläsern, während an seinem Fuß ein Biergarten zum Verweilen einlädt. Eine weitere Besonderheit Abensbergs ist die Vorreiterrolle beim **autonomen Fahren.** Schon beim Spaziergang durch den Ort wird man durch Warnschilder auf die kleinen Busse aufmerksam gemacht, die maximal fünf Passagiere mit geringer Geschwindigkeit kostenlos durch die Altstadt befördern.

Leider mangelt es an Campingmöglichkeiten in Abensberg, doch auf der Bundesstraße 16 ist es nur eine kurze Fahrt bis zur Donau, wo es am Altstadtrand von Kelheim mehr als genug Stellflächen auf dem Wohnmobilstellplatz gibt. Außerdem kann man hier natürlich einen weiteren Stadtrundgang erleben oder die weithin sichtbare Befreiungshalle besuchen, die sich als Denkmal für die Befreiungskriege gegen Napoleon 1813–15 oberhalb der Stadt erhebt. Alternativ bietet sich die Donau natürlich auch zu einem Radelausflug auf dem Donauradweg an und unweit des Wohnmobilstellplatzes legen die Ausflugsschiffe ab, die zu einer Fahrt in die **Weltenburger Enge** einladen. Die Fahrt durch den sehenswerten Donaudurchbruch endet am Kloster Weltenburg, wo nicht nur eine weitere Brauerei zum Verweilen einlädt.

INFO

Der Große Arber ist der „König des Bayerischen Waldes". Und so stattlich ist auch seine Erscheinung.

Folgt man mit dem Wohnmobil weiter der Bundesstraße 16 und damit auch dem Verlauf der Donau, dann erreicht man die größere Stadt **Regensburg.** Idealerweise übernachtet man hier auf dem Campingplatz westlich der Altstadt. Diese erreicht man dann nämlich bei einem gemütlichen Spaziergang entlang des Donau-Ufers. Über 1300 denkmalgeschützte Gebäude warten auf den Besucher und sind als Altstadtensemble auf der Weltkulturerbeliste der UNESCO eingetragen. Es lohnt sich also, am Empfang des Campingplatzes für gleich mehrere Nächte einzuchecken. Um sich nach dem ausführlichen Besuch der Donaustadt nun dem Osten Bayerns und dem Grenzgebiet zu widmen, verläuft die Womotour zunächst nach Norden. Auf der Autobahn 93 gelangt man nach einer gut einstündigen Fahrt nach **Neustadt an der Waldnaab.** Östlich der Stadt erreicht man ein weitläufiges Waldgebiet, das sich bis Tschechien erstreckt und in dem **Flossenbürg** liegt. Ne-

Gipfel-Glück auf dem Großen Arber

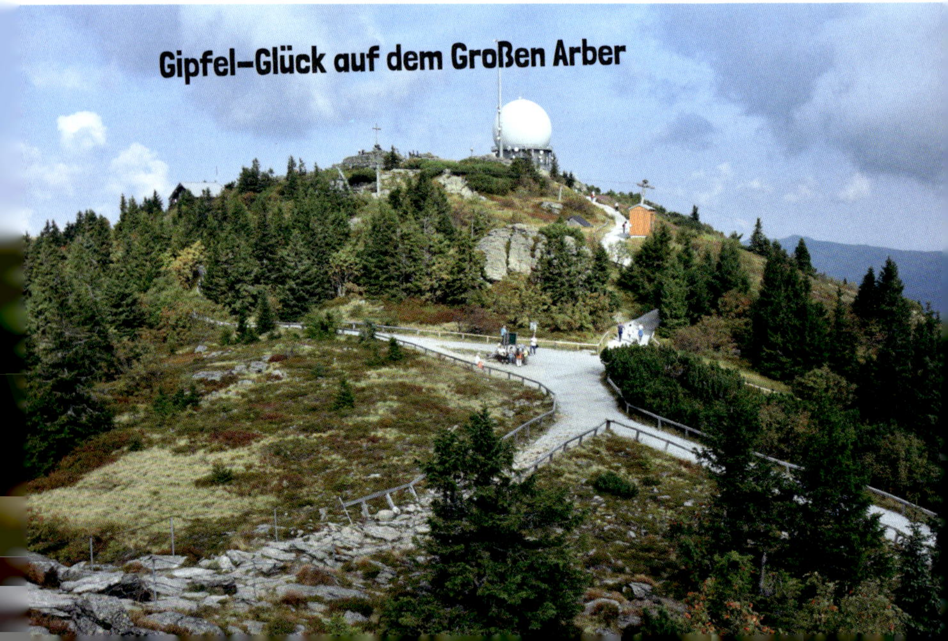

ben der KZ-Gedenkstätte ist der Ort aus mehreren Gründen sehenswert. Da wäre zum einen der Turm der Burgruine, der einen tollen Blick über die sanften, bewaldeten Hügel ermöglicht. Etwas außerhalb markiert eine gravierte Steinplatte an einem Weiher den **geografischen Mittelpunkt von Mitteleuropa** und erläutert auch die dafür notwendigen Berechnungen. All das kann man wunderbar zu Fuß vom Campingplatz am **Großen Gaisweiher** aus besuchen, der in absolut ruhiger Lage an dem See liegt. Ansonsten ist er komplett von Wald umgeben.

Auf der Bundesstraße 22 geht es wieder südwärts und ab Cham auf der Bundesstraße 85 in Richtung Bayerischer Wald. Dabei lohnt es sich, hin und wieder die Bundesstraßen zu verlassen und auf kleineren Landstraßen zu reisen. Nur so kommt man zum Beispiel in den kleinen Ort **Lohberg,** dessen Sehenswürdigkeit der Tierpark mit Wölfen, Luchsen und Ottern ist. Den Parkplatz des Tierparks muss man aber gar nicht ansteuern, man kann auch direkt zu dem kleinen, aber topmodernen Wohnmobilstellplatz fahren. Die einzelnen Stellflächen befinden sich etwas ungewohnt direkt neben Einfamilienhäusern, doch mit Schrankensystem und einem gepflegten Sanitärhaus fühlt man sich hier gleich wohl. Außerdem ist der Platz praktisch gelegen, um den größten Berg der Region zu besteigen. Der **Große Arber** ist mit seinen 1455 Metern nach dem Feldberg im Schwarzwald der zweithöchste Berg Deutschlands außerhalb der Alpen. Höher kommt man also auf dieser Campingtour nicht. Wer wanderaffin ist, wird den Gipfel direkt vom Stellplatz aus in einer Tagestour erklimmen und dabei auch noch den idyllisch gelegenen **Kleinen Arbersee** umrunden. Alternativ kann man das Wohnmobil auch auf dem großen Parkplatz an der Landstraße abstellen und mit der Seilbahn bis zum Gipfel fahren. Eine frühe Anreise ist aber empfehlenswert, um noch einen der Parkplätze zu ergattern.

Das macht die Tour einzigartig!

- **Die Weltenburger Enge**
- **Der Mittelpunkt Mitteleuropas**
- **Der Große Arber**

Auf der Weiterfahrt durch den Bayerischen Wald und hin-

Die Welt steht Kopf

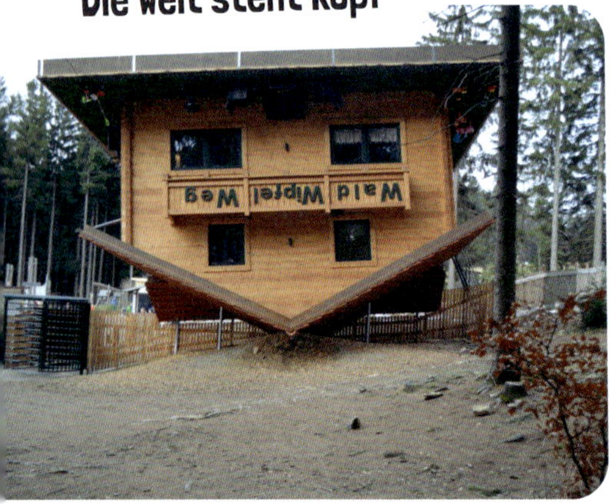

ein in den Nationalpark sollte man noch einen Zwischenstopp in **Bayerisch Eisenstein** einlegen. Sehenswert ist dort allemal der Bahnhof, dessen Gebäude sich sowohl in Deutschland als auch in Tschechien befindet. Die Staatsgrenze verläuft quer durch das Bauwerk und daher gibt es hier alles in doppelter Ausführung. Außerdem ist der Bahnhof natürlich historisch interessant, denn das Gebäude existierte bereits während des Kalten Krieges, als hier auch der Eiserne Vorhang Europas verlief. Heute reist man hier zum Glück grenzüberschreitend. Das gilt auch für die Wandertouren, die man weiter südöstlich im Nationalpark Bayerischer Wald erleben kann. Auf den Wanderungen gelangt man ebenfalls in das Nachbarland Tschechien, wo sich gleich der Nationalpark Šumava mit der **Quelle der Moldau** anschließt. Besonders beliebt sind auch die Gipfel des **Großen Rachel** und des **Lusen,** jeweils auf deutscher Seite. Übernachten lässt es sich zum Beispiel auf dem Campingplatz bei Spiegelau mit dem treffenden Namen „Am Nationalpark" oder etwas abseits auf dem kleinen Wohnmobilstellplatz in **Grafenau.** Zahlreiche Informationen über die Erlebnismöglichkeiten im Nationalpark Bayerischer Wald erhält man bei **Neuschönau** rund um das Hans-Eisenmann-Haus, wo sich außerdem ein Baumwipfelpfad und ein weiteres Tierfreigelände am Nationalparkzentrum befinden.

Über die Bundesstraße 85 verlässt man die Gebirgsregion und erreicht zum Abschluss die Dreiflüssestadt **Passau.** Dort, wo sich Ilz, Inn und Donau treffen, bietet sich ein zweckmäßiger Wohnmobilstellplatz am Ilzufer an, um die Innenstadt zu erkunden. Zu Fuß ist man schnell in der Altstadt, die vom barocken Stephansdom dominiert wird. Wie schon in Kelheim, kann man eines der Schiffe auf der Donau besteigen und es sich an Bord bequem machen, um die Landschaft im Südosten Deutschlands zu genießen.

FAZIT

Im Nationalpark sind die Übernachtungsmöglichkeiten eher spärlich und es kann daher auch schon einmal voll werden, aber grundsätzlich sind auch bei diesem Tourenvorschlag die Campingangebote gut und gleichmäßig verteilt.

GUT ZU WISSEN

VON: Kelheim
BIS: Passau
LÄNGE: 240 Kilometer

GUTE NACHT

SP KELHEIM Am Pflegerspitz 1, 93309 Kelheim (V+E, Strom)
CP REGENSBURG Weinweg 40, 93049 Regensburg, Tel. (07 11) 4 09 35 10, www.azur-camping.de
CP FLOSSENBÜRG Gaisweiher 1, 92696 Flossenbürg, Tel. (0 96 03) 6 44, www.freizeit-gaisweiher.de
CP SPIEGELAU Bergstraße 44, 94518 Spiegelau, Tel. (0 85 53) 7 27, www.camping-nationalpark.de
SP PASSAU Halser Straße, 94034 Passau, Tel. (08 51) 95 59 80 (V+E, Strom)

ABENTEUER 4/5
NATUR 5/5
FREIHEIT 4/5

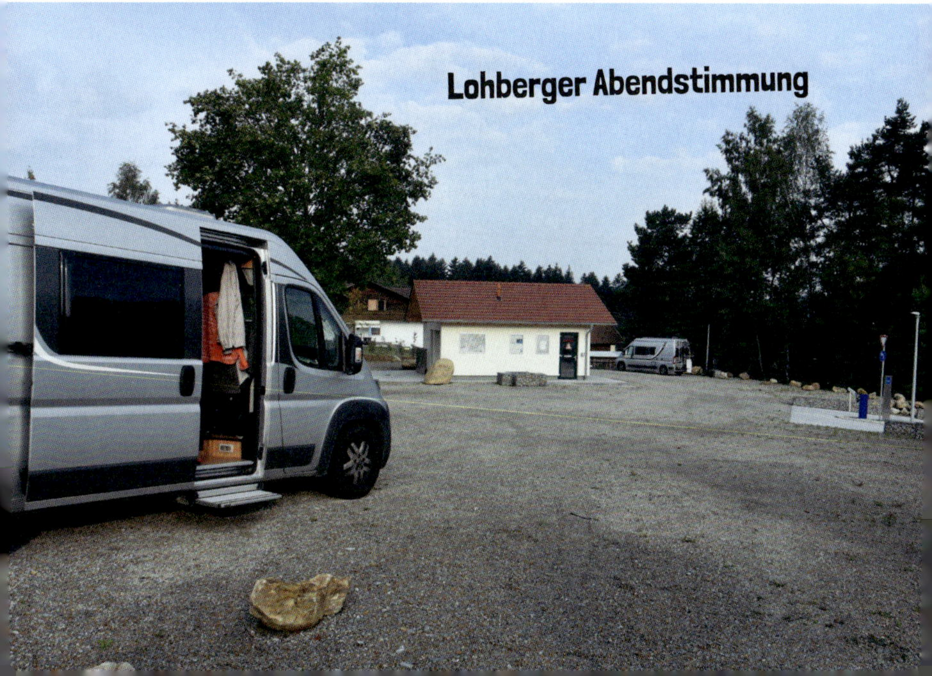

Lohberger Abendstimmung

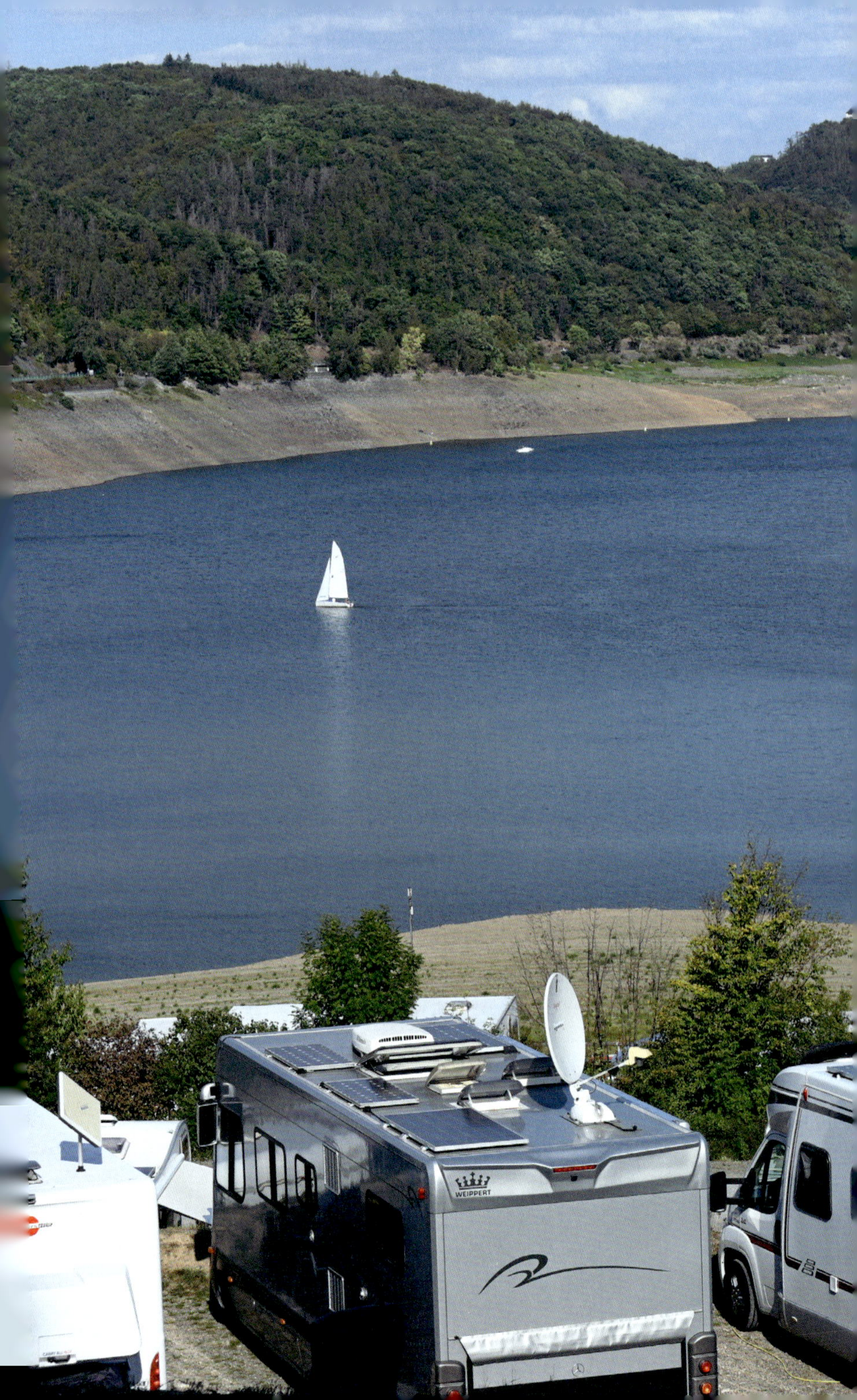
WEIPPERT

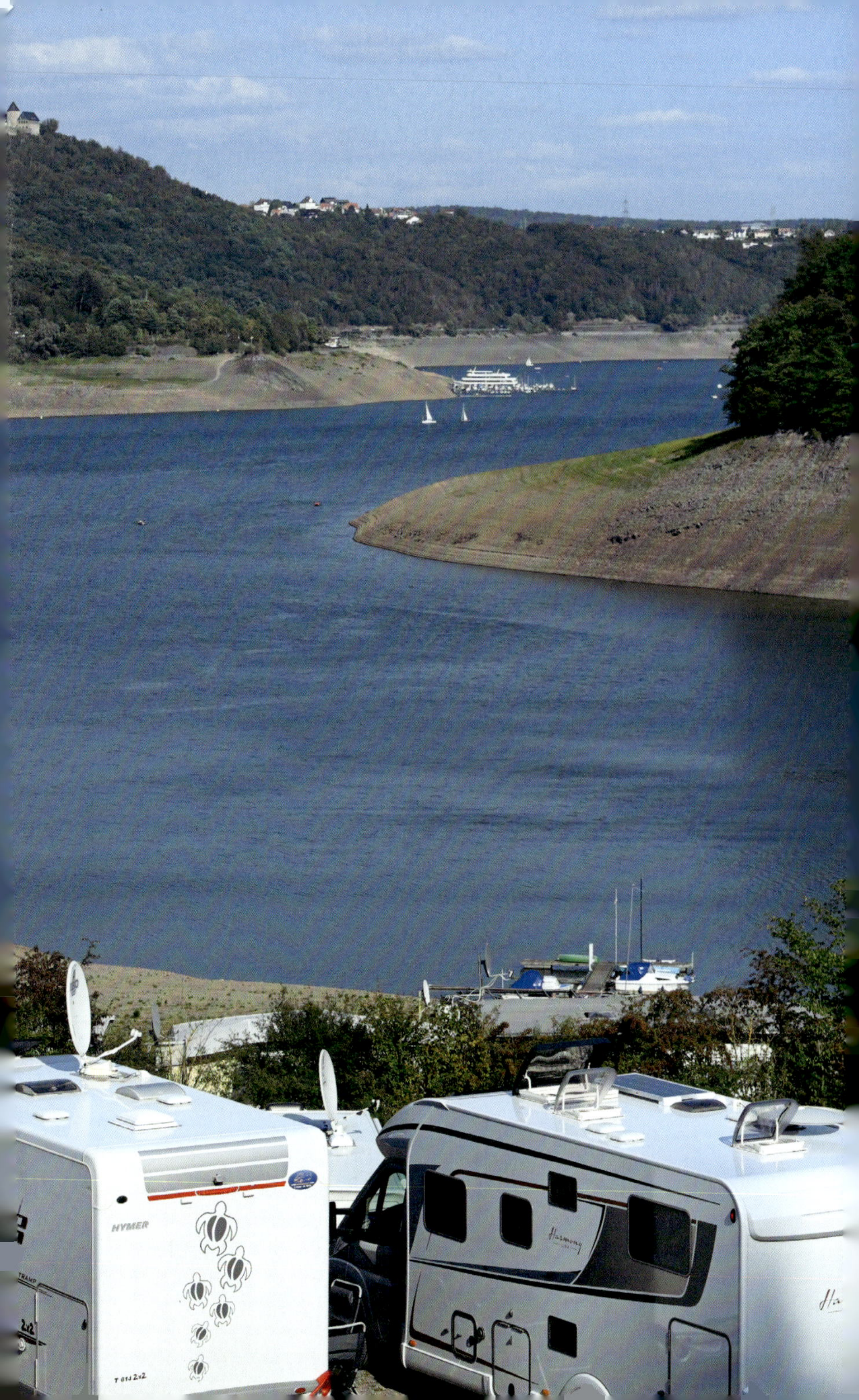
HYMER

Konzeption/Satz: Droste Verlag, Düsseldorf
Einbandgestaltung und Karten: Nora Urru, Köln
Fotos: Michael Moll, Nordkirchen, außer:
S. 37: www.stock.adobe.com/Marcus_Hofmann;
S. 174: Thomas Blasche, Überlingen
Druck und Bindung: LUC GmbH, Greven

ISBN 978-3-7700-2301-1
www.droste-verlag.de

FSC
www.fsc.org
MIX
Papier aus verantwortungsvollen Quellen
FSC® C011279